Edición exclusiva impresa bajo demanda por CreateSpace, Charleston SC.

© Editorial Alfa, 2014
© alfadigital.es, 2016

Reservados todos los derechos. Queda rigurosamente prohibida, sin autorización escrita de los titulares del Copyright, bajo las sanciones establecidas en las leyes, la reproducción parcial o total de esta obra por cualquier medio o procedimiento, incluidos la reprografía y el tratamiento informático.

Editorial Alfa
Apartado postal 50304, Caracas 1050, Venezuela
Telf.: [+58 212] 762.30.36 / Fax: [+58 212] 762.02.10
e-mail: contacto@editorial-alfa.com
www.editorial-alfa.com

ISBN: 978-980-354-385-3

Diseño de colección
Ulises Milla Lacurcia

Diagramación
Yessica L. Soto G.

Corrección
Magaly Pérez Campos

Fotografía del autor
Efrén Hernández

Imagen de portada
Juan Germán Roscio de Pablo Wenceslao Hernández Zurita, 1913.
El Palacio Federal Legislativo. Patrimonio y Restauración
Oficina Técnica de Restauración Integral del Palacio Federal Legislativo e Instituto de Patrimonio Cultural,
Ex Libris, Caracas, 2000.

Printed by CreateSpace, An Amazon.com Company

Civiles

Rafael Arráiz Lucca

ÍNDICE

Agradecimientos 11

Introducción 13

Juan Germán Roscio: el mestizo que no fue 17
   El doctor mestizo 18
   El teórico principal redacta los textos fundamentales 19
   Preso en Cádiz y en Ceuta 21
   Libre en Jamaica y Filadelfia 22
   Su obra escrita 23
   El meollo del concepto de soberanía 27
   Los avatares de la edición 31
   Asuntos personales 32
   Apuntes finales 33
   Bibliografía 34

José Cortés de Madariaga: un cura liberal 35
   La experiencia europea 37
   El 19 de abril de 1810 en Caracas 38
   El Tratado Lozano-Cortés: el primero firmado
   entre Colombia y Venezuela 39
   Preso en Ceuta 42
   El Congreso de Cariaco 43
   Otra vez Jamaica 45
   En Cartagena, con Montilla 47
   El final en Río Hacha 47

Bibliografía 50

Andrés Bello y el proyecto americano 51
Las observaciones de Cunill Grau 58
Bibliografía 60

El doctor José María Vargas: la civilidad extrema 63
Vuelta a la patria: el gran modernizador comienza
su jornada 65
Rector de la Universidad Central de Venezuela (1827) 66
El constituyente en Valencia 67
Fundador de la Sociedad Económica de Amigos del País
(1829) 67
El gobierno del doctor José María Vargas (1835-1836) 68
El dictamen del científico sobre el petróleo (1839) 71
El director general de Instrucción Pública (1839-1852) 73
Los restos de Bolívar en Caracas (1842) 74
El último viaje 75
Bibliografía 76
    Fuentes documentales 77

Arístides Rojas: monografía e historia 79
El enamorado creador tardío 80
El aguijón de la historia 82
Bibliografía 88

Martín Tovar y Tovar: la historia es un río 89
El hijo de los Tovar 89
La formación caraqueña 90
Los aires de Europa 91
Vuelta a la patria 94
Los primeros retratos 95
La empresa Tovar y Salas, el Instituto de Bellas Artes
y la primera exposición artística en Venezuela 98
Los retratos heroicos 100
La firma del Acta de la Independencia 104

La gesta del muralista 108
Los paisajes del historiador 110
El viaje final 116
Bibliografía 117

Lisandro Alvarado: el sabio dromómano 119
Los años del principio 120
La experiencia caraqueña 121
La epopeya del curioso 122
El refugio incómodo 125
Bibliografía 126

José Gil Fortoul: positivismo, historia y poder 129
El hombre y su historia 131
Historia Constitucional de Venezuela 132
Bibliografía 138

La aventura eléctrica de Ricardo Zuloaga 139
Los antecedentes en el mundo 139
Venezuela se sube al vagón de la historia 141
¿Quién es Ricardo Zuloaga? 142
Los cauces jurídicos y económicos de un proyecto 145
Los años fundacionales de La Electricidad de Caracas 146
El Encantado: la primera central hidroeléctrica del país 147
Los primeros pasos del desarrollo termoeléctrico 153
Bibliohemerografía 154

Rómulo Gallegos: hombre-puente y novelista emblema 157
Presidencia de la República del maestro Rómulo Gallegos (1948) 159
La toma de posesión 161
Elecciones Municipales y viaje a EE. UU. 168
Hacia el desenlace de noviembre 171
Golpe militar del 24 de noviembre de 1948 175
Diez años en el exilio 177

    Doña Bárbara 178
    Bibliografía 180

Armando Reverón: la epifanía de la luz 185
    Los años de formación 186
    Su primera exposición 187
    Viaje a Europa 188
    Con el Círculo de Bellas Artes 189
    Juanita y Ferdinandov entran en escena 190
    Los años azules 191
    La construcción del Castillete 192
    El período blanco 194
    El período sepia 196
    La luz se apaga 199
    El juicio final 201
    Bibliografía 209

Carlos Raúl Villanueva, pionero 211
    Una secuencia asombrosa de obras 213
    La ciudad universitaria 214
    Coda 217
    Bibliografía 218

Mariano Picón Salas: errancia, escritura y vocación fundacional 219
    Cinco biografías 220
    Hispanoamérica y Venezuela 222
    Fundador de instituciones culturales 226
    Bibliografía 227

Antonio Arráiz: vigencia, obra y personaje 229
    Nueva York: ida y vuelta 229
    Cárcel y poesía 231
    La fundación de *El Nacional* 232
    El exilio voluntario 233
    Bibliografía 235

Raúl Leoni y la justicia histórica 237
   El hombre de la organización 238
   El presidente sereno 240
   Bibliografía 242

Arturo Úslar Pietri y la historia venezolana 243
   Las novelas 245
   Los ensayos 246
   Bibliografía 252

Rómulo Betancourt: anotaciones sobre sus hechos
y sus ideas 255
   La generación de 1928 257
   El Plan de Barranquilla (1931) 259
   La fundación de Acción Democrática 261
   Golpe de Estado civil-militar del 18 de octubre de 1945 261
   Junta Revolucionaria de Gobierno, presidida
   por Rómulo Betancourt (1945-1948) 279
   Asamblea Constituyente (1946) 280
   Constitución Nacional de 1947 281
   Creación de la Corporación Venezolana de Fomento (CVF) . 281
   Las elecciones de 1947 282
   Pacto de Puntofijo, octubre de 1958 283
   Elecciones de 1958... 285
   Presidencia de la República de Rómulo Betancourt
   (1959-1964) 285
   Fundación de la opep (1960) 287
   Constitución Nacional de 1961 288
   Elecciones de 1963 290
   La importancia del conocimiento histórico 291
   Venezuela, política y petróleo 292
   Un epistológrafo feraz 294
   Coda 295
   Bibliografía 296

Rafael Caldera: un católico en aguas turbulentas 299
   Los libros del hombre de acción 300
   La obra partidista del académico 301
   El orador en la Constituyente 302
   La primera presidencia (1969-1974) 305
   La política de Pacificación 306
   La política internacional: cambios notables 307
   El nacimiento del MAS 307
   La crisis universitaria 308
   La enmienda constitucional 309
   Un interregno de 20 años 310
   La segunda presidencia (1994-1999) 311
   La apertura petrolera y la Agenda Venezuela 313
   Las elecciones de 1998: la apoteosis de la antipolítica 314
   Apreciaciones finales 315
   Bibliografía 319

Carlos Andrés Pérez: un líder, dos gobiernos 321
   Los años del bipartidismo (1973-1993) 321
   La primera Presidencia (1974-1979) 322
   La nacionalización del hierro (1975) y la del petróleo
   (1976) 323
   El Estado empresario 324
   El tema de la corrupción en la agenda pública 325
   El cuadro electoral 326
   La segunda presidencia (1989-1993) 327
   Cambio del modelo económico 329
   El estallido social de 1989: el «Caracazo» 330
   La descentralización política y administrativa 331
   Las intentonas militares de 1992 333
   La separación del cargo 335
   Conclusiones 336
   Bibliografía 338

AGRADECIMIENTOS

Estos ensayos se han ido tejiendo a lo largo de unos cuantos años. Quiero agradecer a varios amigos que leyeron algunos de estos textos y me formularon observaciones muy valiosas que, en la mayoría de los casos, acogí con gratitud. Dejo constancia de mi agradecimiento a Joaquín Marta Sosa, Gustavo Tarre Briceño, Carlos Fernández Gallardo, Edgardo Mondolfi Gudat, Fernando Egaña, Carlos Hernández Delfino, Magaly Pérez Campos; también, a mis amigos colombianos Plinio Apuleyo Mendoza, Enrique Serrano y Álvaro Pablo Ortiz. Todos, en algún momento, tuvieron la amabilidad de leer algún texto específico y formularme alguna sugerencia o expresar un comentario esclarecedor.

Dejo constancia de mi gratitud al personal de la Biblioteca Pedro Grases de la Universidad Metropolitana y al del Centro de Estudios Latinoamericanos Arturo Úslar Pietri en la misma universidad.

RAL

INTRODUCCIÓN

¿Qué tienen en común estos hombres de dos siglos (XIX y XX) aquí reunidos? Son civiles, es la primera respuesta. La segunda: los animó un amor sostenido por su patria, y a ella se entregaron en sus tareas vitales.

El vocablo «civil» proviene del latín *Civilis*, y este refiere a la ciudad y sus habitantes: los ciudadanos y, extremando el argumento, a los habitantes de la *polis* que se ocupan de sus asuntos se les denomina políticos. De modo que no tiene nada de extraña la sinonimia entre civil, ciudadano y político; precisamente, el perfil de casi todos los venezolanos trabajados en este grupo. Otra acepción del vocablo lo define por oposición, señalando que «no es militar ni eclesiástico», lo que nos obliga a advertir que la inclusión del presbítero José Cortés de Madariaga en este conjunto se debe a sus ejecutorias netamente civiles, de acusada relevancia política, y en ningún caso por su labor de pastor de almas.

Las tareas desarrolladas por estos 19 compatriotas fueron diversas. Hallaremos un abogado estadista, autor del texto teórico más importante del período independentista (Roscio); un sacerdote de raigambre liberal y valiente (Cortés de Madariaga); un autodidacta que descolló como gramático, filólogo, filósofo, abogado, educador y poeta (Bello); un médico que contra su voluntad desempeñó labores de gobierno y fue un educador destacadísimo, primer rector de la universidad republicana (Vargas); un médico enamorado de la historia, autor de nuestras primeras monografías de factura científica (Rojas); un pintor de formación académica y sentido épico (Tovar y Tovar); un médico viajero, naturalista, etnólogo, historiador, lexicógrafo, lingüista, dromómano (Alvarado); un historiador positivista, diplomático, periodista, maestro de esgrima, autor de la primera historia constitucional venezolana (Gil Fortoul); un ingeniero, empresario, modernizador y pionero de la energía eléctrica (Zuloaga); un verdadero maestro de juventudes y novelista principal (Gallegos); un pintor visionario y radicalmente singular (Reverón); un arquitecto pionero, con acendrada sensibilidad artística (Villanueva); un ensayista y biógrafo de primer orden (Picón Salas); un poeta, escritor y periodista de reciedumbre moral y carácter (Arráiz); un abogado laboralista, constructor de un partido de masas y hombre de Estado (Leoni); un humanista de saberes enciclopédicos, narrador formidable y hombre público y de las comunicaciones (Úslar Pietri); un político a tiempo completo, arquitecto de la democracia liberal representativa y del sistema de partidos (Betancourt); un católico confeso que llevó su doctrina al terreno de la vida política (Caldera); un autodidacta de legendario respaldo popular que intentó cambiar la vida nacional en dos oportunidades (Pérez).

Seis de ellos vivieron en el siglo XIX; tres fueron hombres de ambos siglos; diez pertenecen al siglo pasado. Sus vidas y obras imantan doscientos años de vida republicana. Me interesa sopesarlas, intento catar sus influencias en la sociedad que integraron. Creo que los individuos jamás pueden ser dejados de lado en ofrenda a la diosa de los procesos sociales. De carne está tejida la historia, de gentes, de humores, de carácter. Ninguno de estos venezolanos empuñó las armas para incidir sobre la realidad. Sus instrumentos fueron otros: la palabra, el estetoscopio, el pincel, el crucifijo, la regla de cálculo, el croquis, los códigos.

Es poco probable hallar en los anaqueles de las librerías un libro como este en ningún otro país de América Latina. La razón es sencilla: desde la fundación de las repúblicas americanas en ningún otro país ha pesado tanto la impronta militar como en Venezuela. Lamentablemente, el hombre de armas ha copado los espacios civiles durante muchos años. Si bien es cierto que los hechos del 19 de abril de 1810 y los del 5 de julio de 1811 son protagonizados por civiles, después de la pérdida de la Primera República el primer lugar en el escenario pasan a ocuparlo los hombres en armas. Durante todo el siglo XIX su preponderancia fue abrumadora. Apenas el doctor Vargas, Manuel Felipe de Tovar y Juan Pablo Rojas Paúl ejercieron la primera magistratura, signados por la debilidad. Los tres no suman seis años en el poder.

Durante el siglo XX hubo de llegar la democracia liberal representativa de la mano de un golpe de Estado civil-militar (1945), para luego volver el país a su cauce militar tres años después (1948), y sumergirse en una década de dictadura castrense. Finalmente, la democracia resurge sobre la base de un pacto político (Puntofijo): muestra evidente de la necesidad de acordar el juego democrático en aras de su supervivencia. Es evidente que de los doscientos años de vida republicana el signo lamentable ha sido el militarismo invadiendo el ámbito de la ciudadanía; mandando, más que gobernando; girando instrucciones, más que buscando consensos. Dominados como hemos estado por el mito del «hombre fuerte», la tarea democrática de los civiles en Venezuela ha sido una larga, accidentada y titánica tarea. Suerte de mito de Sísifo a la venezolana.

Pero no debemos incurrir en simplificaciones: algunos militares fueron civiles en su conducta, en su respeto a las leyes. Fue el caso ejemplar de Páez restituyendo a Vargas en la Presidencia de la República; fue el caso de Soublette en su manera de conducirse en el ejercicio de la primera magistratura, por solo citar dos ejemplos. Y lo contrario también ha ocurrido: basta recordar el collar de perlas de intelectuales destacadísimos que el general Gómez se puso al cuello durante su larga dictadura. De modo que como ocurrió con Sancho y el Quijote, que el primero se fue quijotizando y el segundo fue sanchizándose a lo largo de la andadura, vamos a hallar hombres de armas que respetaron el entorno constitucional democrático (Larrazábal) y civiles que le tendieron la cama al dictador todas las mañanas, sin ruborizarse.

¿Por qué a Venezuela le ha costado tanto la democracia liberal representativa? ¿Por qué una parte significativa de la población respalda los desmanes, violaciones del marco constitucional, insultos, vejaciones, abusos de determinados gobernantes en ejercicio del poder? Más aún: ¿por qué celebramos estas conductas contrarias a la civilidad en personajes que ni siquiera provienen del mundo militar? La respuesta forzosamente contempla varios factores, de tal modo que difícilmente es una sola. No obstante, no cabe la menor duda de que el factor militar en nuestra tradición, el mito del «hombre fuerte» que se impone, pesa toneladas en nuestra psique colectiva. Nos embelesa una espada cortando un nudo de cuajo y nos desespera el trabajoso cabildeo de los demócratas tejiendo un acuerdo. Es como si no entendiéramos por qué se teje para que haya democracia y viéramos claro el nudo roto por la espada, sin comprender las consecuencias negativas de esto y las positivas de lo primero.

De lo anterior se desprende que la mitología militarista haya sustituido a la historia, y queden detrás de las cortinas los civiles, que han tejido y tejido, como si fueran unos leguleyos inútiles, incapaces de librar batallas, cuando en verdad buena parte de nuestra tragedia como nación encuentra causa en guerreros, formados para batallar, dedicados a una tarea para la que no tienen formación: gobernar. La estructura y los procedimientos de una fuerza armada no son democráticos, por su propia naturaleza, de tal modo que se produce un cortocircuito cuando se pretende gobernar una sociedad, esencialmente plural, con criterios uniformes y de obediencia vertical. Como sabemos, la democracia exige unas virtudes ciudadanas que los ejércitos no contemplan. Por el contrario, las virtudes de un militar premoderno son anatemas en una sociedad democrática que se quiere crítica, plural, tolerante, dialogante, negociadora, política.

Volvamos a nuestros escogidos. ¿Por qué hemos incluido en este volumen a ciudadanos que no han tenido en sus manos tareas de Estado? Porque no concebimos al Estado como el único centro neurálgico de la brega ciudadana; también lo son las obras de la ciencia, de la tecnología, del arte, de las humanidades. El tejido social es fruto de esta diversidad de quehaceres que incluyen la poesía, la pintura, el periodismo, la arquitectura, la ingeniería y tantas otras disciplinas de significación. Finalmente, debemos recordar que este volumen es ejemplar, nunca exhaustivo. Faltan tantos otros civiles singulares que podrían componerse varios tomos con sus perfiles. Yo contribuyo con estos, por ahora, y sigo tomándoles el pulso a los venezolanos cuyos corazones imantan el mío.

JUAN GERMÁN ROSCIO: EL MESTIZO QUE NO FUE

Los datos biográficos acerca de Juan Germán Roscio indican que no se trataba de un hombre perteneciente, en sus orígenes, a los estratos más altos de la pirámide social provincial, pero que dada su solvencia profesional estuvo desde joven sobre el tablero de la realidad política, donde las élites, ante el vacío de poder, tomaron las decisiones. Por sus orígenes no le correspondía estar allí, pero estaba. En este sentido, es un pionero de una trayectoria emblemática de las sociedades postcoloniales: crecer en la significación de las responsabilidades a punta de hechura personal, colocándose por encima del peso muerto de la herencia.

Juan Germán era hijo de un milanés, Juan Cristóbal Roscio, que primero había vivido en España y luego se había trasladado a la Provincia de Venezuela, específicamente a San Francisco de Tiznados (hoy estado Guárico), en donde se dedicó a la cría de ganado vacuno. Ostentaba su pertenencia a las milicias de la Corona española; de hecho, antes de venir a «hacer la América» integró el ejército en tierras italianas. En su nuevo destino, en el llano venezolano, nació su hijo mestizo el 27 de mayo de 1763. Su madre se llamaba Paula María Nieves y era natural del «pueblo de indios» de La Victoria y, naturalmente, mestiza, al igual que su abuela y sus otros ascendientes. No obstante su condición, los abuelos maternos de Roscio, Juan Pablo Nieves y Francisca Prudencia Martínez, contaban con bienes de fortuna, ya que explotaban una hacienda en las inmediaciones de San Francisco de Tiznados.

¿Qué hacía un milanés en la recóndita Provincia de Venezuela, en uno de sus poblados más pequeños? Pues para el momento en que Juan Cristóbal Roscio navega hacia la América española, lo estaba haciendo dentro del ámbito monárquico al que pertenecía Milán, entonces integrante del Imperio español, en razón de que formaba parte del dominio de la casa de los Austrias. De modo que en Venezuela el milanés Roscio estaba en casa, aunque entre Guárico y el Ducado de Milán no hubiese ninguna similitud. ¿Por qué abandonó Milán? No lo sabemos, pero sí comprobamos que antes de hacerse al océano estuvo viviendo en Cataluña.

Todo este cuadro familiar que someramente referimos hacía muy poco probable que el futuro doctor Juan Germán Roscio estudiara en la Universidad de Caracas, ya que para ser admitido en aquella casa de estudios se necesitaba un respaldo particular por parte de los principales de la provincia, un apoyo que obviara su condición mestiza, circunstancia que le impedía probar su «limpieza de sangre». Para alegría del guariqueño, ese espaldarazo llegó de parte de la hija del conde de San Javier, María Luz Pacheco, y pudo trasladarse desde su pueblo natal a Caracas, siendo tenido por blanco, cuando no lo era. La filantropía de la señora Pacheco fue legendaria en Caracas, ya que ayudó a muchos niños de entonces a avanzar en sus estudios y a salir de las sombras, pero seguramente pocos alcanzaron a tocar el cielo de sus sueños como sí lo hizo Roscio, quien también conoció los sótanos de la desesperación.

EL DOCTOR MESTIZO

En 1794 se doctoró en Derecho Canónico y en 1800 en Civil. Sin embargo, los directores del Colegio de Abogados de entonces le negaron la inscripción en la corporación, cosa que lo inhabilitaba para el ejercicio de la profesión, alegando que en el expediente requerido de limpieza de sangre no aparecía el mote de «india» que sí figuraba en otros expedientes del mismo Roscio. El ya entonces abogado incoó un juicio ante la Real Audiencia a partir de 1796 y, finalmente, obtuvo sentencia a su favor en 1805, dados sus brillantes alegatos y la pertinencia de sus destrezas jurídicas, que fueron imponiéndose a lo largo de 9 años de juicio. El razonamiento seguido giró en torno a la consecuencia lógica de una decisión previa: si me dejaron estudiar en la universidad como blanco, tienen que dejarme ejercer la profesión como tal; de lo contrario, ¿para qué me dejaron entrar a la Universidad?

La Real Audiencia caraqueña convino con los alegatos, para asombro de muchos, entonces y ahora. El joven doctor fue admitido en el Colegio de Abogados y, además, pasó la puerta con la aureola del triunfador, el que ha vencido una dificultad mayor que los demás. Había superado las pruebas del héroe, pero no las físicas o de arrojo personal, sino algunas más raras todavía, las de la inteligencia, aquellas que también suelen medir la formación del carácter y la perseverancia.

El triunfo en este proceso judicial hizo de Roscio un precursor en la defensa de los derechos individuales en contra de la discriminación racial. Que sepamos, se trató del primer juicio en el que vence parte interesada, sufriente de una discriminación. Por cierto, la condición pionera será el signo de su vida, como iremos viendo: primer canciller, primer redactor de una constitución, primer redactor de un estatuto electoral, único redactor de un acta fundacional de la República, primer teórico político-teológico de la revolución de independencia.

Estas dificultades iniciales, lejos de amilanarlo, le valieron una bien ganada fama de abogado litigante y de jurisconsulto que, además, le franqueó las puertas de desempeños públicos provinciales de alguna importancia. Fue profesor en su *Alma mater*, así como asesor de la Capitanía General y de la Auditoría de Guerra. Dados estos antecedentes, no nos sorprende que en el momento de formarse la Junta Defensora de los Derechos de Fernando VII, el 19 de abril de 1810, Roscio integre el Cabildo en calidad de diputado del pueblo. Entonces, comienza una etapa de su vida de particulares realizaciones. Según Manuel Pérez Vila, fue «el alma de la revolución en esa época, y bien mereció el dictado de padre, maestro y defensor de la naciente libertad que más tarde le adjudicó Andrés Bello» (Pérez Vila, 1997: 1005).

EL TEÓRICO PRINCIPAL REDACTA LOS TEXTOS FUNDAMENTALES

Si seguimos sus pasos con atención, convendremos en que no exageran ni Bello ni Pérez Vila, ya que el papel principal de Roscio es indudable, por más que una historiografía de acento guerrerista haya enviado su memoria a las últimas filas del teatro. Es nombrado secretario de Relaciones Exteriores de aquella primera junta emancipadora (es decir, el primer canciller que tuvo Venezuela), y luego formó parte del Congreso Constituyente instalado el 2 de marzo de 1811 en calidad de diputado. En todos estos meses escribió y discurrió oralmente a favor de las ideas de la emancipación con la pertinencia jurídica que lo caracterizaba. El Congreso Constituyente le encarga la tarea histórica de ser el redactor, junto con Francisco Isnardy, del Acta de la Independencia, decidida el 5 de julio de 1811. Luego, integra la comisión redactora de la primera Constitución que tuvo la República de Venezuela, sancionada el 21 de diciembre de 1811. También, fue el redactor del Reglamento para la Elección de Diputados al primer Congreso de la Venezuela Independiente, en 1811, lo que lo erige como el pionero en materia electoral en Venezuela. Además, redacta el *Manifiesto que hace al mundo la Confederación de Venezuela en la América Meridional de las razones en que ha fundado su absoluta independencia de la España, de cualquier otra dominación, extranjera, intentada y promovida el 19 de abril de 1810, y declarada el 5 de julio de 1811, formado y mandado publicar por acuerdo del Congreso General de las provincias unidas*. Este texto es el sustento teórico más importante de aquellos momentos fundacionales de la República. De modo que, como vemos, de los hechos civiles principales de su tiempo, Roscio es el autor: acta, constitución, sistema electoral y manifiesto.

Recuérdese que para estas fechas, Bolívar es un joven a quien la Junta envía a Londres con Bello y Luis López Méndez, en calidad de embajadores que van a explicar la extraña situación provincial, como representantes de una Junta Defensora de los Derechos de Fernando VII, en oposición a los usurpados por Bonaparte. Ni siquiera al regresar Bolívar es Bolívar. Por el contrario, la pérdida de la Primera República venezolana, en julio de 1812, lo tiene como lamentable protagonista de la derrota en Puerto Cabello, plaza que se ha perdido en sus manos. De modo que, hasta diciembre de 1811, si alguien es figura principal de los hechos, ese es el doctor Roscio, el hombre de las ideas. El autor de una Constitución Federal a la que Bolívar culpó de ser la causa de la pérdida de la Primera República. Eso es lo que puede leerse en el Manifiesto de Cartagena.

En julio de 1812, con el triunfo de Domingo Monteverde y la consecuente pérdida de la Primera República, Roscio es hecho preso y enviado a España el 8 de septiembre de 1812. Mientras Bolívar se hace de un pasaporte que le confiere Monteverde en gratitud por la entrega de Miranda, en la fatídica noche del 31 de julio de 1812 en La Guaira. El joven caraqueño navega a Curazao y luego a Cartagena, donde redacta su famoso Manifiesto y comienza su estrella ascendente. Acaso la entrega de Miranda a Monteverde sea el hecho más vergonzoso de la vida de Bolívar, aunque algunos consideran más sombrío todavía el fusilamiento de Piar en Angostura, en 1819. En todo caso, «quien esté libre de pecados que lance la primera piedra».

PRESO EN CÁDIZ Y EN CEUTA

Nuestro redactor preclaro fue hecho preso junto con otros siete patriotas. Al grupo lo denominó Monteverde el de «los ochos monstruos». Estaba integrado por Francisco Isnardi, José Barona, Juan Pablo Ayala, José Mires, Juan Paz del Castillo, Manuel Ruiz y el canónigo chileno José Cortés de Madariaga. Primero estuvieron presos en Cádiz, en La Carraca, durante siete meses, y luego en Ceuta, hasta que, en la noche del 17 de febrero de 1814 él y otros tres compañeros de celda logran fugarse y llegar a Gibraltar, en medio de una aventura más cercana a la peripecia militar que a la civil, pero el gobernador inglés de Gibraltar no encontró solución mejor que entregar a los fugados de nuevo en manos de sus carceleros españoles, en Ceuta. Sin embargo, este oprobio llegó hasta oídos del príncipe regente de Inglaterra, gracias a gestiones de Thomas Richard, quien le hizo llegar un alegato escrito por Roscio donde se invocaba el derecho, fechado el 11 de mayo de 1814. Entonces, después de transcurrido más de un año, el príncipe regente solicitó a Fernando VII la libertad de aquellos presos americanos, cosa que el monarca se vio en la necesidad de concederle, y fue cuando los fugados partieron de España por sus propios pasos. Además de Roscio, fueron liberados el presbítero radicado en Venezuela desde

1803, José Cortés de Madariaga, y los coroneles Juan Pablo Ayala y Juan Paz del Castillo. La orden real es del 10 de septiembre de 1815.

LIBRE EN JAMAICA Y FILADELFIA

De la península ibérica salió Roscio con rumbo a Jamaica y luego se estableció en Filadelfia, ciudad en la que publicó *El triunfo de la libertad sobre el despotismo*. Sin la menor duda, la pieza más importante que Roscio escribió. Afirma Luis Ugalde, S. J., en su libro *El pensamiento teológico-político de Juan Germán Roscio*, que esta obra fue escrita en las cárceles españolas, y que al poco tiempo de estar en Filadelfia el autor la entregó a la imprenta, en 1817. Entonces desconocía el extraño destino de la obra, editada seis veces fuera de su país, e ignorada en él hasta 1953, como veremos más adelante.

Sabemos que estuvo en Jamaica, en compañía de Cortés de Madariaga, por lo menos hasta mediados de junio de 1816, porque allí fecha una carta enviada a Martín Tovar en Caracas. Sabemos que a finales de este año se traslada a Filadelfia, donde se publica su libro el año siguiente. De los años de prisión en Cádiz y Ceuta (1812-1815) no contamos con cartas, hasta ahora. Después de una corta estadía en Nueva Orleans, llega a Filadelfia, en donde permanecerá hasta mediados de 1818, cuando navega hacia Angostura.

Luego, hacia mediados de 1818, lo encontramos al lado de Bolívar en Angostura, a quien acompañó en las aventuras de los próximos tres años, tanto la de la reconstitución de la República de Venezuela como la de la creación de la República de Colombia, de la que Venezuela pasó a ser un departamento. En estos años, don Juan Germán se desempeñó como redactor principal del *Correo del Orinoco*, director general de Rentas, presidente del Congreso de Angostura, vicepresidente del Departamento de Venezuela y vicepresidente de Colombia. Murió el 10 de marzo de 1821, cuando ocupaba este último cargo, días antes de reunirse el Congreso de Cúcuta, el que redactó la Constitución de 1821. Fue sustituido por Antonio Nariño, quien también recién regresaba a Colombia de su prisión española.

¿De qué murió? Malestar generalizado apunta el informe. Fiebres, decaimientos, aquella imprecisión típica de la medicina de la época, que cuando no atinaba a ubicar las causas de la enfermedad señalaba los síntomas. Pareciera un cáncer que lo fue minando, porque en cartas ya anuncia sus malestares, en Angostura, cuando se preparaba para cabalgar hacia Cúcuta. No fue un mal respiratorio, como el de Bolívar, porque ese no hay manera de confundirlo. Incluso entre febrero y mayo de 1820 estuvo convaleciente, según consta en sus misivas. No falleció de un mal repentino; lo incubaba.

SU OBRA ESCRITA

Detengámonos en la obra aludida, acaso la más importante escrita en el período independentista hispanoamericano. Como es sabido, esta obra de Roscio es de las pocas reflexiones teóricas justificatorias de la emancipación de las provincias españolas en América. Del mismo autor contamos con el opúsculo redactado en 1811, en plena faena del Congreso Constituyente, titulado *El patriotismo de Nirgua y abuso de los reyes*, en el que ya se advertía la tesitura teórica de su autor. Las mismas tesis las hallamos en el Manifiesto aludido antes.

En *El patriotismo de Nirgua y abuso de los reyes*, un ensayo breve de 1811, ya su posición está clara. Afirma:

> Aunque pecó el hombre quedó siempre ilesa su voluntad y libre albedrío para establecer el gobierno que fuese más conveniente a su felicidad: y de esta fuente nace el derecho que tienen los pueblos para quitar, alterar o reformar el gobierno establecido cuando así lo exige la salud pública, y el convencimiento de ser establecido para servir, no para dominar a los hombres; para hacerlos felices, no para abatirlos, para conservar su vida, su libertad y sus propiedades, no para oprimirlos ni sustraerles sus fueros sagrados e imprescriptibles (Roscio, 1953: 87).

El triunfo de la libertad sobre el despotismo constituye el más arduo y completo esfuerzo de un católico de la época por hallar razones bíblicas para la libertad, en contra de las razones bíblicas que el monarca esgrimía a su favor, conocidas como el «derecho divino de los reyes». Es sobrecogedor el esfuerzo de Roscio: repasa con lupa la Biblia buscando desmontar el andamiaje opresor que se fundamentaba en textos sagrados, y busca construir otro que, basado en los mismos textos, trabaje a favor de la libertad: «A las páginas del reino espiritual de Jesucristo iban los enemigos de la libertad en busca de textos que sirviesen de dogma al gobierno temporal de las gentes contra la sana intención de su autor» (Roscio, 1996: 8).

Roscio cree hallar en el Antiguo y el Nuevo Testamento toda una organización social sustentada en la igualdad y la libertad, muy distinta a la que la monarquía venía estableciendo. De modo que puede afirmarse que adelanta una lectura filosófica y política de la Biblia desde postulados distintos a los de la monarquía. El propio autor lo señala en el prólogo de su obra: «Por fruto de mis tareas saqué argumentos contra la tiranía, y por la libertad nuevas pruebas del carácter sublime y divino de una religión que hace las delicias del hombre libre, y el tormento de sus opresores» (Roscio, 1996: 5).

El trasfondo filosófico en el que se apoya el autor es el liberalismo. De ello dan fe las diversas alusiones a *El contrato social* de Juan Jacobo Rousseau, así como a ciertos principios cartesianos, pero no abandonaba su formación católica. En tal sentido, no puede afirmarse que Roscio fuese un liberal ortodoxo, más agnóstico que creyente, ya que su condición de feligrés no la abandonó nunca. De modo que uno de los primeros intentos hispanoamericanos, si no el primero, por avenir postulados liberales y católicos ha debido ser este de Roscio. Más que una refutación liberal de postulados de teología monárquica, nuestro autor se esmeró en dibujar una teología emancipadora, sustentada en los mismos libros sagrados en que se fundamentaba la contraria.

Que el sustento filosófico de Roscio fuese el liberalismo no puede sorprendernos: para nadie es un secreto que fueron estas ideas las que condujeron a la independencia de los Estados Unidos de Norteamérica, primero; a la Revolución francesa, después y, finalmente, a la independencia de las Provincias de España en América. Este cuerpo de ideas, naturalmente, se enfrentó al poder constituido del señor feudal y del monarca por igual, y abogaba por la creación de repúblicas libres, gobernadas bajo el imperio de leyes fundadas en los principios de la libertad y los derechos del hombre, todos ellos consustanciales al individualismo, que no hay manera de disociar de las ideas liberales.

Pero si por una parte *El triunfo de la libertad sobre el despotismo* es una lectura crítica de los textos sagrados con un fin político, por otra recoge un norte y un programa de acción. Así queda establecido en el mismo prólogo antes citado: «Cooperemos todos al exterminio de la tiranía, al desagravio de la Religión ofendida por el déspota que la invoca en su despotismo; unamos nuestras fuerzas para el restablecimiento de la alta dignidad de nuestros semejantes oprimidos» (Roscio, 1996: 6). Este llamado a la acción lo acompaña el autor con su vida pública, confluyendo así en su sola persona el derrotero del hombre de pensamiento y el del hombre de acción, aunque jamás en el campo de batalla, blandiendo una espada.

El libro, además, está escrito en un lenguaje de gran elegancia, con frecuentes recurrencias al Yo dramático que años después desarrollaría en Venezuela el poeta José Antonio Ramos Sucre. La argumentación, aunque le rinde tributo a la pasión, no deja de lado el peso persuasivo de las racionalizaciones. Entonces, el abogado de correcta formación emerge en el texto, acompañando al tono confesional en que está escrito el libro, recordando las *Confesiones* de san Agustín: «Adopté el método de confesión, imitando las de San Agustín, por haberme parecido el más propio y expresivo de la multitud de preocupaciones que me arrastraban en otro tiempo» (Roscio, 1996: 5).

No exagero al afirmar que este libro, en muchos sentidos asombroso, constituye el más acabado esfuerzo por justificar la libertad de las provincias españolas en América desde la perspectiva de un católico comprometido, ayudado por el cuerpo de ideas del liberalismo. Además, pasado el período emancipador, el libro que trabajamos es de las pocas fuentes con que contamos de los sustentos teóricos de la empresa independentista.

No obstante el catolicismo confeso de Roscio, no faltan quienes lo ubican en la lista de los masones y, la verdad, pareciera que sí lo hubiera sido, ya que recibió unos apoyos típicos de la cofradía masónica, tanto en su paso por Jamaica como en su estadía en Filadelfia. De la pertenencia de Miranda a la masonería no hay la menor duda, pero la de Roscio no se ha ventilado suficientemente. No nos atrevemos a afirmar su pertenencia diáfana porque no contamos con pruebas testimoniales contundentes, pero lo que sí es cierto es que su confesionalismo católico no habría sido óbice para la pertenencia a una organización secreta que luchaba por la libertad y que, sin duda, fue introductora y animadora de las ideas liberales en América. Pero no es interés de este trabajo dilucidar su filiación masónica; tampoco eludirla, ya que en toda la gesta independentista estuvo presente, sobre todo como sistema de conexión entre mucha gente y efectivo respaldo en «las verdes y las maduras».

Como dijimos antes, consta la filiación masónica de Miranda, fundador en Londres en 1800 de la logia Gran Reunión Americana, que centralizaba las, llamadas por el Precursor, «logias lautarinas» en América, en homenaje a Lautaro, quien dio muerte a Pedro de Valdivia, en Chile, en 1553. Algunos creen que la iniciación mirandina ocurrió en Virginia, a instancias de George Washington, pero no nos atrevemos a afirmarlo porque sospechamos que ha podido ser antes, en Europa. También consta la bolivariana, cuya iniciación se presume en Cádiz, en 1803, pero el Libertador se refirió a la masonería en el *Diario de Bucaramanga* con desprecio:

> Habló de la masonería, diciendo que también él había tenido la curiosidad de hacerse iniciar para ver de cerca lo que eran aquellos misterios, y que en París se había recibido de Maestro, pero que aquel grado le había bastado para juzgar lo ridículo de aquella antigua asociación, que en las logias había encontrado algunos hombres de mérito, bastantes fanáticos, muchos embusteros y muchos más tontos burlados; que todos los masones se asemejan a los niños grandes jugando con señas, morisquetas, palabras hebraicas, cintas y cordones... (Bolívar, 2010: 221).

No obstante lo dicho, es evidente que Bolívar se sirvió también de la red masónica en circunstancias difíciles de su vida. En suma, creemos que Roscio se acercó a la masonería y comulgó con sus aspectos liberales en cuanto al republicanismo en ciernes y que, también, recibió apoyo de algunos de sus integrantes, pero estas evidencias no nos conducen a creer que formara parte de una logia de manera sistemática y recurrente, ni creemos que el origen de sus ideas liberales estuviera allí, sino en la lectura directa de los textos liberales de su tiempo.

EL MEOLLO DEL CONCEPTO DE SOBERANÍA

Como puede suponerse, el concepto de soberanía es consustancial a las reflexiones teóricas de Roscio, ya que el determinar en quién reside esta es importantísimo para saber quién puede ejercerla. No olvidemos que la justificación política y teológica de la monarquía estribaba en que la soberanía estaba en manos del rey por decisión divina y, según los seguidores de esta tesis, ello constaba en la Biblia. De modo que para Roscio va a ser fundamental demostrar lo contrario. Desde el capítulo II de su libro, sus esfuerzos se expresan abiertamente:

> Por más que se afanen los déspotas y sus cortesanos, la soberanía ha sido y será siempre un atributo natural, e inseparable del pueblo. Este es un dogma político y cuasi religioso, que no puede recibir lesión alguna en el presente texto, ni en otros concordantes, que por ignorancia, o malicia se han extraído de unos libros destinados, no a la enseñanza del derecho natural y de gentes, sino a la instrucción de otro orden de cosas (Roscio, 1996: 18).

Más adelante, nuestro autor le voltea la carga de la responsabilidad al monarca. Pasa, de aceptar la excusa de responsabilidad por parte del rey frente a sus súbditos, a exigirle cuentas, vinculadas con el contrato tácito que vive entre quienes delegan su soberanía (el pueblo) y quienes la ejercen por delegación (el gobernante), afirma: «Del número de combatientes y contribuyentes resulta la dignidad y grandeza del monarca, y de la falta de ellos su ignominia y mengua política: de ellos, pues, la dignidad o vilipendio» (Roscio, 1996: 23). A todas luces, nuestro autor va a considerar el ejercicio del gobierno como el fruto de una delegación de la soberanía por parte del pueblo que, a su vez, exige deberes y derechos por parte de los sujetos involucrados en el contrato. Luego, en capítulo posterior, en el tono de confesión característico, y dirigidas sus palabras a Dios, explicándose ante él, se explica ante nosotros, diciendo:

> Imaginaba yo que la soberanía era una cosa sobrenatural e invisible, reservada desde la eternidad para ciertos individuos y familias, e íntimamente unida con la palabra *Rey*, para infundirla a su tiempo en el cuerpo y alma de aquellos que obtuviesen este título por fas, o por nefas. Otras veces la consideraba como una cualidad espiritual y divina, inherente a tu omnipotencia, de donde se desprendía milagrosamente para identificarse con los monarcas y caracterizarlos de vicedioses de la tierra. Esta idea me había venido de la que yo tenía formada de la Gracia santificante, de la virtud sacramental y la potestad de orden en los ministros del culto (Roscio, 1996: 25).

En páginas posteriores, Roscio comienza a enseñar sus cartas, y de ellas se desprende que ha abrevado en el pensamiento liberal; de lo contrario, no se explican sus formulaciones acerca de la naturaleza del contrato y, en consecuencia, de la fuente de la soberanía. Señala:

> Se forman compañías en que cada socio pone por capitales aquellas virtudes intelectuales y corporales, que sirven de materia al contrato social; conviniéndose en no disponer ya de este caudal con toda aquella franqueza con que lo hacía en su anterior estado. Ahora la voluntad general de los compañeros es la única regla que debe seguirse en la administración del fondo común, que resulta de la entrada de tantos peculios particulares, del cúmulo de tantas soberanías individuales (Roscio, 1996: 28).

Evidentemente, ha leído *El contrato social* de Rousseau y algunos otros textos liberales que no ha sido posible determinar. De hecho, hay un libro que nuestro autor cita en repetidas oportunidades cuya autoría, hasta ahora, los estudiosos de su obra no han podido precisar, ya que se refiere al libro sin citarlo ni mencionar su autor. Se hace evidente que Roscio ha hallado una analogía entre la relación contractual de una compañía y la que existiría en la república entre el pueblo y quien detenta la soberanía delegada por este. Tanto es así, que de inmediato se refiere al marco que le daría legitimidad y cauce a esta relación contractual: las leyes. Dice: «Es la más noble parte de la soberanía este poder legislativo, la más ventajosa facultad que el hombre recibió de su autor» (Roscio, 1996: 28).

Antes de esta cita, ya el autor ha advertido que la ley viene a ser la expresión del voto general, es decir, la expresión escrita de la voluntad general en ejercicio de la soberanía. Como el buen liberal que viene cuajando dentro de él, Roscio advierte que sin leyes la soberanía del pueblo no encuentra cauce; sabe que la inexistencia de leyes beneficia al monarca, del que depende el curso del gobierno cuando no se dispone de un marco regulatorio. Luego, en capítulos posteriores, nuestro autor vuelve al curso de sus reflexiones teológicas con la Biblia en la mano. Entonces halla razones históricas, y señala:

> Más de doscientos años después de la emigración de Jacob, salió de Egipto este pueblo soberano, sin leyes escritas, ni sistema fijo de gobierno: la ley no escrita, su voluntad general, practicada bajo el dictamen de la razón, había sido la regla constitucional de este cuerpo político (Roscio, 1996: 39).

Unos cuantos capítulos más le dedica Roscio al tema de la soberanía. Después se adentra en otros temas, pero uno de los párrafos más concluyentes en esta materia va a ser este:

> El derecho que el hombre tiene para no someterse a una ley que no sea el resultado de la voluntad del pueblo de quien él es individuo, y para no depender de una autoridad que no derive del mismo pueblo, es lo que ahora entiendo por libertad: leyes humanas, no divinas son las únicas que vienen en esta definición: en ella tampoco están comprendidas las potestades celestiales; todas aquellas que el príncipe de los Apóstoles llama hechura de hombres, son las que tocan a la libertad definida (Roscio, 1996: 67).

Una vez concluida la lectura de *El triunfo de la libertad sobre el despotismo* se hace evidente, como creo haberlo demostrado, que la fuente filosófica de su pensamiento es el liberalismo, el llamado hoy en día liberalismo clásico, pero también queda claro que no es esta su única fuente filosófica. La otra, evidentísima, es el cristianismo, en particular el Antiguo y el Nuevo Testamento. Una tercera fuente, de origen profesional, es la jurídica, dada la educación en leyes que recibió Roscio; pero esta última, aunque puede afirmarse que constituyó el camino de entrada a las ideas liberales, en sí misma no representaba una formación liberal. Esto nos lleva a afirmar que la consecuencia lógica de un abogado formado en una provincia española en América no es la natural asunción del liberalismo. Por el contrario, el esfuerzo intelectual de Roscio constituye un aporte de tal importancia precisamente por eso, por su singularidad, por la rareza que significaba entonces el proyecto de hacer compatibles el catecismo católico y las ideas liberales en un ámbito intelectualmente dominado por ideas contrarias.

Quienes han querido ver en el libro de Roscio un lejano antecedente de la llamada Teología de la Liberación se equivocan. Las fuentes de esta teología cristiana son, ciertamente, los textos bíblicos, pero no en diálogo con las fuentes liberales sino con las marxistas, universo conceptual que no existía para cuando Roscio batallaba en el mundo. Las ideas liberales que él maneja son las mismas que van a dar nacimiento a los Estados Unidos de América, a la Revolución francesa y a la independencia de las provincias españolas en América. Es decir, las ideas que dieron nacimiento a las repúblicas, que dieron al traste con las monarquías, y que fueron constituyendo un Estado de Derecho moderno sobre la base, entre otros, de un concepto central para todo el andamiaje posterior: el concepto de soberanía. En esto Roscio puso el dedo en la llaga: una vez determinada, bíblicamente, la residencia de la soberanía, pues todo lo demás constituía una consecuencia de semejante dilucidación, y toda la argumentación del rey a su favor se venía abajo, dando paso a la línea argumental siguiente que ya hemos mencionado.

En el panorama hispanoamericano de su tiempo va a ser difícil que hallemos un esfuerzo intelectual de mayor envergadura que el de Roscio. Ninguno, que sepamos, de los personajes participantes en las guerras de independencia americana adelantó un esfuerzo semejante, pero la verdad es que la divulgación de este libro fue muy escasa en su momento, por no decir inexistente. No ocurrió así en México, donde además de alcanzar tres ediciones, lo que era extraordinario para entonces, fue texto de suma importancia para la formación de Benito Juárez. Así lo certifica el biógrafo de Juárez, Héctor Pérez Martínez, en su obra *Juárez, el impasible,* cuando afirma: «Juárez hace de este último libro el compañero fiel. En los corrillos del Instituto gusta discutir ardientemente los temas del autor venezolano: la palabra «libertad» toma en sus labios una entonación grave, un sentido misterioso. Parece una invocación...» (Pérez Martínez, 1945: 31).

LOS AVATARES DE LA EDICIÓN

La edición venezolana de la obra representa una historia en sí misma y merece ser referida. Siendo publicada por primera vez en Filadelfia en 1817, luego se reedita en la misma ciudad en 1821 y una tercera edición en la misma urbe es de 1847. En México se imprime por primera vez en 1824; luego en 1828 y después en 1857. La primera edición venezolana es de 1953, gracias al empeño de Pedro Grases, quien la compila y le encarga el prólogo a Augusto Mijares. La edición con la que trabajo es la más reciente, la publicada por la Biblioteca Ayacucho en 1996. Grases consiguió en la librería Dolphins, de Oxford, un ejemplar de la obra y se lo llevó a Venezuela. Con ese ejemplar pudo imprimirse la primera edición venezolana, como dijimos, en 1953. Es decir, 136 años después de impresa por primera vez. A partir de aquí, caben algunas inferencias.

Recordemos que Roscio regresa a Venezuela después de su prisión en Ceuta y su paso por Jamaica y Filadelfia. Es de suponer que trajo ejemplares de su obra o que le llegaron después y los repartió entre interesados y amigos, pero no contamos con mucha información al respecto, más allá de algunas cartas en las que hace referencia a su libro. Sabemos que Bolívar, por ejemplo, leyó la *Historia de la revolución de la república de Colombia y la América meridional* de Juan Manuel Restrepo porque así se lo comenta a Louis Perú de Lacroix en el *Diario de Bucaramanga,* pero ignoramos si leyó a Roscio. Es poco probable que el autor no le haya entregado a Bolívar en Angostura, en 1819, un ejemplar de su libro. En cualquier caso, ningún comentario bolivariano conocemos, así como ningún otro de algún probable lector. Tampoco conocemos alguna queja de Roscio de tan indiferente acogida para una obra de tanto peso teórico. Por el contrario, las veces que menciona su libro en cartas, lo hace con una humildad conmovedora, como si se tratara de una obra miscelánea o secundaria. Por otra parte, se nos dirá: estaban en guerra, no estaban para lecturas de peso. Es cierto, pero la guerra culmina en la América española en 1824, con la batalla de Ayacucho, y luego en tiempos de paz tampoco se cuenta con alusiones al libro.

ASUNTOS PERSONALES

Indaguemos ahora en aspectos de su vida personal. Sabemos, por carta enviada por Roscio a Francisco Carabaño el 17 de julio de 1820, que tenía un hermano sacerdote en Cádiz, llamado José Félix, quien antes había sido vicario de Puerto Cabello. Sabemos que don Juan Germán estaba casado con doña Dolores Cuevas, natural de Cádiz, y que contrajo nupcias en mayo de 1819, ya en Venezuela. Todo indica que el amor nació en Ceuta, ya que entonces los presos tuvieron la ciudad por cárcel y las posibilidades de establecer vínculos estuvo presente. Ignoramos por qué la pareja tardó tres años en reunirse, pero suponemos que los rigores jamaiquinos y filadelfinos les impidieron juntarse. Recordemos que Roscio no contaba con bienes de fortuna y estuvo al borde de la mendicidad en el exilio. Difícilmente podía hacer venir a su prometida cruzando el Atlántico.

También, gracias a un testamento que firma en Filadelfia el 14 de abril de 1818, cuando estaba postrado al borde de la muerte, sabemos que solo un hermano tenía y que no había procreado. Sospechamos que su hermano murió en España, al igual que su mujer, quien, suponemos, regresó a la península una vez fallecido Roscio en Cúcuta. El apellido no pudo trascender en Venezuela y desapareció, ya que los dos únicos varones no dejaron descendencia. Sin embargo, circula la especie de que una mujer en 1889, muchos años después, solicitó pensión al gobierno venezolano, aduciendo ser hija de Roscio, pero parece poco probable que hubiera procreado una hija sin que nadie se hubiera enterado. De modo que no podemos otorgarle crédito. Tampoco hallamos rastro venezolano de la viuda; por eso estimamos que regresó a España.

Podemos organizar la vida de Roscio en cuatro etapas. La primera, de la infancia y la adolescencia, entre 1763 y 1774, año en que se muda a Caracas, a los once años. La segunda, de formación, entre 1774 y 1800, cuando culmina estudios de Derecho Civil, tiene 37 años y está en pleno juicio en la Real Audiencia. La tercera, entre 1800 y 1809, año en que deja de trabajar para la Capitanía General de Venezuela y comienzan a aflorar sus ideas republicanas. La cuarta, entre 1809 y 1821, entre sus 46 y sus 58 años, donde se entrega plenamente a la causa republicana y conoce la cárcel, el exilio y redacta su obra fundamental.

APUNTES FINALES

¿No es de una perfecta lógica que el autor y el libro más importante del período de la gesta independentista sean muy poco conocidos en un país doblegado por la infausta impronta militar? ¿Qué lugar reservó la historiografía oficial, a veces más cercana de la teología que de la historia, para un abogado que, para colmo, era federalista, lo que es lo mismo que decir antibolivariano? Pues un lugar muy exiguo en la mitología republicana. Era civil, no era militar. ¿Dónde se ubica a un hombre de ideas, leyes y constituciones en un universo imantado por la magia guerrera? Si llegan a veinte los venezolanos que han leído su obra, exagero; en los países hermanos del continente rara vez han escuchado su nombre, mucho menos la existencia de su libro.

Bello y Roscio comparten lugar en el altar del imaginario colectivo: gente de ideas, no de acción. Menudo pecado en una sociedad sacudida por infantilismos crónicos. No obstante la similitud, el legado de Bello es de mayor magnitud que el de Roscio, naturalmente, lo que hace de su posición secundaria en el panteón patriótico venezolano una falta más elocuente.

La memoria de los pensadores liberales y federalistas en Venezuela ha sido sistemáticamente relegada en aras del centralismo autoritario.

Dos ejemplos bastan para confirmar lo que afirmamos: Roscio y Cortés de Madariaga. El peso de Bolívar y su credo centralista, que abrazó la presidencia vitalicia y hereditaria en la Constitución de Bolivia de 1826, ha sido de tal dimensión que quienes profesaban un liberalismo más ortodoxo pasaron a segunda fila. No solo en su tiempo sino en la memoria histórica. De esa injusticia ha sido víctima Roscio, el civilista republicano mejor formado de su tiempo, el autor de mayor peso teórico de los años de la gesta independentista.

BIBLIOGRAFÍA

Arráiz Lucca, Rafael. *Colonia y República: ensayos de aproximación.* Caracas, Editorial Alfa, Biblioteca Rafael Arráiz Lucca, 2009.

Bolívar, Simón. *Bolívar esencial.* Bogotá, Ediciones de la revista *Número,* 2010.

Losada, Benito Raúl. *Juan Germán Roscio (1763-1821).* Caracas, Ediciones de la Fundación Eugenio Mendoza, 1953.

Mijares, Augusto. *Prólogo a Obras de Roscio.* Caracas, Publicaciones de la Secretaría General de la Décima Conferencia Interamericana, 1953.

Pérez Martínez, Héctor. *Benito Juárez (El impasible).* Buenos Aires, Espasa-Calpe, Colección Austral, 1945.

Pérez Vila, Manuel. «Entrada sobre Roscio». *Diccionario de Historia de Venezuela.* Caracas, Fundación Polar, segunda edición, 1997.

Pernalete, Carlos. *Juan Germán Roscio.* Caracas, Biblioteca Biográfica Venezolana, n.º 77. *El Nacional*-Banco del Caribe, 2008.

Roscio, Juan Germán. *El triunfo de la libertad sobre el despotismo.* Caracas, Biblioteca Ayacucho, n.º 200, 1996.

_____. *Obras, tomos I, II y III.* Caracas, Publicaciones de la Secretaría General de la Décima Conferencia Interamericana, 1953.

Ugalde, Luis. *El pensamiento teológico-político de Juan Germán Roscio.* Caracas, Ediciones La Casa de Bello, Colección Zona Tórrida, 1992.

JOSÉ CORTÉS DE MADARIAGA: UN CURA LIBERAL

La vida de José Cortés de Madariaga está poblada de acontecimientos tan azarosos que bien podría ser un desafío para los astrólogos. Nació en Santiago de Chile el 8 de julio de 1766 y falleció en Río Hacha en la primera semana de marzo de 1826. Precisar el día hasta ahora ha sido imposible, así como ubicar el lugar exacto donde reposan sus restos. Murió a los 60 años, de causa también desconocida. Esta bruma que imanta su fallecimiento no hay manera de despejarla, ya que los registros de Río Hacha fueron consumidos por el fuego y la partida de defunción del chileno no aparece.

Algunos señalan que la manigua sepultó la tumba donde podría estar enterrado y ahora no se sabe en dónde reposan sus restos, si es que alguna otra calamidad no los mudó de sitio. Otros dicen que reposaban en una ermita en el cementerio local, pero que esta se derrumbó hace años y a las osamentas se las llevó el agua corriente; y no faltan quienes apunten que están en algún recodo de la plaza de Padilla. Tres hipótesis sin corroborar, pero que revisten menor importancia frente a otros enigmas que nos esperan en su peripecia vital.

Su padre, Francisco Cortés Cartavio, había nacido en Trujillo (Perú) y casó con una señorita principal de la sociedad chilena: María Mercedes de Madariaga y Lecuna. La pareja tuvo diez hijos, de los cuales José Joaquín Cortés de Madariaga fue el cuarto. La familia era católica en grado superlativo, al punto que no fue José el único sacerdote de los hermanos; también lo fue el mayor, Francisco, así como María Encarnación fue monja, y Pedro, fraile. Si la vocación religiosa acompañó a cuatro de los Cortés de Madariaga, la distinción social cabalgaba pareja. De modo que no hay manera de señalar una infancia sufrida que nos conduzca a hacer la apología del hombre que «vino de abajo» o se «hizo solo». Por el contrario, la singularidad de su periplo reside en la parábola contraria. Más aún, su familia dibujará esa parábola contraria, ya que de la opulencia pasaron a bordear la indigencia, por circunstancias que sería innecesario relatar, pero que ocurrieron cuando ya el niño José había franqueado la puerta de la primera juventud.

Es poco lo que se sabe de su infancia, más allá de una caracterización que no nos resulta cierta: «de salud delicada y enfermiza en su infancia». La experiencia nos lleva a saber que cuando se dice esto, que es muy común entre los biógrafos de antes, es porque no se conoce verdaderamente la infancia del personaje. De cualquiera puede decirse esto. Lo que sí se puede afirmar es que el ambiente en el que creció don José fue forzosamente católico, lo que ha debido trazarle unos límites signados por la obediencia, cierto autoritarismo paterno, encierros, prevenciones y las otras prácticas comunes de su tiempo en un ámbito eclesial. Tanto es así que fue entregado al obispo Manuel Alday para que viviera con él, en condición de familiar y asistente, durante años, antes de ordenarse sacerdote, así como *educando* en asuntos religiosos. La muerte de Alday impidió que fuese él quien ordenara al discípulo, cosa que hizo su sucesor: Blas Sobrino y Minayo.

La suerte no acompañó al futuro canónigo Cortés en Chile. Una vez ordenado, sus aspiraciones dentro de la jerarquía eclesiástica no le fueron complacidas. Se le negó la cátedra de Moral y se le obstaculizó la de maestro de Sentencias. Luego, en 1798 se le complicó la cátedra de Decretales, discutida por otro sacerdote de mayor peso político. Ya a los 28 años las barreras que se le habían atravesado en el camino le han podido llevar a pensar que Chile no era su espacio propicio. Fue entonces cuando, en 1794, Cortés tomó una decisión que cambió su vida para siempre: irse a España para gestionar personalmente la decisión, por parte del rey, de su destino como pastor de almas. Ignoraba, al embarcarse en Buenos Aires, después de remontar la cordillera entre Santiago y el puerto, que jamás regresaría a su ciudad natal. Estaba concluyendo la primera etapa de su vida. Por cierto, casi la misma edad en que Andrés Bello abandonó Caracas para siempre. Curiosa simetría: Bello se va de 29, Cortés de 28. Bello se realiza en Londres y Santiago, años después; Cortés en Cádiz, Caracas, Ceuta, Kingston y Río Hacha.

LA EXPERIENCIA EUROPEA

La mayor parte de sus años españoles los pasó don José en casa del escritor chileno Nicolás de la Cruz, en Cádiz. Allí, al parecer, entró en contacto con las logias masónicas lautaristas que Francisco de Miranda animaba desde Londres, creadas a partir de 1797. De aquellos años, lamentablemente, nada se conserva como prueba documental de su participación en ellas; evidentemente, se trataba de unas sectas masónicas que se protegían bajo el manto del secreto y difícilmente dejaban rastros escritos. Suponemos que formó parte de ellas porque él mismo aludió a su vieja amistad con Miranda muchos años después (1811), en San Carlos, en el llano venezolano, pero no faltan detractores del canónigo que lo niegan. Aquellas logias se denominaban lautaristas por Lautaro, naturalmente, el aborigen rebelde chileno que enfrentó con éxito a los españoles en el siglo XVI, pionero de las luchas por la independencia. Lo que tramaban las logias era la libertad de las provincias españolas en América.

Por supuesto, en aquellos años el sacerdote viajó por Europa. Estuvo en Londres, París y Roma. En esta última el Papa lo nombró protonotario apostólico: una distinción señalada que confiere la Iglesia católica a sus hijos predilectos. Antes, por Cédula Real del 17 de agosto de 1800, el rey de España decidió en torno a la disputa que trajo a Cortés a la península. Para su querellante Eizaguirre se otorgó una Fiscalía y para don José «una prebenda de merced en el coro de la Catedral de Santiago». Como vemos, no se le otorgó la cátedra universitaria que buscaba denodadamente desde Chile, pero se le dio una canonjía, lo que le confirió el título de canónigo.

¿Por qué no regresó de inmediato a Chile a ejercer su canonjía? No contamos con explicación documentada, pero sospechamos que su inmersión en el mundo conspirativo le había abierto los ojos en torno a muchos aspectos antes desconocidos y pareciera que el deseo de ejercer en su ciudad natal aminoró o fue trocado por otro. No faltan quienes apunten que se trató de una decisión de Miranda, quien, al enterarse de la vacante de la canonjía de la catedral de Caracas, trabajó para que se le otorgara a Cortés, en vez de la de Chile. Pero Vicuña Mackenna apunta lo contrario: dice que llegó a Costa Firme, en Venezuela, fruto de un naufragio que lo aventó y estando en Caracas se produjo el cambio de canonjía. ¿A quién creerle? En todo caso, el 6 de mayo de 1803 se expidió nueva Cédula Real que le otorgaba la canonjía de la catedral de Caracas, ciudad en la que ya estaba, según Vicuña, como consecuencia de un naufragio; según los seguidores de «teorías de la conspiración»: una trama urdida por el Precursor. Nosotros, humildemente, creemos más en el accidente marítimo.

La hipótesis del naufragio la refrenda el propio Cortés en 1817, en manifiesto escrito en Jamaica y dirigido a los chilenos, donde explica por qué finalmente jamás llegó a su país. Suscribe la tesis del naufragio y el enamoramiento que le produjo Caracas. No obstante esta tesis, no podemos olvidar que la otra era inconfesable, ya que la masonería era anatema para la Iglesia católica, así como la conspiración contra la Corona española en América. Imposible que Cortés suscribiera la tesis de muchos historiadores venezolanos, que interpretan su llegada a Caracas como parte de la conspiración mirandina.

En caso de ser cierta su filiación secreta con Miranda, esta no operó eficientemente en 1806, cuando el Precursor llegó a Ocumare y Coro, no halló respaldo de nadie y fracasó en la intentona, como sabemos. De ser cierta esta relación secreta, Cortés ha debido estar esperando a su Precursor y, por el contrario, no se le acusó entonces de connivencia con el caraqueño. Algunos historiadores proclives a la fábula lo imaginan tejiendo una red de relaciones en silencio durante ocho años (1802-1810), pero la verdad es que no hay pruebas de tal tejido. Sí hay constancia de que era un canónigo respetado y querido, con buena amistad con los mantuanos (la élite caraqueña que lideró la gesta de independencia) y que, llegado el momento, actuó a favor de sus convicciones liberales.

EL 19 DE ABRIL DE 1810 EN CARACAS

La participación de Cortés de Madariaga el 19 de abril de 1810 fue más allá de la anécdota a la que suelen reducirla los libros de historia signados por la elementalidad: en aquella oportunidad en la cual el capitán general Vicente Emparan, sostenido por la Regencia en ausencia de Fernando VII –quien había abdicado a favor de José Bonaparte en los sucesos de Bayona–, salió al balcón a preguntarle al pueblo reunido en la plaza Mayor de Caracas si quería seguir siendo gobernado por él, el pueblo dijo no, ya que el canónigo hizo la señal negativa con la mano detrás de la cabeza de Emparan.

El capitán general sale a consultar al pueblo después de que Cortés ha dado un discurso imprecatorio de su autoridad en el Cabildo, en el que también ha zarandeado a los cabildantes, intentando despertarlos para que entiendan la importancia de la coyuntura y pide la renuncia de Emparan. Su argumento es contundente: no puede gobernar Emparan en nombre de un rey depuesto; la soberanía está en manos del Cabildo. Ante la embestida de Cortés, Emparan se siente acorralado y cree resolver la situación preguntándole al pueblo reunido en la plaza (a quien cree su seguidor) y pensando que, en efecto, este iba a decir que sí quería continuar bajo su mando; pero la autoridad del canónigo, detrás de Emparan, moviendo las manos en señal de desaprobación, salvó la situación a favor de los juntistas, como señalamos antes.

Su participación en los hechos que se suceden también es principal. El Cabildo reunido forma la Junta Conservadora de los Derechos de Fernando VII, que se propone gobernar en ausencia del rey, a quien se le había entregado la soberanía. Se forma gobierno de inmediato y muy pronto se convoca a elecciones de diputados en las provincias restantes que suscribieran esta tesis. De allí surgió el Congreso que se tornó constituyente y fundó la República de Venezuela el 5 de julio de 1811.

EL TRATADO LOZANO-CORTÉS: EL PRIMERO FIRMADO ENTRE COLOMBIA Y VENEZUELA

Entre las autoridades estaba Cortés, en su condición de diputado por el clero y el pueblo ante la Junta Conservadora de los Derechos de Fernando VII. Las nuevas autoridades le encargan a Cortés de Madariaga una misión principal: viajar a Bogotá a enterar a los neogranadinos de la situación venezolana y firmar un tratado entre ambos gobiernos, ya que los sucesos del 20 de julio en Bogotá eran de tal naturaleza similares a los de Caracas que se hacía necesario el vínculo formal y jurídico entre ambas naciones en trance idéntico.

Circula la hipótesis que señala la escogencia de Cortés como una manera de alejar al canónigo de los asuntos caraqueños, ya que al parecer su vehemencia no era bien vista en aquellas circunstancias. No sabemos si esto es cierto, pero el chileno acepta el encargo con orgullo y parte de Caracas el 21 de diciembre de 1810 rumbo a la sabana de Bogotá. Por otra parte, no fue esta la única misión: Juan Vicente Bolívar y Telésforo Orea van a los Estados Unidos; Vicente Salias y Mariano Montilla a Curazao y Jamaica y Andrés Bello, Luis López Méndez y Simón Bolívar viajan a Londres. Sin embargo, de la única misión que queda firmado un tratado es de la de Cortés, ya que se trata de Nueva Granada y Venezuela, naciones hermanas.

Estando en San Carlos, en enero de 1811 en camino a Bogotá, se entera de la llegada de Francisco de Miranda a Caracas, procedente de Londres. Viene con el objeto de terciar a favor de la creación de la República, y Cortés lo secunda y avala con fervor desde una escala de su viaje. En esta ciudad llanera pronunció una arenga que es necesario reproducir: nada más diciente de su carácter que estas palabras, así como de su mirandismo militante:

> ¡Siempre colonos! ¡De día en día más degradados, más oscurecidos, más miserables! ¿Qué pueblos son estos condenados por el destino a una perpetua servidumbre? No, no hay destino: la Divina Providencia dirige todas las cosas, y no es la voluntad del Ser Supremo que los pueblos sean esclavos... La mano invisible nos ha conducido al hombre que necesitábamos: devuelve a los patrios lares el genio extraordinario de la guerra y el consejo: Miranda está entre nosotros... Yo me glorié de ser americano cuando vi, cuando traté a este hombre...

Recordemos que Miranda llega a Caracas en diciembre de 1810, después de haber recibido en Londres, en su casa de Grafton Way, a la delegación venezolana citada antes, enviada por la Junta a explicarle al Reino Unido la situación venezolana. Recordemos que la alusión que hace Cortés de su trato con Miranda ha debido ocurrir en Londres, aunque su influencia la sintió en Cádiz, cuando supo por primera vez de las logias lautarinas. El mirandismo de Cortés es indudable, anotémoslo.

En su paso por Mérida, Cortés es arrestado por el obispo realista, pero logra zafarse y sigue su camino. En Pamplona escribe y envía un oficio a Bogotá, avisando de su pronta llegada y el objeto de su visita. Desde la ciudad se expiden oficios de alborozo por su próximo arribo y se designan comisiones para recibirlo. El canónigo llega a la ciudad a mediados de mayo de 1811 con la credencial firmada por el entonces presidente de la Junta en Caracas: Martín Tovar Ponte. Pero más interesante aún es la misiva que llega firmada por Miranda el 22 de enero de 1811 y dirigida a la Junta Suprema del Nuevo Reino de Granada. En ella se lee:

> El canónigo doctor D. José Cortés de Madariaga, que hace poco tiempo salió de esta ciudad para esa capital, y va encargado de una importantísima comisión, dirá a V.A. cuanto yo podría sugerir en esta, acerca de una reunión política entre el reino de Santa Fe de Bogotá y la Provincia de Venezuela, a fin de que, formándose juntas un solo cuerpo social, gozásemos ahora de mayor seguridad y respeto, y en lo venidero de gloria y permanente felicidad.

Como vemos, una prueba más de la idea integracionista mirandina original, luego retomada por Bolívar.

El tratado se firma el 28 de mayo de 1811 y se refrenda el 7 de junio del mismo año entre Cundinamarca y Venezuela y se denomina «Tratado de Alianza y Federación», lo que señala su espíritu liberal en la medida en que el federalismo es expresión de la impronta liberal. En él ya está la modalidad departamental que luego acogió Bolívar en clave centralista, no federativa, como sí se consagra en este tratado. Se lee en el texto:

> Habrá amistad, alianza y unión federativa entre los dos Estados, garantizándose mutuamente la integridad de los territorios de sus respectivos Departamentos, auxiliándose mutuamente en los casos de paz y guerra, como miembros de un mismo cuerpo político, y en cuanto pertenezca al interés común de los Estados federados.

Es evidente que la integración que están acogiendo los firmantes del tratado, Jorge Tadeo Lozano y José Cortés de Madariaga, es federal. Muy distinta a la que asumió Bolívar a partir de 1819, siempre en concordancia con su impronta radicalmente centralista.

Una semana después de refrendado el tratado (el primero que firman las protorrepúblicas de Colombia y Venezuela), Cortés emprende el viaje de regreso. Parte el 14 de junio de 1811 y toma un camino diferente al que escogió para venir a Bogotá. De su viaje queda constancia en un texto intitulado *Diario y observaciones del Presbítero José Cortés de Madariaga en su regreso de Santafé a Caracas, por la vía de los ríos Negro, Meta y Orinoco, después de haber concluido la comisión que obtuvo de su Gobierno para acordar los Tratados de alianza entre ambos Estados*. Llega a Caracas hacia finales de año, cuando ya la República es un hecho y la reacción realista también. Entonces se pone a las órdenes del general Miranda, a quien muy pronto le encargarán en condición de Generalísimo la defensa armada de la República naciente.

Huelga referir aquí los episodios que condujeron a la pérdida de la República de Venezuela en julio de 1812, así como no es el espacio para narrar los hechos lamentables en que Bolívar y sus compañeros entregan a Miranda en manos de Monteverde el 31 de julio de 1812. Por su parte, Cortés de Madariaga intenta escapar de las manos del feroz español y no lo logra. Es hecho preso junto con Juan Germán Roscio, Juan Pablo Ayala, Juan Paz del Castillo, José Mires, Manuel Ruiz, José Barona y Francisco Isnardi, a quienes Monteverde denomina «los ochos monstruos» en carta enviada a la Regencia sustituta de Fernando VII. Dice: «Presento a V.A. esos ochos monstruos, origen y primera raíz de todos los males y novedades de la América, que han horrorizado al mundo entero; que se avergüencen y confundan delante de la majestad y que sufran la pena de sus delitos…».

PRESO EN CEUTA

El canónigo pasa cuatro meses en las mazmorras de La Guaira; de allí es enviado a Cádiz, donde transcurren siete meses de encierro y, finalmente, es destinado a Ceuta, en el norte de África, donde cumple la condena. De Ceuta logran escaparse a Gibraltar cuatro de los «ocho monstruos»: además de Cortés, Roscio, Paz del Castillo y Ayala, pero el gobernador británico de Gibraltar los apresó de nuevo y los entregó a sus carceleros, para no entrar en conflicto con las autoridades españolas, aparentemente. Nueva desgracia. No obstante, Thomas Richards, un comerciante inglés que iba y venía de Cádiz, amante de la causa independentista americana (¿sería masón?), abogó por ellos en Londres y logró el respaldo de las máximas autoridades. Estas, después de meses de negociaciones, lograron la libertad de los fugitivos de Ceuta. A todas luces, fue una concesión de España ante las peticiones de Gran Bretaña.

El 21 de noviembre de 1815 salieron en libertad. Habían estado presos un poco más de tres años. Cortés zarpó de Ceuta hacia Londres y de allí hacia Saint Thomas y luego a Jamaica. Allí está a comienzos de 1816. Los británicos le han hecho saber a diferentes patriotas, incluido Bolívar, que la constitución de un Gobierno era una formalidad indispensable para un reconocimiento internacional. Cortés se toma muy en serio esta sugerencia y se desplaza a Margarita, adonde llega en abril de 1817 con un proyecto *in pectore*. Busca de inmediato al Libertador de Oriente, Santiago Mariño, y le formula su propuesta.

EL CONGRESO DE CARIACO

El canónigo le propone regresar al esquema federal de la Constitución de 1811 y a Mariño le parece bien, ya que era más proclive a cualquier forma constitucional que mejorara su situación en desmedro de la de Bolívar. Deciden, entonces, organizar el Congreso (entre el 8 y el 9 de mayo de 1817) y nombrar autoridades sobre la base de las instituciones de cinco años antes. Se forma un triunvirato integrado por Fernando Rodríguez del Toro, Francisco Javier Mayz y Simón Bolívar (sin consultarle, obviamente). Mariño es designado Jefe Supremo del Ejército y Luis Brión, de la Armada. En la asamblea estuvieron presentes Francisco Antonio Zea, Diego Bautista Urbaneja, Luis Brión, Manuel Isava, Diego Vallenilla, Francisco Xavier y Diego

Alcalá, Manuel Maneiro, Francisco de Paula Navas y, por supuesto, Cortés de Madariaga.

Bolívar, en cuanto se enteró del Congreso y del proyecto federal, que fueron concebidos sin su consentimiento, los desechó rotundamente con su silencio. Como era de esperarse y, en lo sucesivo, ya apuntalado el caraqueño en Guayana, después del fusilamiento de Piar (el 16 de octubre de 1817), dominando un vasto territorio y con el apoyo de una mayoría que no siguió a Mariño y ni a Cortés en la aventura, el Congreso de Cariaco y sus decisiones fueron quedando en el olvido, en letra muerta.

En carta fechada el 6 de agosto de 1817 y desde Angostura, Bolívar se dirige a Martín Tovar Ponte, su viejo amigo, y le dice que por fin se cuenta con «Guayana libre e independiente» y le relaciona lo que esto significa para el futuro de sus proyectos. En cuanto a Cariaco, afirma:

> El canónigo restableció el gobierno que tú deseas y ha durado tanto como casabe en caldo caliente. Nadie lo ha acatado y él se ha disuelto por sí mismo. En Margarita lo desobedecieron; en Carúpano lo quisieron prender; a bordo lo quisieron poner en un cañón, se entiende para llevar azotes; aquí ha llegado y aun no se le ha visto la cara porque sus individuos se dispersaron, no de miedo sino de vergüenza de que los muchachos lo silbasen. Yo he usado la moderación de no haber escrito ni una sola palabra, ni de haber dicho nada contra el tal gobierno federal y, sin embargo, no ha podido sostenerse contra todo el influjo de la opinión. Aquí no manda el que quiere sino el que puede.

Bolívar desaprobaba con su silencio el proyecto federal de Cortés y Mariño, pero con ello no pasaba por alto que su mando no era unánime. Una vez más Mariño se lo hacía saber; ahora un presbítero también. Si en 1812 al federalismo lo atajó un contradictor tenaz, ahora el mismo seguía en su negación. Curiosamente, se ha dicho que el centralismo de Bolívar era netamente caraqueño, mientras el federalismo de los otros era provinciano, pero si bien puede haber algo de cierto en esto, vemos cómo Tovar, más caraqueño y mantuano imposible, se inclinaba por el federalismo. No hay manera de que a un espíritu autoritario le convenza el federalismo o cualquier forma de descentralización del poder. Eso está muy claro; también lo está que una guerra es más probable ganarla con unidad de mando que con dispersión, como pensaba Bolívar; es más probable el triunfo si la estrategia se centraliza y se coordina.

El Congreso de Cariaco, para desgracia de Cortés, ocurre cuando la unanimidad de mando buscada por Bolívar está consolidándose y, como dijimos antes, se corona con el fusilamiento de Piar, que deja muy claro que la disidencia frente al Libertador se paga con la vida. Escarmentados y advertidos quienes le discuten a Bolívar su liderazgo, sus destinos a partir de entonces se ensombrecen. Es el caso de Cortés, quien tuvo que regresar a toda carrera a Jamaica, ya que el Libertador quería apresarlo y juzgarlo. Así se lee en carta de Bolívar al comandante general de Guayana. Dice:

> … en el momento mismo en que sepa que el canónigo José Cortés de Madariaga ha arribado a cualquiera de los puertos o pueblos de esa provincia, lo haga Ud. asegurar y conservándole privado de comunicación, me dé parte, sin pérdida de tiempo, para comunicarle el modo con que debe ser tratado y remitido a la capital para ser juzgado. Dios guarde a Ud. muchos años. Simón Bolívar.

OTRA VEZ JAMAICA

No contamos con el relato de su traslado a Jamaica pero, dada la orden del Libertador ha debido ser precipitado. En todo caso, el canónigo pasa dos años en la isla buscando dinero para seguir su destino. Escribe cartas solicitando recursos para irse a Washington, no lo logra; luego intenta regresar a Chile, tampoco lo logra. Es obvio que la iniciativa del Congreso de Cariaco lo ha colocado en el andén contrario a Bolívar y este, por su parte, después del fusilamiento de Piar y las victorias de Pantano de Vargas y Boyacá, ha consolidado su poder omnímodo. No obstante, el chileno se sobrepone a sus intentos fallidos y decide empuñar la espada: se enrola en la llamada Expedición del Magdalena, en marzo de 1819, comandada por Mariano Montilla, quien lo acoge.

Antes, estuvo tramando un nuevo proyecto en asociación con Luis Aury, francés al mando de una flotilla en busca de destino. Un corsario, dirán sus malquerientes; un patriota, sus amigos. En todo caso, es un hecho que participó en muchas aventuras patriotas en la costa caribeña. De regreso del río de la Plata, el comodoro Aury recala en Jamaica, en donde traba amistad con Cortés, y este se presenta como ministro extraordinario de las Repúblicas Confederadas de Buenos Aires y Chile, en 1818. Investido de autoridad, el canónigo exhorta al francés a tomar el archipiélago formado por las islas de Providencia, Santa Catalina y San Andrés y este lo hace, enarbolando los pabellones de Buenos Aires y Chile, de acuerdo con Cortés. Desde allí se propone tomar Portobello, con el objeto de dominar el istmo de Panamá. De todo ello informa Cortés a O'Higgins, aludiendo que se trata de un viejo proyecto no realizado antes.

Aury navega desde sus posesiones insulares a Jamaica en busca de Cortés y luego zarpan juntos hacia Santa Marta. Allí decide el canónigo sumarse a la expedición de Montilla que viene de Margarita. Las vicisitudes de Aury y sus encontronazos con el almirante Luis Brión son tantos y tan variados que merecen un capítulo aparte. Lo mismo ocurre con otro personaje de novela: sir Gregor MacGregor. Todas estas biografías se cruzan en algún momento: Aury, MacGregor, Cortés, Brión, Padilla, Codazzi; todos personajes fascinantes y poco estudiados, quizás ensombrecidos por la gloria única de Bolívar. Y será el Libertador, por cierto, quien dé al traste con las aspiraciones de Aury, a instancias de Brión, cuando le ordena irse de Colombia en virtud de que sus servicios corsarios ya no son bien recibidos. No obstante, en audiencia concedida por el Libertador a Aury en Bogotá, adonde ha subido acompañado por Agustín Codazzi, convienen en que Aury concentre sus acciones en Centroamérica, cosa que hace en lo sucesivo, y zarpa hacia sus dominios de la isla de Providencia y allá muere, en 1821, al caerse de un caballo. Le tocará a Codazzi el trámite ante sus descendientes y el finiquito de la división corsaria del comodoro Aury. Un personaje digno de mejor destino y recordación que, vaya suerte, se enfrentó a Bolívar en Haití cuando se organizaba la Expedición de los Cayos.

EN CARTAGENA, CON MONTILLA

Los primeros intentos de la expedición que zarpa de Margarita con el objeto de vencer al virrey Sámano y los suyos en la costa colombiana fracasan por varias razones, pero la principal será el motín de los irlandeses, que se niegan a continuar batallando si no les pagan sus salarios. No obstante, Montilla insiste y después de meses de asedio e intentos, sin el apoyo de la legión irlandesa que deserta y se va, logra controlar Santa Marta y Cartagena.

Bolívar le envía una carta a Montilla desde Cúcuta el 21 de julio de 1820. En ella lo felicita y le dice que solicitará para él el ascenso a general, dados sus logros en la costa. Elogia a Brión, quien lo acompaña en la aventura. Le prescribe los objetivos a cumplir: «la seguridad del Magdalena es el primer objeto de Ud.; el segundo, asegurar la ciudad de Santa Marta, y el tercero, bloquear a Cartagena». Las indicaciones siguen en el párrafo y concluyen con un juicio invariable: «El Canónigo es loco y debe tratarse como tal». Es evidente que sabía que Montilla lo había incorporado a la expedición; no se atreve a mandar a detenerlo, como había hecho antes, pero no deja de asestarle una calificación denigratoria. Por supuesto, el canónigo no era loco, pensaba distinto a él. Finalmente, Montilla, Brión, Padilla, Córdova, Hermógenes Maza y José Carreño alcanzaron los objetivos trazados en octubre de 1821, cuando las banderas que ondeaban en los castillos de Cartagena eran las tricolores diseñadas por Miranda.

EL FINAL EN RÍO HACHA

Cortés de Madariaga quedó en Santa Marta y después recaló accidentalmente en Río Hacha, como veremos luego. Desde allí intentó, otra vez, sobreponerse a las penurias. Trató de que el Congreso reunido en Cúcuta le asignara un estipendio fijo, pero no se le concedió, por más que quien lo solicitó fue el general Santander. Envió cartas pidiendo que la curia caraqueña le fijara una pensión por los servicios prestados, pero tampoco alcanzó el cometido, también respaldado infructuosamente por Santander.

Será el propio Cortés quien nos aclare por qué quedó varado en Río Hacha. Él mismo se lo explica al vicepresidente Santander en carta del 1 de mayo de 1822. Afirma:

> En 17 de julio del año próximo pasado fondeé en esta por resulta de una trágica arribada que me distrajo de las costas de Maracaibo, a donde me dirigía desde Santa Marta, para seguir al Congreso de Cúcuta; y no habiéndose presentado ocasión segura para emprender nuevo viaje durante meses; cuando la hubo, en octubre del mismo año, se recibió aquí carta de cierto diputado de la asamblea nacional, en que participaba, que aquella debía ponerse en receso: esta novedad me aconsejó el detenerme, para esperar los resultados, y siéndolo conformes con el anuncio, contemplé ya inútil mi comparecencia en lo interior».

De 1824 datan misivas melancólicas dirigidas a José Eugenio Cortés en Filadelfia. Citemos una sola:

> Me tiene Ud., pues, tres años en este andurrial del Hacha, esclavo de amargas circunstancias, en medio de la decantada libertad civil que brinda Colombia, cuyo gobierno me ha pretermitido enteramente y privado aun de la asistencia de mis rentas canonicales, que en cuatro años de emancipado Caracas, no he podido conseguir que se me abonen; por manera que sufro las mayores privaciones y no diviso el modo de evadirme de este caos de angustias y continua aflicción para vivir: de Chile todo lo ignoro; y estoy reducido a un estado peor que si me hallase en algún presidio de África.

No obstante, enterado el vicepresidente de la República de la situación del canónigo, y a sabiendas de que no «era santo de la devoción» de Bolívar, lo designa en enero para ocupar el Deanato de Santa Marta, lo que constituía un honor que le dispensaba el general Santander. No obstante, el canónigo no acepta, ya que alega encontrarse en condiciones poco propicias para el trabajo eclesiástico. Evidentemente, el canónigo quería su canonjía, no trabajar en su vejez achacosa. Se sentía enfermo y cansado. Así lo comprendió Santander y abogó por él ante el Congreso de Colombia, afirmando: «propongo a v.e. que se le declare una pensión decente para su subsistencia durante su vida, pagadera del tesoro público, y que le corre desde el día en que dejó de ser canónigo por su firmeza republicana». Lamentablemente, la carta de Santander al Senado colombiano no tuvo ningún efecto. ¿No se atrevieron a pensionar a quien Bolívar consideraba un adversario y un «loco»? ¿Nadie se ocupó de instrumentar la petición de Santander? En todo caso, lo cierto es que el vicepresidente estuvo al tanto de sus penurias e intentó subsanarlas.

Refiere Vicuña Mackenna en su ensayo «El tribuno de Caracas» que, en 1824, el almirante peruano Ignacio Mariátegui halló a Cortés en Río Hacha. Del encuentro dejó un testimonio elocuente:

> encontré a Cortés en 1824, desterrado entre los indios de Río Hacha, y alimentándose solo con hierbas y pescado; pero inflexible en aceptar la política de Bolívar, que anulado por la fuerza el Congreso que él presidiera; y sin querer tampoco regresar a Chile, su patria, porque decía que no quería vivir en países en que se establecían órdenes monárquicas como la Legión de Mérito, la del Sol, trasplantada del Perú, etc, etc. Aquella alma romana prefirió, pues, la muerte en la miseria a la abdicación de sus principios.

Como señalamos al principio de este ensayo, se desconoce el día exacto de su muerte y dónde reposan sus restos. Entonces, la *Gaceta de Colombia* del 26 de marzo publica una nota necrológica exaltando su memoria: «El doctor Madariaga merece los más tiernos recuerdos de los colombianos por su ardiente patriotismo y amor a la libertad».

¿Qué ocurrió? ¿No compartir las ideas políticas del Libertador tenía un costo muy alto? Evidentemente, Cortés no era «un loco» como lo tildaba Bolívar. Simplemente, desde Caracas (1810) hasta Cariaco (1817), y Río Hacha (1826), creía en el sistema federal de gobierno. Era un liberal cuyos principios no claudicaban bajo ninguna circunstancia, ni siquiera la guerrera, que es la más comúnmente invocada y trabajaba por sus ideales. No obstante, es un hecho irrefutable que el principio de la unidad de mando llevaba al Libertador a considerar enemigo a todo aquel que pensara y obrara distinto a él. Estas diferencias con

Bolívar tenían dos consecuencias: la cárcel y el juicio, como ya vimos que lo intentó contra Cortés infructuosamente (no así con Piar) o, también, el ostracismo en el mayor abandono, por más que el general Santander intentara paliar la desgraciada senectud del canónigo chileno, este fue su final riohachense.

BIBLIOGRAFÍA

Arias Argáez, Daniel. *El canónigo don José Cortés de Madariaga*. Bogotá, Editorial Selecta, 1938.

Eduardo, David M. *Don José Cortés de Madariaga; canónigo y tribuno y el tratado Lozano-Cortés Madariaga*. Caracas, Ediciones de la Embajada de Venezuela en Colombia, 1951.

Parra-Pérez, Caracciolo. *El régimen español en Venezuela. Estudio histórico*. Madrid, Ediciones Cultura Hispánica, 1964.

_____. *Páginas de historia y de polémica*. Caracas, Litografía El Comercio, 1943.

Perazzo, Nicolás. *José Cortés de Madariaga*. Caracas, Edición de Autor, 1966.

Sánchez García, Antonio. *José Cortés de Madariaga*. Caracas, Biblioteca Biográfica Venezolana, *El Nacional-* Banco del Caribe, n.º 62, 2007.

Vicuña Mackenna, Benjamín «El tribuno de Caracas». Caracas, Boletín de las Academia Nacional de la Historia, tomo XI, n.º 158, 1957.

ANDRÉS BELLO Y EL PROYECTO AMERICANO

Si Andrés Bello (1781-1865) hubiese permanecido en Caracas durante los años que se inician con el 19 de abril de 1810 y culminan con la muerte de su compañero de viaje, Simón Bolívar, en 1830, es sumamente probable que no hubiese podido construir una obra. Aunque esta hipótesis no hay manera de comprobarla, no por ello es menos cierto que su permanencia de diecinueve años en Londres fue, más que beneficiosa, fundamental. Seguramente, si al propio Bello alguien le hubiera esgrimido esta tesis, su respuesta habría sido una mueca de desacuerdo. La vida de Bello en la capital de Gran Bretaña no fue miel sobre hojuelas. No solo vivió tan pobre que alguna vez temió acercarse a la mendicidad, sino que se hizo viudo y vio cómo sus hijos pequeños mordían la arena cruel de la orfandad. Sin embargo, sobrepuesto al infortunio de la perdida, volvió a casarse y tuvo más hijos, pero con semejante proyecto familiar no hubo ingreso salarial que lo alejara de la pobreza.

La vida de Bello puede organizarse en tres etapas. Una primera que comienza con su nacimiento en la Caracas colonial y culmina con el viaje a Londres en 1810; una segunda que se inicia el día en que llega a la casa de Miranda en la Grafton Way de Londres, a los veintinueve años, y concluye en el instante en que zarpa hacia Chile, a los cuarenta y ocho; la tercera y última es la plenitud chilena, que concluye con su muerte, a los ochenta y cuatro años, en 1865. Estas tres etapas vitales dan pie para organizar, también, su obra poética: del período caraqueño nos queda su lírica bucólica, aquella que Picón Salas llamó «sueño virgiliano», que se declamaba en casa de los Ustáriz y que luego fue publicada por Bello, después de haber pasado por el crisol de sus severos criterios selectivos. No es esta su etapa poética luminosa.

No obstante lo anterior, de esta etapa es la letra de la canción «Gloria al bravo pueblo», atribuida equivocadamente a Vicente Salias, cuando en verdad fue obra de Andrés Bello, como bien lo demostró Alberto Calzavara con sus investigaciones. Detengámonos un momento en este tema espinoso antes de pasar a su segunda etapa.

Alberto Calzavara, en su libro *Historia de la música en Venezuela* (Fundación Pampero, Caracas, 1987), reproduce la partitura que publicó el periódico *El Americano*, en París, el 16 de febrero de 1874, y que luego reprodujo aquí *La opinión nacional*, el 10 de marzo del mismo año. Allí queda claramente establecido que el autor de la letra es Andrés Bello y, el de la música, Lino Gallardo.

Calzavara rastrea el origen de la confusión en cuanto a la música, y halla que el primero que sin pruebas se la atribuye a Juan José Landaeta fue Salvador Llamozas en 1883, fecha en que Guzmán Blanco organizó la apoteosis bolivariana con motivo del centenario del nacimiento de Bolívar. Hasta ese momento, nadie dudaba de la autoría de Lino Gallardo, aunque el 25 de mayo de 1881, cuando Guzmán Blanco decreta que el «Gloria al bravo pueblo» sea el Himno Nacional, no se menciona a ningún autor. Quizás este desliz dio pie a que comenzara la especulación y la circulación de especies que le atribuían la música a Landaeta y no a Gallardo. No han bastado documentos, entrevistas de los descendientes de Gallardo en la primera mitad del siglo XX, y demás pruebas para conferirle oficialmente la autoría al compositor. Esta la han avalado a lo largo de la historia Juan Vicente González, Julio Calcaño, Eloy G. González y José Antonio Calcaño, mientras que la de Landaeta cuenta con el respaldo de Llamozas, Ramón de la Plaza y Juan Bautista Plaza.

En cuanto a la autoría de la letra por parte de Andrés Bello, pues si no fuese suficiente la publicación parisina, consta que a lo largo de su vida el poeta acometió la escritura de diversos himnos. De modo que la especie según la cual un bardo de semejante magnitud no podía avenirse con la letra de esta canción es insostenible. De hecho, las letras de los himnos se adaptan en tal medida a la música que muchas veces se sacrifica el fulgor poético en aras del melódico. Por lo demás, si otra cosa demuestra Calzavara con documentos en su libro es que la canción fue escrita entre el 20 y el 30 de abril de 1810, según se desprende de los testimonios escritos por Vicente Basadre y por José Cortés de Madariaga. Por ello es perfectamente posible que la haya escrito Bello, quien estaba entonces en Caracas con el verbo elocuente, ya que el mismo año escribe el texto «Resumen de la historia de Venezuela», que formó parte del primer libro que se publicó en Venezuela: *Calendario manual, y guía universal de forasteros en Venezuela para el año de 1810.*

Desde 1808, Bello y algunos mantuanos le oponían a José Bonaparte los derechos de Fernando VII y le juraban lealtad al rey en contra del usurpador francés. El mismo Bello lo dice: «pero las circunstancias reservaban a Venezuela la satisfacción de ser uno de los primeros países del nuevo mundo donde se oyó jurar espontánea y unánimemente odio eterno al Tirano que quiso romper tan estrechos vínculos». El tirano al que se refiere Bello es el mismo, por cierto, al que alude el «Gloria al bravo pueblo» en su versión primera, no la que terminó de organizarse por instrucciones del hijo de Antonio Leocadio Guzmán. En aquella versión primera se lee: «Pensaba en su trono/Que el ardid ganó/Darnos duras leyes/ El usurpador». Y luego dice: «Previó sus cautelas/ Nuestro corazón/ Y a su inicuo fraude/ Opuso el valor». El usurpador es Bonaparte, evidentemente, pero estas estrofas fueron eliminadas, y solo se dejaron aquellas que no aludían directamente a los sucesos peninsulares. Esta operación, según infiere Calzavara, le fue encomendada por el Ilustre Americano a Eduardo Calcaño. En todo caso, la versión original del himno no es la que se entona en la actualidad. Eso está claro. Más aún, en la versión actual hay estrofas que no estaban en la original, de modo que no solo fueron suprimidas algunas, sino que también fueron escritas otras.

Lamentablemente, Alberto Calzavara murió en 1988, con lo que no pudo continuar la investigación en la que hubiesen podido surgir pruebas documentales todavía más contundentes. Hasta la fecha, contamos con más pruebas elocuentes a favor de la autoría de Gallardo que la de Landaeta, y lo mismo ocurre con la tesis a favor de Bello por sobre la de Vicente Salias. Por lo tanto, lo lógico es que se le atribuya a ambos la autoría, ya que las pruebas a su favor son mayores que las que se tienen de los que desde hace un siglo vienen señalándose como autores. Además, aunque es todavía más difícil de implementar, se debería intentar difundir la versión original de la canción y no la que Guzmán Blanco ordenó establecer oficialmente. Hasta aquí este paréntesis necesario.

La segunda etapa va de la mano de sus años londinenses, de su rutina diaria de asistir a la biblioteca del British Museum a leer fervorosamente. Los bibliotecarios lo reconocían y le respetaban la costumbre de ocupar el mismo sillón, frente al mismo escritorio, durante casi veinte años. Allí estaba míster Bello leyendo, investigando, navegando entre folios y lomos de cuero que contenían el intento de organizar el mundo. Sobreviviendo como preceptor de los hijos de primeras figuras de la política inglesa, míster Bello combina sus días entre la enseñanza y la investigación, entre la lectura y la escritura. Hacia 1823 le da forma a un proyecto editorial: ese año sale la revista *Biblioteca Americana,* órgano que anima la Sociedad de Americanos en Londres, a la que está afiliado Bello, y en ella se publica su *Alocución a la poesía*. La revista tuvo, como era de esperarse, corta vida, pero no ocurrió lo mismo con el entusiasmo de Bello. Esta vez se embarca en un proyecto solitario: hacer otra revista que llevará por nombre *Repertorio Americano*. En el primer número publica la *Silva a la agricultura de la Zona Tórrida*. Corre el año de 1826.

Según Emir Rodríguez Monegal, en su libro *El otro Andrés Bello* (1969), en estos años, 1823-1826, se produce un cambio sustancial en él. Afirma:

> Se produce en la situación literaria y poética de Bello una transformación tan sutil que ha sido muy poco advertida, si no totalmente ignorada por sus biógrafos y críticos. En esos tres años Bello madura rápidamente su estética y su visión creadora. Como crítico, salta del eclecticismo sazonado con que contempla el crepúsculo del neoclasicismo en sus artículos de la *Biblioteca*, a la comprensión de poetas y estéticas del romanticismo triunfante; como poeta, madura su visión americana y produce la *Silva a la agricultura de la Zona Tórrida*.

Encuentra Rodríguez Monegal una diferencia entre la *Alocución* y la *Silva*, obviamente, a favor de esta última. Cree el crítico uruguayo que entre una y otra se afina la visión bellista de la circunstancia americana. Incluso llega a atribuirle este cambio al trato cotidiano de Bello con Olmedo. En efecto, este dato es valioso, pero de ninguna manera único. Las preocupaciones americanistas de Bello son de larga data. Lo que sí puede ser cierto, y aquí apunta bien Rodríguez Monegal, es que la presencia de Olmedo en Londres, a partir de 1824, entusiasma a Bello en el avance de su *Silva*, aunque no la determina. De hecho, el proyecto de las silvas lo viene afinando desde antes de la fundación de la *Biblioteca Americana*, como bien lo demuestra Pedro Pablo Barnola, S.J., en su «Estudio introductorio» al tomo II de las *Obras completas* de Bello, en 1962. Ambos textos, la *Alocución* y la *Silva*, formaban parte de un largo poema que se titularía *América* y que estaría formado por las silvas que el autor ya había compuesto. Por diversas razones, el poema *América* nunca se publicó como tal, mientras que la *Alocución* y la *Silva* sí.

Es cierto que la *Silva* es un poema de mayor importancia que la *Alocución*: no cabe la menor duda, y es probable que esta profundización de la mirada se haya dado en Bello por diversos motivos, entre ellos el diálogo intenso de los americanos de entonces, en Londres, entre cuyos contertulios se hallaba Olmedo. Ha debido sentir que llegaba el momento para el cual se había preparado durante tantos años: darle cuerpo a una idea: pasar del triunfo sobre la Corona española a la construcción de una república, y de allí que comenzara por nombrar sus elementos. Ha debido sentir que la tarea de su compañero ya estaba casi concluida, aunque el propio Bolívar no lo pensara así, y ha debido sentir que debía alzar su voz creadora. La obsesión americana de Bello estaba sembrada en él desde sus tiempos coloniales en su Caracas natal, pero era ahora, después de años de destierro, cuando podía expresarse en toda su magnitud. De allí que la *Silva a la agricultura de la Zona Tórrida* , aun siendo su poema más acabado, su poema fundacional, sea también pieza de un proyecto al que Bello le imaginaba diversas facetas. Ese proyecto americano del caraqueño se expresaba de manera excelsa en su poesía, pero también lo hacía en su labor de docente, lo hizo luego en su tarea de legislador, y ya se expresaba en sus estudios lingüísticos y en su tarea de filólogo. El Bello de Londres, así como el de Caracas, está preparándose, sin saberlo, para ser uno de los arquitectos intelectuales del Nuevo Mundo. La obsesión americana, ya manifiesta en la *Alocución*, encuentra un cauce más hondo, menos anecdótico, más universal en la *Silva*. Es como si el torrente que pide espacio en la *Alocución* encontrase mayor contención y, en consecuencia, mayor intensidad, en los linderos que le fija la *Silva*. La discusión sobre esta alternativa no es nueva, pero no por ello estamos relevados de terciar en ella. Detengámonos aquí.

Si bien es cierto que en ambos poemas Bello se dirige a alguien, apelando a una forma sucedánea de la epístola, no deja de ser cierto que en la *Silva* el destinatario es menos abstracto que en la *Alocución*. El recurso de dirigirse a la poesía, humanizándola, para invitarla a posar sus alas sobre el espacio americano, es más fácil que el de dirigirse a la Zona Tórrida. Sobre todo si la invitación casi de inmediato se descubre como una estrategia para la descripción de los avatares heroicos de la guerra de independencia y la relación celebratoria de las ciudades, y los países, americanos. El paseo que efectúa Bello no puede ser más completo, siempre de la mano de la referencia a la mitología clásica. El poeta levanta hasta el pedestal heroico a Ricaurte, Girardot, Roscio, Piar, MacGregor, Anzoátegui, Vargas, Cedeño y, por supuesto, Bolívar. En su relación poética condena a Boves, y no deja de rendirle tributo a su amistad con Javier Ustáriz. Es así como la *Alocución* va avanzando en su tono celebratorio, pero ciertamente comedido, hacia un territorio enumerativo en el que se dan la mano la crónica y el verso. Pocas veces el poeta se sale del cauce que él mismo le ha fijado a su discurrir ajustado, poco dado a la observación personal, y mucho menos dado a los efluvios de la subjetividad. La interiorización del paisaje, ni la subjetivización de la experiencia épica, formaban parte del proyecto bellista en la *Alocución*. Sí habitaban el paisaje del poema, el giro de lenguaje correctísimo y la intención de rendir una experiencia totalizante. No buscaba don Andrés la intensidad, o al menos eso parece, si lo juzgamos por el fruto entregado. De hecho, en un poema tan largo y, a veces, de tan trabajosa lectura, el riesgo de perderse en unas aguas quietas es grande. Es probablemente por ello que el autor, de pronto, retoma la fuerza que lo anima y toca la lira con mayor potencia.

Pero si en la *Alocución* la invitación a la poesía es a mirar hacia el nuevo continente, su geografía, y su épica libertaria, en la *Silva* se articula una proposición más compleja. La obsesión que mueve a Bello en este poema es de otro tenor: si en la *Alocución* brilla una exaltación de las armas como instrumento liberador, en la *Silva* esplende un llamado a la paz. Esta paz con la que Bello, el constructor, sueña, es la de los labriegos. ¿Vuelta a la poesía bucólica de sus primeros años caraqueños? No. La paz que esboza el proyecto americano de Bello es la del trabajo. El poeta se da cuenta de la importancia radical que tiene la curación de la herida de la guerra para la verdadera construcción de una república. Desliza, además, una dicotomía moral: la paz está en el campo; la ambición, en la ciudad. Aquí, sin duda, esgrime una sonrisa el Bello lector de la poesía clásica, pero también la dibuja el humanista.

Forma parte del anecdotario bellista la visita de Humboldt a Caracas, en el 1800, cuando el joven nieto del pintor Juan Pedro López, hijo del abogado Bartolomé Bello, cuenta diecinueve años. Deslumbrado, sigue los pasos de Humboldt y su ayudante Bonpland, a lo largo de sus indagaciones caraqueñas, aunque no se sabe por qué no los acompañó en la ascensión al Ávila, de la que queda el relato del sabio alemán en su libro fundamental. Todo indica que el interés botánico del joven poeta se vio súbitamente fortalecido cuando Humboldt le abre las puertas de su sabiduría. Más allá de la anécdota, lo cierto es que en la *Silva* es notable el conocimiento de la flora propiamente americana. En ella, es como si la ausencia de las figuras de la mitología clásica se hubiese cubierto por lo específicamente americano.

Dos flechas dispara Bello desde su proyecto americano: le da voz a lo particular, que es patrimonio de unas repúblicas nacientes, que necesitan como nadie fortalecer su individualidad; y, además, busca revelarle poéticamente un mundo a los europeos. Ese mundo, sobre el que la taxonomía del barón de Humboldt ya ha hecho su trabajo, es el que adquiere estatura poética, el es nombrado por el humanista caraqueño. Dos son los sujetos a los que Bello se dirige: al americano que necesita ser verbalizado para existir y al europeo que es capaz de legitimar su discurso.

La segunda etapa de su poesía concluye, como dijimos, en 1829. Busca regresar a su país, pero las condiciones no le son propicias. En cambio, Chile le abre sus puertas. Si allí llega a tener lugar el esplendor del maestro, del legislador y del filólogo, no ocurrió lo mismo con el poeta. Para el momento en que zarpa hacia Valparaíso lo fundamental de la obra poética de Bello ya está escrito. Durante el período chileno publica algunas de las traducciones que ha adelantado en Londres, entre ellas las de Tibulo y Horacio. Además da a conocer otras, cuyas versiones han sido acabadas en suelo chileno, la de Petrarca y la del Salmo 50. También, su famosa *Oración por todos*, imitación de Víctor Hugo, es fruto de aquellos años finales, así como el poema *La cometa*.

La larga vida de Andrés Bello llega a su final. Estamos en 1865 y este testigo y actor privilegiado ha visto realizarse un sueño. Lo que alguna vez conversó con Bolívar y López Méndez en aquella nave que los llevaba a Inglaterra es un hecho: las repúblicas americanas se abren paso hacia su razón de ser y en ese camino, sin duda, el aporte de Bello es principal. Tanto es así que la poesía americana que le sucede es, en muchos sentidos, tributaria de su proyecto americano. Hasta finales del siglo diecinueve, de su siglo, la influencia del poeta es determinante. No solo queda su huella en los inmediatos sucesores, que llevan el testigo más allá de donde lo encontraron, sino en autores como Francisco Lazo Martí, casi ochenta años después de la publicación de la *Silva a la agricultura de la Zona Tórrida*.

Pero su obra poética es una faceta de su labor creadora. Esta incluye áreas donde sus aportes son principales. La *Gramática* de Bello es un monumento insoslayable para los estudios de la lengua española; sus aportes en el mundo del derecho internacional son significativos y sus labores como rector de la Universidad de Chile y suerte de voz máxima en los asuntos políticos chilenos son sustanciales.

Además de los trabajos de Pedro Grases y la biografía de Bello del joven Rafael Caldera, en años recientes las biografías de Iván Jaksic y Pedro Cunill Grau han enriquecido la visión del personaje. Suscribamos algunas observaciones de Cunill.

LAS OBSERVACIONES DE CUNILL GRAU

Por otra parte, nos informa Pedro Cunill Grau en su biografía de Bello (Biblioteca Biográfica Venezolana, número 40) que este leyó, en su período caraqueño (1781-1810), a John Locke, e incluso tradujo partes de *An essay concerning human understanding* al español, cuando seguramente poquísimos contemporáneos suyos, en la entonces Capitanía General de Venezuela, lo habían leído. Lástima que Bello no estuvo aquí para divulgar a fondo su pensamiento: si en la mente de nuestros constructores de la República hubiese estado más presente Locke que Rousseau, es probable que el curso de nuestra historia hubiese incluido otros matices. No digo que hubiese sido distinto, ya que sería una exageración.

También sorprende seguir la afirmación que Cunill cita de Grases, según la cual «a partir de 1802, no se producirá ningún acontecimiento cultural y público en la Capitanía General hasta 1810 en donde no esté visible la mano y la presencia de Bello», y es que realmente el caraqueño fue una suerte de bisagra conceptual entre el mundo de la Provincia de Venezuela y el de la República de Venezuela, con la salvedad de no haber vivido en la segunda, pero sí haber escrito denodadamente sobre (y para) ella.

Otro sesgo muy bien tratado por Cunill en su biografía aludida es la batalla con el infortunio que sostuvo Bello. No solo me refiero a la etapa de gravísimas penurias que padeció en Londres, antes de que la «Gran Colombia» lo empleara como secretario en la Embajada, sino al encuentro con la muerte. Enviudó de su primera esposa y, de los trece hijos que tuvo con las dos esposas con quienes compartió la vida, vio morir a ocho. Esta tragedia no le invadió el ánimo hasta la postración, sino que por el contrario lo colocó en la senda del trabajo, del trabajo incesante. De otra manera es incomprensible lo que hizo en Chile, país de adopción para el que redactó su Código Civil y reformó la universidad, al punto que se le considera su fundador, siendo su rector durante 23 años, es decir, entre 1842 y 1865, el año de su muerte.

Si bien su *Gramática* es muy conocida, celebrada por los especialistas como un monumento y agradecida por los usuarios con fervor, su *Principios de Derecho Internacional* es menos advertida por el gran público. Lo mismo ocurre con su obra de divulgador científico que, gracias a esta biografía de Cunill, ahora podrá conocerse un poco más, ya que hace énfasis en ella y en su magnitud. Quizás también se ignore que Bello fue un autodidacta, que no concluyó sus estudios de Derecho en Caracas, absorbido por el trabajo y la literatura, y que cuando llegó a Chile con tantos más conocimientos jurídicos que la mayoría de los abogados, tuvieron que titularlo de manera excepcional, dado que sus saberes estaban más que certificados.

Otra faceta que desde Venezuela no se advierte con claridad es la de la ascendencia política que tuvo Bello en su país de adopción. Una lista de políticos de primer orden, varios presidentes, lo tuvieron como principal consejero, al punto que su magisterio es de tal naturaleza excepcional que no hay otro que se le compare. No tiene sentido especular qué habría pasado en Venezuela si en vez de enfilar su destino hacia el país austral hubiera recalado aquí, con sus maletas, su prole y su acendrada sabiduría. En todo caso, el refrán le calza perfectamente a este caraqueño de obra colosal: «Nadie es profeta en su tierra».

Concluimos con una valoración preciosa y precisa de Mariano Picón Salas sobre su homólogo humanista. Dice:

> Unió como ningún otro letrado la vieja tradición colonial española con todos los nuevos impulsos que desde la Revolución y el Romanticismo empezaron a configurar el alma moderna. Abrió al trato intelectual de otras naciones y otras culturas el entonces cerrado mundo hispanoamericano con la misma decisión que los héroes de la Independencia lo abrían al trato político. Su seria erudición, su sosiego, su don de análisis, su ponderado y rico juicio, sabían canalizar el frenesí. Toda su obra parece así un compromiso necesario entre la tradición y la modernidad (Picón Salas, 2004: 62).

BIBLIOGRAFÍA

AMUNÁTEGUI, Miguel Luis. *Vida de don Andrés Bello*. Santiago de Chile, Impreso por Pedro G. Ramírez, 1882.

ARRÁIZ LUCCA, Rafael. *El avión y la nube (observaciones sobre poesía venezolana)*. Caracas, Contraloría General de la República, 1991.

_____. *Antología de la poesía venezolana*. Caracas, Editorial Panapo, 1997.

BARNOLA, Pedro Pablo, S.J. *Estudios crítico-literarios*. Caracas, Biblioteca de Escritores Venezolanos, 1945.

_____. *Estudios sobre Bello*. Caracas, Ministerio de Educación, Colección Vigilia, 1970.

BELLO, Andrés. *Obras completas*. Caracas, Ediciones de La Casa de Bello, 1981.

CALDERA, Rafael. *Andrés Bello*. Caracas, Editorial Dimensiones, 1981.

CUNILL GRAU, Pedro. *Andrés Bello*. Caracas, Biblioteca Biográfica Venezolana. *El Nacional*-Banco del Caribe, 2006.

GRASES, Pedro. *Antología de Andrés Bello*. Barcelona, España, Seix Barral, 1978.

JAKSIC, Iván. *Andrés Bello: la pasión por el orden*. Chile, Editorial Universitaria, 2001.

LISCANO, Juan. *Poesía venezolana contemporánea. Una selección*. Barcelona, Círculo de Lectores, 1983.

_____. *Lecturas de poetas y poesía*. Caracas, Academia Nacional de la Historia, Colección El Libro Menor, 1985.

_____. *Panorama de la literatura venezolana actual*. Caracas, Alfadil Ediciones/Colección Trópicos, 1995.

PICÓN SALAS, Mariano. *Andrés Bello y la historia*. Caracas, Academia Nacional de la Historia, Libro Breve, 2004.

RODRÍGUEZ MONEGAL, Emir. *El otro Andrés Bello*. Caracas, Monte Ávila Editores, 1974.

EL DOCTOR JOSÉ MARÍA VARGAS:
LA CIVILIDAD EXTREMA

En la vida de José Vargas pueden determinarse tres etapas perfectamente diferenciadas. Una primera que va de su nacimiento en La Guaira, el 10 de marzo de 1786, hasta su viaje a Edimburgo, en 1813. Estos primeros 27 años son enteramente venezolanos: su pueblo natal, Caracas y Cumaná. La segunda etapa es la que va de noviembre de 1813 a noviembre de 1825, cuando regresa a Venezuela, después de doce años de ausencia. Será el período determinante de su formación médica en la Universidad de Edimburgo (1814-1817) y su estancia de varios años en Puerto Rico (1817-1825), ejerciendo su profesión. La tercera comprende su tranco de particulares realizaciones venezolanas, de 1825 hasta su muerte en Nueva York, en 1854. Si esta tercera no la hubiera vivido, no estaríamos escribiendo estas líneas.

Hijo de un canario avecindado en La Guaira (José Antonio Vargas Machuca) y de una caraqueña (Ana Teresa Ponce), José María de los Dolores nace en La Guaira el 10 de marzo de 1786. A los doce años ingresa como colegial becado en el Seminario Tridentino de Santa Rosa de Lima, en Caracas, y en 1803 recibe el título de bachiller en Artes. De inmediato se matricula para formarse como sacerdote, pero muy pronto abandona el propósito y se aboca a los estudios de medicina. El 27 de noviembre de 1808 se gradúa de licenciado en Ciencias Médicas, y doctor en Medicina, en la Universidad de Caracas. Ese mismo año de su graduación se muda a Cumaná, donde ejerce su profesión. Allá forma parte activa de los sucesos políticos originados por la invasión napoleónica en España y firma el Acta de Instalación del Supremo Poder Legislativo de Cumaná, en mayo de 1811.

Para finales de 1811 Vargas ya abriga el proyecto de irse a Europa a estudiar Medicina: se traslada a La Guaira con ese cometido y, estando en el puerto, ocurre el terremoto de marzo de 1812. Se consagra a la salvación de los heridos y luego, cuando ya se dispone a viajar, Monteverde recupera el poder para España y lo hace preso, confinándolo a las mazmorras por haber participado de los hechos rebeldes de Cumaná. Pudo salir de la cárcel después de la entrada triunfal de Bolívar a Caracas en agosto de 1813. De inmediato preparó su viaje y zarpó hacia Escocia en noviembre de este año. Hasta aquí, la biografía de Vargas no presenta mayores claves, más allá de irse a estudiar a Europa con los recursos de su familia, lo que implica que eran suficientes como para hacerlo. Tiene 27 años y un juicio crítico sobre su vida y sus estudios.

En la travesía hacia Glasgow escribe un diario de reflexiones sobre su vida, citado por Ildefonso Leal en su cronología. Allí se lee:

> Los doce primeros años de mi infancia, niñez y mitad de mi adolescencia los pasé en mi patria viviendo tranquilamente y con bastante abundancia; mas, desgraciadamente no estaba en estado de conocer las ventajas de mi vida, y en lo general me parecía desagradable, por los malos ratos, sustos y sufrimientos que en mi país acompañan la primera educación, que es bien mala (Leal, 1986: 291).

Luego, da otra vuelta de tuerca y afirma:

> De los doce a los diez y nueve, cerca de los veinte (años), pasé mi vida en un colegio, lleno de deseos de aprender, entregado a un estudio asiduo, con la mayor aplicación; pero cuán desgraciado fui en haber nacido en mi país. Sin maestros, sin métodos, sin útiles establecimientos, sin recursos, me entregué a aprender lo único que en mi país se conocía imperfectamente y estudiaba. Seguí Gramática Latina, Filosofía Experimental, sin experimentos, Matemáticas hasta donde pude internarme, sin ayuda de peritos maestros, Lógica, Metafísica, etc., cuatro años de Medicina, con un maestro inepto del todo, sin ciencias accesorias, sin conocimientos de Anatomía, Química y Botánica, que solo se conocen aquellos dos ramos imperfectísimamente, y el último es del todo ignorado. Salí el año 1806,

a la edad de 20, y puedo asegurar que en general mi vida ha sido siempre incierta, llena de deseos y de obstáculos para llenarlos, esto es infeliz (Leal, 1986: 292).

De ambos párrafos se desprende una primera observación: honestidad, agudeza autocrítica. Sorprendente. Inusual. Extraño. Ya por estas líneas vamos vislumbrando la hondura y entidad del personaje.

Habita casa en Edimburgo a partir de febrero de 1814. Primero estudia inglés y a los pocos meses se inscribe en Anatomía, Cirugía, Obstetricia, Química. La Royal Society lo diploma como miembro, así como el Royal College of Surgeons de Londres, en 1817. A finales de año viaja a Puerto Rico, donde su familia paterna está establecida, huyéndole a la violencia guerrera que se padece en Venezuela. En la isla ejerce la medicina con éxito y se esmera en el estudio de la botánica, haciéndose un verdadero especialista. En noviembre de 1825 está de vuelta en Caracas. Ahora sí, todo un médico, formado en una de las mejores universidades del mundo en su especialidad. Comienza su etapa de grandes aportes a la vida nacional.

VUELTA A LA PATRIA: EL GRAN MODERNIZADOR COMIENZA SU JORNADA

Comienza 1826 y Vargas solicita permiso para ejercer su profesión. Abre en su casa una cátedra de Anatomía Práctica gratuita y se casa con Encarnación Maitín, quien fallece al año siguiente sin dejar descendencia. Publica este año el *Epítome sobre la vacuna* y va cimentando lo que no podía ocurrir de otra manera: su prestigio de médico y científico que va a reconocer el Libertador en enero de 1827, en su última visita a Caracas, modificando los estatutos universitarios por decreto, de manera tal que un galeno pudiera ejercer el rectorado de la casa de estudios. Pero no es como algunos historiadores han señalado, que Bolívar modificó los estatutos con el único objeto de designar a Vargas. En verdad, la solicitud de modificación vino del Claustro universitario, cuyos integrantes la requerían desde 1819 sin ser atendidos. El Libertador estudió la solicitud y convino con ella, decretando, el 22 de enero de 1827, dicho cambio. En el artículo 1.º se lee: «Cesa desde hoy la prohibición que imponen los antiguos estatutos de la Universidad de Caracas de elegir para el rectorado de la Universidad a los doctores en Medicina y a los del estado regular» (Parra León, 230: 1933). Allanado el camino, el Claustro eligió al doctor José María Vargas ante la negativa rotunda del doctor José Cecilio Ávila de ser reelecto. Vargas obtuvo 21 de los 35 votos del Claustro. A partir de enero de 1827, el guaireño está dominado por el entusiasmo. La tarea lo ocupa íntegramente: transformar una universidad monárquica en otra republicana.

RECTOR DE LA UNIVERSIDAD CENTRAL DE VENEZUELA (1827)

La universidad que va a presidir Vargas se sustenta sobre unos antecedentes singulares. Primero se creó el Colegio Seminario de Santa Rosa de la ciudad de Caracas en 1696; luego fue erigida la Universidad Real y Pontificia de Santiago de León de Caracas, en 1721 y, finalmente, el presidente de la República de Colombia, Simón Bolívar, sancionó los Estatutos de la Universidad Central de Venezuela, el 24 julio de 1827, con Vargas a la cabeza de la institución republicana. Entonces se derogaron los estatutos sancionados por Felipe V. Antes, como vimos, tuvo lugar el decreto que allanó el camino para la designación de Vargas.

La universidad moderna que tenía en mente Vargas se inspiraba en su experiencia escocesa y londinense. Será esta universidad republicana la que elimine el requisito de «limpieza de sangre», hasta entonces vigente y conforme un requisito democrático: «leer y escribir correctamente los principios elementales de gramática castellana y aritmética». Cuatro facultades integraban la nueva universidad: Filosofía, Teología, Jurisprudencia y Medicina. En esta última, naturalmente, estarán colocados los mayores esfuerzos de Vargas, a quien con justicia se le considera el fundador de los estudios modernos de Medicina en Venezuela. El doctor Vargas cumplió su período de tres años (1827-1828-1829) al frente de la universidad y no aceptó ser candidato a la reelección. Sí se presentó como candidato a Diputado a la Asamblea Constituyente de Valencia y fue electo por la provincia de Caracas, en 1830.

EL CONSTITUYENTE EN VALENCIA

Su participación en los debates de Valencia, en la casa de la Estrella, fue destacada. En particular morigerando el tono del rompimiento con Bogotá en lo relativo a la separación de Venezuela de Colombia, recordando la hermandad entre ambos pueblos y la participación conjunta en las gestas de independencia. Entonces, afirmó: «Penetrémonos de horror a la guerra, y de un vivo interés de buscar la paz y el interés común de ambos pueblos en el templo de la concordia» (Vargas, 1986: 86). Y, también, en lo relativo al trato debido a Bolívar, ya que una fracción importante del congreso constituyente pedía la expulsión del Libertador del territorio de Colombia para iniciar negociaciones conducentes al reconocimiento de la República de Venezuela en trance de reconstitución. Vargas aboga por un trato respetuoso a Bolívar y vota en contra de la condición de expulsión, la que considera un exabrupto. Concluidas sus labores constituyentes en Valencia, viaja a Saint Thomas por una temporada a descansar. De allá regresa a continuar sus tareas profesorales en la Universidad Central de Venezuela y las propias de la Sociedad que preside.

FUNDADOR DE LA SOCIEDAD ECONÓMICA DE AMIGOS DEL PAÍS (1829)

La fórmula de las Sociedades Económicas de Amigos del País no fue invención americana sino europea, pero en ambos ámbitos se crearon por los mismos motivos: el desarrollo económico; superar la pobreza. En Zúrich se fundó una en 1747; en París en 1761, en San Petersburgo en 1773. En España se fundaron la Vascongada y la Matritense, y en América la primera fue la de La Habana, en 1793, seguida por la de Guatemala, en 1794. El Libertador se inclinó a favor de esta fórmula compartida entre el Estado y los particulares para el desarrollo económico y fundó la de Lima y Bogotá; y, en la Ley de Instrucción Pública del 18 de marzo de 1826, estimula la creación de estas sociedades en toda Colombia. En esta ley se basa José Antonio Páez para crear la venezolana el 26 de octubre de 1829. En el decreto de fundación paecista se establecen los objetivos de la institución: «Los progresos de la agricultura, del comercio, de las artes, oficios, población e instrucción». Igualmente, queda fijada su naturaleza no beligerante: «Esta sociedad no ejercerá autoridad alguna, ni se mezclará en la alta política del gobierno».

Como vemos, en el espíritu liberal de la época esta institución responde a una concepción clara de las tareas que desempeña cada sector de la sociedad. Es evidente que la generación de riqueza es asunto de los particulares, con el respaldo y fomento del Estado. También queda claro que a estos sectores productivos no se les quiere en las esferas de la «alta política del gobierno». Como reza el refrán: «zapatero a su zapato».

EL GOBIERNO DEL DOCTOR JOSÉ MARÍA VARGAS (1835-1836)

A lo largo del segundo semestre de 1834 tiene lugar la campaña electoral para la selección del presidente de la República. Se presenta la candidatura del general Carlos Soublette, apoyado por Páez; la del general Santiago Mariño, respaldado por José Tadeo Monagas y otros caudillos orientales y, también, la del médico José María Vargas, apoyado por los comerciantes que han visto crecer sus negocios durante los años de Páez, y bajo el espíritu de la libertad de contratos consagrado en la Ley del 10 de abril. El resultado fue favorable a Vargas con 103 votos, seguido por Soublette con 45, Mariño 27, Diego Bautista Urbaneja 10 y Bartolomé Salom, con 10 sufragios.

Es importante destacar que Vargas no quería ser presidente de la República, que su candidatura le fue impuesta por los hechos, que es muy probable que su negativa se interpretara como una búsqueda de lisonjas por su parte, cosa totalmente absurda en su caso. La verdad es que el 8 de agosto de 1834, el doctor Vargas ruega que no lo elijan. Cito una de las alocuciones más extrañas que puede leer un venezolano. Afirma:

> Ni por un momento he acogido la idea de poder yo encargarme de los destinos de mi país; porque estoy bien convencido de que carezco, además de la capacidad necesaria para dirigir con acierto tan difícil encargo, de aquel poder moral que dan el prestigio de las grandes acciones, y las relaciones adquiridas en la guerra de Independencia; poder que, en mi opinión, es un resorte poderoso en las actuales circunstancias de Venezuela para robustecer la enervada fuerza de la ley; y conjurar con eficacia las tempestades que pueden amenazarla, o hacer desaparecer, rápida y vigorosamente, los males que la aquejen (Vargas, 1986: 91).

De nada sirvieron sus advertencias y su decidido rechazo a asumir el cargo: el doctor Vargas asumió la Presidencia de la República el 9 de febrero de 1835. Por dos años más, según disposición constitucional, continuaría a su lado Andrés Narvarte como vicepresidente. Su gabinete estuvo integrado de la siguiente manera: Antonio Leocadio Guzmán en la Secretaría de Interior y Justicia; el general Francisco Conde en la Secretaría de Guerra y Marina; Santos Michelena, en Hacienda y Relaciones Exteriores.

Desde el momento mismo de la victoria de Vargas, se va creando una suerte de conjura en su contra por parte de los seguidores de Santiago Mariño. No hace lo mismo Soublette, quien se va a Europa, ni Páez, quien se retira a sus haciendas. Esto, como vimos antes, Vargas sabía que iba a ocurrir. Muy pronto, entra en diatriba con el Congreso de la República cuando este último propone una Ley de impuesto subsidiario del 1%, recabado en las aduanas, con destino a la Hacienda Pública. El presidente objeta el proyecto de ley, pero las Cámaras lo aprueban, a lo que Vargas responde invocando la violación de la Constitución por parte del Senado. Esta prueba de fuerza condujo a que el presidente presentara su renuncia el 29 de abril de 1835, pero no le fue aceptada, aunque alegaba no disponer de la suficiente fuerza como mantener la paz de la República entre las facciones en pugna.

La renuncia de Vargas fue interpretada por sus adversarios como una muestra de debilidad, aunque no le hubiese sido aceptada. Así fue como se estructuró una conjura en su contra que se denominó «La Revolución de las Reformas», integrada por Mariño, Diego Ibarra, Luis Perú de Lacroix, Pedro Briceño Méndez, José Tadeo Monagas, Estanislao Rendón, Andrés Level de Goda y Pedro Carujo. Esta asonada se expresó el 8 de julio en Caracas, cuando Carujo penetró en casa del doctor Vargas para detenerlo y se produjo un intercambio de palabras que la historia ha recogido insistentemente. Dijo Carujo: «Doctor Vargas: el mundo es de los valientes», y Vargas le respondió: «El mundo es del hombre justo». Después de la detención del presidente y del vicepresidente Narvarte, fueron embarcados ambos con rumbo a Saint Thomas en la misma tarde del día fatídico.

Al no más conocerse la asonada, acompañada de un texto de nueve puntos en el que los conjurados querían el mando de las Fuerzas Armadas para el general Mariño, el entonces jefe de esas mismas fuerzas, designado por Vargas para tal efecto, José Antonio Páez, se puso en marcha para dominar la situación y reestablecer el hilo constitucional. Páez entra triunfante a Caracas el 28 de julio de 1835, y el 20 de agosto está de nuevo Vargas en la Presidencia de la República. El movimiento insurreccional, sin embargo, no terminó de ser derrotado sino el 1 de marzo de 1836, en Puerto Cabello.

Lo que debía hacerse con los derrotados fue la piedra de tranca entre Vargas y Páez. El primero, y sus seguidores, exigían que sobre ellos cayera todo el peso de la ley, mientras Páez abogaba por la clemencia y el indulto. La estrategia conciliadora le había servido en el pasado a Páez en distintas circunstancias, pero Vargas exigía castigos ejemplares. Por otra parte, era evidente que la figura del general Páez había crecido mucho más con esta situación, ya que se había convertido en suerte de árbitro mayor y absoluto de la República, de modo que las posibilidades de Vargas de imponer sus criterios por encima de los del caudillo llanero eran improbables. A Vargas le fue aceptada la renuncia el 24 de abril de 1836. A partir de entonces se dedicaría exclusivamente a la docencia y a la investigación científica y su consecuente escritura.

No fue propicia la señal que quedó en el ambiente nacional después de la presidencia de Vargas, no porque el doctor no fuese el hombre excepcional que fue, sino porque al no más asumir el poder un civil, el hervidero de los caudillos regionales comenzó a alborotarse, y tuvo que venir el caudillo mayor, Páez, a aplacarlo. Con esto, además, por más que el general Páez se comportara con apego a la separación de los poderes y estuviese verdaderamente comprometido con la creación de una República, se reforzaba la ascendencia de un hombre de armas sobre la mayoría de la población civil. ¿Comenzaba entonces el caudillismo en Venezuela? Quizás la respuesta sea otra pregunta: ¿podía no ser el caudillismo el signo de la Venezuela republicana, cuando lo había sido durante la Venezuela colonial?

Todo indica que no, que el caudillismo emergería de inmediato enfrentando la sindéresis republicana, buscando imponer su propia gramática, empuñando para ello una espada, y cobrando los servicios prestados durante la Guerra de Independencia. Toda una generación de próceres de la independencia, pasando por encima de las instituciones republicanas o respetándolas poco, en el mejor de los casos, buscó el poder para sí, como si se tratara de una deuda que la nación hubiese contraído con ellos.

EL DICTAMEN DEL CIENTÍFICO SOBRE EL PETRÓLEO (1839)

Otra incidencia significativa en la vida de Vargas lo tuvo como protagonista el 3 de octubre de 1839, cuando ya había ejercido la primera magistratura (1835-1836) y había vuelto a sus tareas científicas y clínicas. Se trata de la constancia que deja de haber recibido noticias sobre la existencia de minas de asfalto en Pedernales (Guayana), y la exhortación que debería hacerse al gobernador de esta provincia para determinar la extensión de la mina y sus posibilidades de arriendo para su explotación. Se manifiesta con base en una muestra que le ha llegado de Pedernales, en la región orinoquense; similar a la que ha llegado antes de Trujillo. El informe escrito del doctor Vargas se produce por solicitud de despacho de Hacienda y Relaciones Exteriores y uno de sus párrafos es francamente visionario. Dice: «Es mi única convicción que el hallazgo de las minas de carbón mineral y de asfalto en Venezuela es, según sus circunstancias actuales, más precioso y digno de felicitación para los venezolanos y su liberal Gobierno, que el de las de plata u oro» (Vargas, 1986: 73).

Párrafos antes, con su proverbial precisión científica, el doctor Vargas ha definido la naturaleza de la muestra que se le ha enviado para su examen. Afirma:

> Esta sustancia mineral es el asfalto o betún de Judea de los antiguos, llamado también pez mineral. Su bello color negro de terciopelo, su brillo, su fragilidad junto con su consistencia más o menos blanda, según el calor a que está expuesta, su combustión con buena llama dejando poco residuo, su olor y demás modos muestran su buena calidad si hemos de juzgar por la muestra presentada (Vargas, 1986: 71).

También enumera los usos que hasta entonces se le han encontrado a la sustancia y es tan pormenorizado y erudito que vale la pena que reproduzcamos sus palabras en integridad, ya que se trata de un enunciado completo, con fundamento histórico. Afirma Vargas:

> Sus usos son: 1.º El de proteger las maderas contra efectos del agua y la destrucción por los insectos en la misma forma que el alquitrán o pez negra vegetal, así, es el alquitrán que los Indios y Árabes usan. 2.º, es uno de los ingredientes del barniz negro de los Chinos, disuelta en cinco partes de nafta [...] Se usa como cemento en la construcción debajo del agua; y los viajeros aseguran que los grandes ladrillos de las murallas de babilonia estaban cementados con ese asfalto [...] Es un excelente preservativo de la putrefacción animal y de los insectos que atacan esas substancias. Así era el principal ingrediente del embalsamado de las momias egipcias [...] Entra en los fuegos de artificio y se cree que era uno de los ingredientes del célebre fuego griego [...] Constituye en parte el barniz que dan los grabadores a sus planchas de cobre antes de morderlas (Vargas, 1986: 71-73).

A los usos enumerados por Vargas le añade el sabio una opinión que no le están pidiendo, pero que lo dibuja en su formación y sensatez, además de que constituye todo un programa de políticas públicas de inspiración liberal. No olvidemos que Vargas se había educado en Edimburgo y Londres y que ya para entonces había sido el presidente fundador de la Sociedad Económica de Amigos del País, institución liberal de gran importancia para los planes de construcción de la república en su etapa postbélica. Afirma el galeno:

> En cuanto a las medidas que por el Gobierno puedan adoptarse para beneficiar la mina por cuenta del Estado: me atrevo a opinar que convendría más arrendar su uso, que beneficiarla por cuenta del Fisco; porque un empresario particular sacaría, según mi parecer, muchísimas más ventajas que un administrador puesto por el Gobierno; y estas ventajas particulares vendrían a ser públicas y aun directamente útiles al erario, dando al arrendatario bastante duración para alentar al empresario a entrar en trabajos y en desarrollar su especulación, sin prolongarla tanto o hacerla indefinida que prive al Gobierno de participar de las ventajas acaso grandes que esta propiedad pública pueda dar al primer empresario (Vargas, 1986: 72-73).

Como vemos, todo un lujo de exactitud y prescripción para darles marco a las tareas de explotación del asfalto por parte de los particulares, con la supervisión y el beneficio de la nación y su Estado.

EL DIRECTOR GENERAL DE INSTRUCCIÓN PÚBLICA (1839-1852)

El general Páez en su segundo gobierno designa a Vargas en la Dirección General de Instrucción Pública, y allí estuvo, ahora sí, «como pez en el agua» durante 13 años, desempeñando una labor de arquitecto pedagógico nacional como pocas veces (¿o ninguna?) se ha visto en la república. Son muchos los documentos escritos y firmados por Vargas durante estos años de labor ciudadana, compartidos con la docencia en la UCV, donde dicta las cátedras de Cirugía y Anatomía, y funda otra nueva en 1842: la de Química. Este año, por cierto, es designado para presidir la comisión que exhuma y trae los restos del

Libertador de Santa Marta a Caracas. Además, durante estos 13 años de trabajo concentrado en sus labores educativas y de investigación, escribió la mayor parte de su voluminosa obra científica.

LOS RESTOS DE BOLÍVAR EN CARACAS (1842)

El Congreso de la República decreta el 30 de abril de 1842 los «Honores correspondientes al Libertador». Allí se ordena el traslado de sus restos de Santa Marta, Colombia, a Caracas, y que sean depositados en la Santa Iglesia Metropolitana (la catedral de Caracas). El 13 de diciembre llegaron los restos del Libertador al puerto de La Guaira, pero fueron desembarcados con los honores correspondientes el 15. Provenían de la apoteosis que se le prodigó en Santa Marta, y comenzaba la que se tenía prevista en Caracas. El 16 llegaron a la capital, después de los honores rendidos por el doctor Vargas en La Guaira. Los actos solemnes tuvieron lugar el 17, coincidiendo con el día de su muerte. Los restos fueron devotamente depositados en la catedral de Caracas. Años después, cuando Antonio Guzmán Blanco cree el Panteón Nacional, serán trasladados hasta este destino definitivo. Entonces, en diciembre de 1842, el general Páez pronunció estas palabras:

> Ayer ha recibido Venezuela los restos mortales de su Grande Hijo, y los ha recibido en triunfo y duelo: aplaudiendo su vuelta al suelo natal, ha llorado también sobre su sepulcro. Ya hemos asistido al funeral; allí hemos cumplido con Bolívar muerto. Yo invito ahora a ustedes a que saludemos a Bolívar restituido a la patria con todas sus glorias, con todos sus grandes hechos, con la memoria de sus inmortales servicios (Arráiz Lucca, 2007: 40).

En el informe que presenta Vargas en su condición de presidente de la comisión, pueden leerse sus palabras de valoración sobre Bolívar, por quien siempre profesó una particular simpatía. Afirma:

> Este homenaje que hoy tributamos a Bolívar, el blasón de Caracas, el fundador de tres Repúblicas, el héroe de la América del Sur no

termina en él, sino refleja con el brillo de la luz solar sobre el porvenir de nuestras repúblicas, vivificando los gérmenes de sus futuras glorias: homenaje muy de acuerdo con el espíritu de este siglo, con su filosofía, su civilización y con los grandes intereses del género humano; porque la filosofía establece como dogma y principio cardinal de la sociedad que el honor y la gloria son los más poderosos resortes del alma y los agentes vitales de los grandes hombres; y es del interés primordial de la civilización y de la humanidad que estos existan y se multipliquen (Vargas, 1986: 403).

Nótese la precisión de Vargas, típica del científico. Se refiere a la fundación de tres repúblicas. Es decir, la de Colombia, Perú y Bolivia, ya que la de Venezuela y Ecuador no son creaciones de Bolívar; ambas eran departamentos de la de Colombia. Precioso detalle. Lo otro: nótese como recoge los valores de su tiempo y coloca en la cima a la gloria, la misma a la que aludía Bolívar cuando pensaba en su inmortalidad.

EL ÚLTIMO VIAJE

En agosto de 1853 se embarca en La Guaira rumbo a Nueva York. Al no más llegar se asienta en Filadelfia. Busca opiniones médicas para su malestar. Pasa un tiempo allí y luego se muda a Nueva York. Escribe un diario con sus observaciones sobre lo que ve, lo que lee, lo que le interesa. Entonces, tiene 68 años. Ya ha redactado testamento, el 7 de mayo de 1853: intuye que el viaje no tiene regreso. Su patrimonio está lejos de ser menor, pero tampoco ha amasado una fortuna. Se declara católico. Le deja buena parte de su herencia a su amada universidad. Sus restos regresaron a Caracas en 1877 y de inmediato fueron trasladados al Panteón Nacional. No sé si fue a partir de entonces que comenzamos a llamar a José Vargas con el María añadido, pero lo cierto es que el guaireño siempre firmó José Vargas, a secas. Si don Blas Bruni Celli estuviera entre nosotros, con seguridad, esclarecería el enigma.

BIBLIOGRAFÍA

Arráiz Lucca, Rafael. *Venezuela: 1830 a nuestros días*. Caracas, editorial Alfa, 2007.

Azpúrua, Ramón. «Biografía de José Vargas» en *Biografías de hombres notables de Hispanoamérica*. Tomo IV, Caracas, Imprenta Nacional, 1877.

Blanco, Andrés Eloy. *Vargas, albacea de la angustia*. Caracas, editorial Cordillera, 1960.

Briceño Iragorry, Mario. «Meditación sobre Vargas» en *Obras completas*, tomo 6, Congreso Nacional de la República, Caracas, 1989.

Bruni Celli, Blas. *José Vargas. El universo de un hombre justo*. Caracas, Ministerio de Educación, 1986.

_____. *Imagen y huella de José Vargas*. Caracas, Intevep-Pdvsa, 1984.

Gabaldón, Eleonora. *José Vargas. Presidente de la República (Las elecciones presidenciales de 1835)*. Caracas, Biblioteca Nacional-Funres, 1986.

Grisanti, Ángel. *Vargas íntimo. Un sabio de carne y hueso*. Caracas, Jesús Grisanti Editor, 1954.

Guerrero, Carolina. *José María Vargas*. Caracas, Biblioteca Biográfica Venezolana, *El Nacional*-Banco del Caribe, 2006.

Leal, Ildefonso. «Cronología de José María Vargas» en *La hora de Vargas*. Caracas, Academia Nacional de la Historia, 1986.

_____. *Historia de la UCV*. Caracas, Universidad Central de Venezuela, Imprenta Universitaria, 1981.

Márquez Cañizález, Augusto. *José María Vargas (1786-1854)*. Caracas, Ediciones de la Fundación Eugenio Mendoza, 1954.

Parra León, Caracciolo. *Filosofía universitaria venezolana 1788-1821*. Caracas, Parra León Hermanos Editores, 1933.

Úslar Pietri, Arturo. «El ejemplo de Vargas» en *Letras y hombres de Venezuela*. Caracas, Monte Ávila Editores, 1995.

Vargas, José María. *Obras completas*. Caracas, Ministerio de Educación, 1958.

_____. *El orden sobre el caos*. Selección Blas Bruni Celli. Caracas, Monte Ávila Editores, 1991.

_____. *El universo de un hombre justo*. Introducción y selección Blas Bruni Celli. Caracas, Ministerio de Educación, 1986.

Varios Autores. *La hora de Vargas*. Selección Blas Bruni Celli. Caracas, Academia Nacional de la Historia, 1986.

Villanueva, Laureano. *Biografía del doctor José Vargas*. Caracas, Imprenta Nacional, 1954.

Fuentes documentales

Sociedad Económica de Amigos del País. Tomos I y II. Prólogos de Pascual Venegas Filardo y Pedro Grases. Caracas, Banco Central de Venezuela, 1958.

Vargas. Apoteosis del siglo XIX y XX. Caracas, Ediciones de la Presidencia de la República, 1986.

ARÍSTIDES ROJAS: MONOGRAFÍA E HISTORIA

Por más que muchos venezolanos de buena voluntad se hayan empeñado en destacar la obra de los próceres civiles de la patria, desgraciadamente lo que prevalece en el alma colectiva es la gesta de los guerreros. Incluso, del propio Bolívar se destacan con más frecuencia sus virtudes militares que las republicanas. Siempre será poco lo que podamos señalar de nuestros hombres de ciencia, de nuestros intelectuales del siglo XIX, una centuria que parece haberse ido en una sola refriega de caudillos militares, pero que, en verdad, también fue un siglo de luces civiles nada despreciables.

Bastan los apellidos Bello, Toro, González, Ramos, Blanco y, también, el muy destacado Rojas. Arístides Belisario Rojas Espaillar nació en Caracas en 1826 y, como muchos de sus compatriotas, es venezolano de primera generación. Sus padres vinieron de su Santo Domingo natal a establecerse, a partir de 1821, al pie del Ávila. José María de Rojas y Dolores Espaillar se hacían llamar, y no tardaron mucho en ver las puertas del país abiertas para sus sueños. Entre las muchas empresas que capitaneó el viejo Rojas, la del Almacén Rojas, fundado en 1838, fue la de mayor notoriedad. Allí creció Arístides: muy cerca de la magia de la publicación y de la cháchara de los visitantes ilustres que acudían al almacén en busca de pertrechos.

A los dieciocho años comienza Rojas sus estudios de filosofía, pero luego los abandona para abrazar los estudios de medicina, que impartía en Caracas el doctor José María Vargas. En 1852, a la edad de veintiséis años, obtiene el título de médico y se va a Betijoque y Escuque a cumplir con la debida pasantía rural. Tres años después regresa a la capital a enterrar a su padre y a su hermano. La infaltable ha tocado a la puerta de su casa. En 1857 lo encontramos haciendo maletas para embarcarse con rumbo a los Estados Unidos; luego lo recibe Francia y, finalmente, Puerto Rico, en donde permanece varios años sin poder regresar a Venezuela, dados los peligros que implicaba la Guerra Federal. Siete largos años emplea Rojas en hacerse un médico de mayor experticia. Regresa en 1863, con la firma del Tratado de Coche y la conclusión de la guerra, a vivir con su madre y a darle salida a sus primeros trabajos de divulgación científica, acogidos por la prensa de entonces. También pertenece a sus años del regreso la instauración del famoso desván, que con tanta maestría pintara Arturo Michelena. Allí, en el alto de la casa paterna, Rojas va a escribir su obra.

EL ENAMORADO CREADOR TARDÍO

Cuenta cuarenta y tres años cuando el amor sonríe desde un nombre: Emilia Ugarte, la nueva dueña y señora del imperio del desván. Arde Rojas en la expresión del amor menos comedido, pero quiere el destino que su mujer muera al dar a luz una hija a quien también se lleva Dios. Desde entonces y hasta su muerte, nuestro cronista se entrega al llamado de una sola pasión: la investigación y la escritura.

Se traza un plan ambicioso para sus próximos 30 años y comienza a cumplirlo con la rigurosidad de los elegidos. Su primer libro es publicado en 1876, cuando Rojas es un hombre que frisa los cincuenta. *Un libro en prosa. Miscelánea de literatura, ciencia e historia* se titula, y alcanza casi seiscientas páginas. Lo antecede un prólogo de José Antonio Calcaño, escrito en la residencia temporal del poeta caraqueño en Liverpool. En este libro primero, Rojas no comete los pecados en que suelen incurrir los primerizos: el volumen no es otra cosa que una selección de su inmensa producción hemerográfica. La labor antológica es suya, y gracias a ella puede advertirse la variedad de los afanes que tocaron a su puerta. Estampas costumbristas, pasajes naturalistas impregnados del olor de la sustancia poética, historia patria salpicada de graciosas anécdotas. Afirma uno de sus biógrafos, Arturo Úslar Pietri, que con la publicación de este libro queda saldada la pulsión poética del científico: «En esa obra culmina su entusiasmo de poeta de la ciencia y queda en los comienzos del camino que lo va a llevar más tarde a cultivar, cada vez con mayor dedicación, la leyenda histórica y la sabiduría popular» (Úslar Pietri, 1995: 194).

Pedro Grases, autor de su bibliografía completa, afirma con razón que Rojas fue un autor de monografías, recogidas luego en libros. La observación no es baladí; incluso cuenta con el aval de lo señalado por el propio Rojas, quien pensaba que este era el mejor método de trabajo: ir estudiando temas que desembocaran en monografías que luego, recogidas en volúmenes, formaran una suerte de mosaico, de rompecabezas de la historia de Venezuela. La verdad es que eso fue don Arístides Rojas: un autor de monografías; en muchos casos, de universos temáticos nunca antes tocados. En este sentido, Rojas fue un pionero de la monografía en Venezuela y, también, el primero que abrazó las nuevas tendencias historiográficas de su tiempo, inspiradas en el método científico que busca el detalle. No olvidemos que el protohistoriador que es Rojas, es médico.

Tres años después de publicado el primer libro, muere la persona a quien está dedicada la obra: su madre. Para un hombre acosado por la muerte de sus seres queridos, este nuevo deceso lo golpea acremente. El fallecimiento de la madre viene a significar para don Arístides el comienzo de su etapa más productiva y el fin de sus años de siembra. En 1878 da a la luz pública su segunda obra: *Estudios indígenas. Contribución a la historia antigua de Venezuela*. Sus desvelos por desentrañar el alma de la venezolanidad lo han conducido hacia los estudios indígenas, así como a la investigación de las raíces de nuestras oleadas migratorias. En 1874, culmina el estudio *El elemento vasco en la historia de Venezuela* y recibe una distinción de la Universidad Central de Venezuela en atención a la importancia de este trabajo, recogido en *Estudios históricos. Orígenes venezolanos*.

Sus *Estudios indígenas* constituyen un aporte para su momento, cuando los estudios antropológicos y etnológicos eran escasísimos en Venezuela. Fue un intento encomiable y valioso el de Rojas, valido de su instrumental positivista, el de incursionar científicamente en territorios casi desconocidos, como lo era el de los estudios indígenas. Por supuesto, sus observaciones han sido superadas en el tiempo, pero ¿cómo no reconocer el esfuerzo y el aporte? La monografía sobre los vascos en Venezuela es pionera, también; en ella se detiene en la peripecia de Lope de Aguirre, en la gesta económica de la Compañía Guipuzcoana y la familia Bolívar, así como en la participación de descendientes de vascos en la guerra de independencia. Es un texto breve y preciso, como solían ser sus trabajos monográficos.

Durante estos tiempos de incansable labor prepara, todos los años, el *Almanaque para todos* que edita la empresa de los hermanos Rojas. Su devoción por la divulgación del conocimiento científico encuentra cauce en la amistad con el maestro Adolfo Ernst, y este lo invita, en 1867, a formar parte de la junta directiva que funda la Sociedad de Ciencias Físicas y Naturales. Sin embargo, Rojas no llega a compartir totalmente las visiones darwinistas de la sociedad que animan a Ernst; en Rojas prevalece un fervor cristiano que le impide abrazar teorías exclusivamente positivistas o científicas, pero no por ello deja de nutrirse de los aportes del maestro de origen alemán. Hacia los años finales de su vida, don Arístides fue inclinándose exclusivamente hacia los temas históricos, especialmente hacia el trabajo con las leyendas populares. Encontraba a la sombra de estos árboles una más cabal expresión para su vena de escritor.

Cuando Úslar Pietri hace el balance de su obra, afirma: «Poesía de la ciencia, poesía de la historia, poesía del saber popular, han sido los grandes temas de su vida y de su obra. La emoción de belleza que brota de ellos es la que su espíritu busca y en la que se complace con lenta y serena delectación» (Úslar Pietri, 1995: 198). Ciertamente, ese fue el espíritu que animó la obra de Rojas, y ese espíritu se detuvo con énfasis sobre las vicisitudes de la vida en el valle de Caracas. Su proyecto caraqueño era ambicioso, pero los años no le fueron suficientes para cumplirlo en su totalidad.

EL AGUIJÓN DE LA HISTORIA

En el prólogo de Manuel Bermúdez que antecede el título *Crónicas y leyendas*, publicado por Monte Ávila Editores en 1976, se ofrecen noticias sobre el origen de *Crónica de Caracas*. Precisa el excelente prologuista que Enrique Bernardo Núñez tuvo el encargo, en 1946, por parte del Ministerio de Educación y la Biblioteca Popular Venezolana, de hacer la selección de los textos caraqueños de Rojas para formar el pequeño volumen, además de redactar la brevísima introducción. De modo que lo que conocemos hoy como, muy divulgado por lo demás, *Crónica de Caracas*, no fue obra de Rojas en su escogencia. Seguramente Núñez tuvo que sujetarse a prescripciones de espacio; de lo contrario no se entiende que haya dejado crónicas principales de lado. Ello puede comprobarse al leer las crónicas caraqueñas que recoge Bermúdez en su selección de 1976 *(Crónicas y leyendas)* que no pudo escoger Núñez. Con esto no pretendo otra cosa que señalar que convendría hacer una nueva edición de *Crónica de Caracas* que incluyera un mayor número de textos caraqueños de Rojas. Si las razones de espacio se impusieron en 1946, no tendrían por qué imponerse hoy en día, cuando es un hecho incontestable que las crónicas de Rojas son valiosísimas. Mientras esto ocurre, si es que llega a ocurrir, nos referiremos a la *Crónica de Caracas* que preparó Enrique Bernardo Núñez.

Evidentemente, entre los documentos más abundantes que halló don Arístides para su trabajo está el religioso. Buena parte de sus crónicas, cuando se refiere a los dos primeros siglos de fundada Santiago de León de Caracas, se fundamentan en hechos recogidos por la curia. De allí que no pueda sorprendernos que abunde el autor en los pormenores y los por mayores de la jerarquía eclesiástica. Nos serán familiares tanto la actuación destacada de un obispo como la desfavorable en que haya podido incurrir. También se detiene en las consecuencias de tres terremotos devastadores: el de 1641, el de 1766 y el de 1812. A estos tres les siguen los de 1900 y 1967 que, obviamente, don Arístides no pudo padecer.

Así como la chispa poética no abandona al cronista, tampoco lo hace su sana afición por los números y las estadísticas, como el buen científico que era. Enumera con precisión la cantidad de templos que se levantan en Caracas y maneja con exactitud el origen de la devoción que en ellos se ofrece. Abunda en detalles reveladores sobre la conducta de los caraqueños; un buen ejemplo de ello es su observación sobre los entierros. Pero hay un signo distintivo que ha caracterizado en toda época los entierros de Caracas y es la conversación, que se anima a proporción que el acompañamiento se acerca al templo de la parroquia.

El murmullo de la concurrencia es tal, que una persona situada en el dormitorio más retirado de la calle puede asegurar, por el ruido que produce la conversación, que un entierro pasa. Por este camino de la pequeña historia o de la historia de costumbres domésticas, el lector va entrando en un universo de noticias reveladoras. Afirma Rojas: «La vida caraqueña la sintetizaban, en pasadas épocas, cuatro verbos que eran conjugados en todos sus tiempos; a saber: comer, dormir, rezar y pasear» (Rojas, 1994: 19).

Esta Caracas de costumbres distendidas, en lo que al trabajo se refiere, es la misma que recibe a Humboldt. Si bien al barón lo sorprende la ilustración de algunos buenos burgueses caraqueños, no deja de afligirlo lo que el mismo Rojas comenta: ningún caraqueño quiso acompañarlo en su ascensión al Ávila; a ninguno pudo sacar el alemán impenitente de sus cómodas costumbres, por lo visto.

No hay hecho significativo que a Rojas se le escape. No pasa por alto la discreta pero hermosa gesta del café en el valle de Caracas. Señala entonces el papel preponderante de Blandín, y de los padres Mohedano y Sojo. No pasa por alto la exquisita manifestación de la música en Chacao, ni las efusiones líricas de Antonio Ros de Olano, nacido en Caracas y consagrado en sus poderes líricos en la península ibérica. La nodriza de Bolívar, el corazón de Girardot, las predicciones de Saturnino con motivo del terremoto de 1766, y así muchísimos hechos que forman el tejido anecdótico y legendario de la ciudad capital son registrados por el cronista atento a los detalles.

Al regresar al río vital de Rojas nos acercamos a sus años finales. Siente que se le viene encima el corte, y palpita en sus desvelos el hecho de no haber concluido su obra. Apura el paso. Deja de lado los reconocimientos de la vejez, en aras de no perder ni un segundo de sus días de trabajo. La Academia Nacional de la Historia, recién fundada, piensa en el nombre de Rojas como uno de los primeros en sumarse al cuerpo colegiado, y así se lo ofrecen. El cronista declina en favor de otros que, según él, lo merezcan con mayor justicia. En el fondo, Rojas se niega a perder el tiempo apoyando los codos en las largas mesas de la tertulia académica, no porque sea desdeñable; de hecho, no lo es, sino porque la urgencia de su obra por terminar es mayor que la de los reconocimientos y los méritos. Entonces afirma con legitimidad: «Nos place ser humildes».

El desván se ha llenado de cacharros. La pasión del coleccionista que habita en Rojas no ha cedido ni un segundo. La situación económica del maestro es comprometida y, a la vez, la empresa que se ha trazado espera de su tiempo y sus fuerzas. El gobierno que preside Raimundo Andueza Palacios lo contrata para que termine de organizar sus obras. El primer tomo del proyecto contratado aparece en 1891, *Estudios históricos. Orígenes venezolanos*, en medio del mayor entusiasmo de Rojas, que ve posibilidades de coronar sus ingentes esfuerzos. Pero la providencia dispone otra cosa y en 1892 hay un cambio de manos del poder con Joaquín Crespo y las esperanzas de don Arístides se desvanecen. Los libros de Rojas por publicar quedan suspendidos en la polvareda de otra guerra civil. Triste, aún le quedan fuerzas para continuar publicando sus investigaciones históricas en los periódicos de la época.

La muerte le toca a la puerta el 4 de marzo de 1894, cuando alcanza la muy respetable cifra de sesenta y siete años de edad. Con el paso del tiempo, si bien sus trabajos de divulgación científica han ido lógicamente perdiendo validez, no así las crónicas y las leyendas históricas que tan sabrosamente adelantó. Entre ellas, como hemos dicho antes, brillan sus crónicas de Caracas. Estas son documentos indispensables para comprender el desarrollo anímico y cultural de la ciudad en que vivimos. Hasta el momento de su muerte parece recogido por una de sus crónicas: habría detallado el trance en que el cuerpo inerme de sí mismo reposaba en un féretro en el desván. El mismo sitio donde el amor lo visitó fugazmente y siguió de largo, el mismo sitio donde su madre consoló sus años de calamidad y de lucha.

¿Qué pasó con lo escrito por Rojas y no publicado? Nos informa Grases que esos papeles no se perdieron, que están a buen resguardo, pero con una dificultad prácticamente insalvable: la endemoniada caligrafía de Rojas. La tarea de entender su letra es tan ardua que apenas una persona paciente, el notable bibliógrafo Manuel Segundo Sánchez, se animó a descifrar un texto y casi lo logra, pero quedó escaldado y desestimulado para avanzar con la labor. Allí están, entonces, los papeles de Rojas.

¿Algún día se publicará la totalidad de sus investigaciones monográficas? No parece probable. En otro sentido, se ha cumplido su última voluntad: Rojas ordenó que se quemara su obra inédita a su muerte, pero no le hicieron caso. No obstante, salvo un libro que dejó preparado, *Folklore venezolano*, y editado muchos años después (en 1967), lo que no fue publicado en prensa permanece, de acuerdo con su voluntad, oculto. No ardió en la pira que él deseaba para su trabajo, sino que se sumergió en su caligrafía críptica.

¿Qué lleva a un autor a ordenar la quema de sus obras inéditas con posterioridad a su muerte? Difícil saberlo, pero pareciera fruto de una depresión psicológica, de una melancolía crónica. En todo caso, la obra de Rojas en buena medida sigue bajo el agua y conocemos la punta del iceberg. Sabemos de la magnitud de su trabajo porque él mismo había organizado la publicación de su obra, cuando el gobierno de Andueza Palacio ordenó su publicación. Dice Rojas, entonces, que serán 17 volúmenes, así:

> *Estudios históricos. Orígenes venezolanos* (2 vol.), *Estudios indígenas* (2 vol.), *Humboldtianas* (1 vol.), *Leyendas históricas de Venezuela* (5 o 6 vol.), *Siluetas de la Guerra a Muerte* (1 vol.), *Literatura de la Historia de Venezuela* (1 vol.), *Revolución de 1810* (1 vol.), *Correspondencia inédita de Bolívar, con notas ilustrativas* (1 vol.), *Caracas* (1 vol.), *Folklore venezolano* (1 vol.).

De los 17, alcanzó a publicar en vida 5; el de *Folklore venezolano* es póstumo, como señalamos antes. Ceñidos al tema histórico, en resumen, dejó: *Un libro en prosa. Miscelánea de literatura e historia* (1876), *Estudios indígenas* (1878), dos volúmenes de *Leyendas históricas* (1890-1891) y *Estudios históricos. Orígenes venezolanos* (1891), además de los muchos ensayos publicados en prensa y luego recogidos en alguna edición especial, como es el caso de «El constituyente de Venezuela y el cuadro de Martín Tovar y Tovar que representa el 5 de julio de 1811» o la recopilación hecha por Eduardo Röhl de sus *Humboldtianas*, en 1924. Por otra parte, la recopilación más significativa, aunque incompleta, es la antología que hicieron los hermanos de Rojas y se publicó en 1907 en la editorial Garnier de París; nos referimos a su *Obras escogidas*. En tiempos recientes, además de las publicaciones de la OCI (Oficina Central de Información) de 1972, se ha reimpreso varios veces su *Crónica de Caracas*, de acuerdo con la selección de Enrique Bernardo Núñez, hecha en 1946.

Hemos de concluir señalando que es probable que la escogencia del título *Leyendas históricas* por parte de Rojas haya atentado contra la mejor lectura de su obra por parte de historiadores modernos. No deja de ser contradictorio que el primer autor de monografías con sesgos científicos de nuestra historiografía acentuara la condición legendaria de algunos de sus trabajos, desdiciendo con ello de su condición científica, máxime cuando en verdad muchas de sus monografías no son propiamente anecdóticas sino verdaderos estudios breves de determinados aspectos históricos. Por supuesto, hay trabajos suyos anecdóticos, pero no todos toman este derrotero. También muchos de ellos son, exactamente, crónicas; hay otros que son estudios. En fin, lo recomendable es leer los trabajos de Rojas sin atender a estos títulos que predisponen, confunden y tergiversan, en el peor de los casos.

Cerremos estas líneas con palabras de Rojas. Nos referimos al primer párrafo de sus *Estudios históricos*. Dice:

> La monografía histórica, es decir, el trabajo intelectual que tiene por objeto el esclarecimiento de hechos consumados, ya en el orden político de toda sociedad, ya en el estudio de personajes y episodios, de épocas, de los orígenes y conquistas de un pueblo, en el desarrollo creciente de la humanidad; tal es el campo donde, de un siglo a hoy, cosecha opimos frutos el estudio ayudado de la observación y sagacidad, inspirado por el amor a lo grande y a lo bello, sostenido por la constancia, ayudado del espíritu filosófico y del criterio recto, y siempre tras los más puros ideales de la conciencia para premiar virtudes eximias, rendir culto a la verdad, y homenaje a los espíritus elevados que han desaparecido al choque de las convulsiones humanas.

Como vemos, todo un proyecto de trabajo que Rojas cumplió minuciosamente, por más que buena parte de su obra permanezca encerrada en los códigos indescifrables de su caligrafía.

BIBLIOGRAFÍA

ARRÁIZ LUCCA, Rafael. «Arístides Rojas: titán civil del silgo XIX» en *El recuerdo de Venecia y otros ensayos*. Caracas, editorial Sentido, 1999.

BLANCO, Andrés Eloy. *Vargas, el albacea de la angustia*. Caracas, Ministerio de Educación, 1947.

BERMÚDEZ, Manuel. «Prólogo» en *Crónicas y leyendas de Arístides Rojas*. Caracas, Monte Ávila Editores, 1979.

GRASES, Pedro. *Bibliografía de don Arístides Rojas (1826-1894)*. Caracas, Biblioteca Nacional, 1976.

ROJAS, Arístides. *Crónica de Caracas*. Caracas, Fundarte, 1994.

_____. *Contribuciones al folklore venezolano*. Caracas, Fundación Shell, 1967.

_____. *Estudios históricos. Orígenes venezolanos*. Caracas, Imprenta y litografía del Gobierno Nacional, 1891.

_____. *Estudios indígenas. Contribución a la historia antigua de Venezuela*. Caracas, Imprenta Nacional, 1878.

_____. *Un libro en prosa. Miscelánea de literatura e historia*. Caracas, Rojas hermanos editores, 1876.

_____. *Leyendas históricas de Venezuela*. 1-2 series. Caracas, Imprenta de la Patria, 1890-1891.

_____. *Obras escogidas*. París, Garnier hermanos, 1907.

_____. *Humboldtianas*. Caracas, tipografía Vargas. Recopilación de Eduardo Röhl, 1924.

SATURNO CANELÓN, Juan. *Arístides Rojas: mensajero de la tolerancia*. Caracas, Litografía El Comercio, 1944.

ÚSLAR PIETRI, Arturo. *Letras y hombres de Venezuela*. Caracas, Monte Ávila Editores, 1995.

MARTÍN TOVAR Y TOVAR: LA HISTORIA ES UN RÍO

Para el año de 1827, el jefe superior de Venezuela es un hombre nacido en el llano y llamado José Antonio Páez. La independencia del país se ha sellado seis años antes con la batalla de Carabobo. El Libertador, en sus afanes colombianos, separa las aguas con Santander, en Bogotá. Ignora que tres años después va a morir en Santa Marta, muy cerca del mar que tantas veces surcó movido por sus anhelos. En la misma Caracas de Simón Bolívar, nace el 10 de febrero un varón al que luego bautizan con los nombres de Martín José de Jesús. Es hijo de un oficial español que llegó a estas costas como uno más de las tropas del brigadier Canterac. Se llama Antonio de Tovar y juró ante el altar amor eterno a Damiana Tovar Liendo. Había nacido en Granada y venía dispuesto a dejar sus huesos muy cerca del Orinoco, sobre la raya del Ecuador. Su esposa era hija de Martín de Tovar y Baños quien, sin duda, descendía de José de Oviedo y Baños.

EL HIJO DE LOS TOVAR

Martín Tovar y Tovar fue bautizado en la catedral de la ciudad donde respiró por primera vez y en la que dejó de hacerlo setenta y cinco años después. Recibe las aguas bautismales el 18 de febrero, apenas una semana después de haber nacido. Lo espera una zona del mundo depauperada por los estragos de la guerra y zarandeada por los demonios de la codicia y la desintegración. Así describe el general Ramón de la Plaza en sus *Ensayos sobre el arte en Venezuela*, el país al que pertenece el recién nacido:

Emancipada Venezuela de la madre patria, los elementos que dejó en pie el sistema colonial, en las artes señaladamente, y que no fueron otros que las obras rudimentarias que de España vinieron a estos dominios, la gente independiente mal pudo de ellos derivar sino exiguo aprovechamiento. Establecida la República, labor enojosa hubo de tocar a los libertadores en el empeño de implantar un Gobierno que, por fuerza, había de luchar necesariamente con las prácticas arraigadas del hábito colonial.

Esta es la República a la que con su vida de pintor ofrendará, años después, el hijo de don Antonio y doña Damiana. Conjunción paradójica de un oficial realista que decide quedarse después de la derrota, y una mantuana caraqueña con algunos años más de residencia y pertenencia. De hecho había nacido en Caracas y la República, recientemente creada, le atañía completamente.

LA FORMACIÓN CARAQUEÑA

Para un joven que quisiera ser pintor, las opciones educativas en Venezuela eran muy escasas. Sin embargo, al niño Martín, de doce años, lo encontramos el año de 1839 inscrito en los cursos de dibujo que impartía el maestro Antonio José Carranza. Años antes funcionaba la llamada Sociedad Económica de Amigos del País. A ella pertenecían unos parientes cercanos de Martín José: Manuel Felipe y Domingo de Tovar. Este último se había formado en Europa en las artes del dibujo y la pintura y puso empeño en que esta institución divulgara estos quehaceres. Así fue como escogió al joven Carranza, el más aprovechado, para recibir la formación necesaria que luego le permitiera enseñar el oficio. Creció tanto Carranza que llegó a ser director de la Academia que auspiciaba la Sociedad Económica de Amigos del País. Allí recibió sus primeras clases aquel primo de los Tovar.

Para el año siguiente (1840) el adolescente hijo de don Antonio y doña Damiana ingresa en el colegio La Paz. Allí recibirá la instrucción necesaria para obtener el título de bachiller. Pero, además, la destreza que había demostrado para el dibujo, certificada por Carranza, le hizo propicio el camino en el colegio. Allí el profesor de dibujo era Carmelo Fernández, sobrino del general Páez y a quien, junto a Carranza, se le tiene como uno de los iniciadores de la enseñanza artística. La obra que logra hacer Fernández es de gran importancia para el país, pero no es objeto de estas líneas. No hay duda de que fue fundamental para la formación de Martín José en el colegio que regentaba don José Ignacio Paz del Castillo. Años después, el profesor Fernández estimula a Tovar y Tovar en el sueño de irse a Europa a completar su formación.

Influye también en la formación de aquellos años iniciales el profesor Celestino Martínez. Este daba sus clases en el colegio Roscio, institución a la que asistió Martín José a recibir enseñanza. Allí trabó amistad con Arístides Rojas, Antonio Guzmán Blanco y el padre del pintor Cristóbal Rojas, mientras seguía las prescripciones del maestro Martínez. Años después, su compañero Arístides Rojas deja sentado en un escrito que Tovar y Tovar frecuenta la casa del médico francés Lebeau quien, según Rojas: «ejerció grande influencia en sus estudios». No hay motivos para dudar de la palabra de don Arístides y, aunque no consta en ninguna parte, debe suponerse que conoció y recibió el influjo de Lewis Brian Adams y del francés Armand Paillet, ambos residentes en la Caracas de entonces y ambos aficionados a la pintura.

Quizás apremiado por su situación económica, a la edad de diecisiete años, el bachiller Tovar y Tovar establece una empresa de servicios litográficos. Meneses y Tovar se llama la firma, que adquiere las máquinas a Stapler y Müller y comienza a funcionar en casa de Antonio Damirón. Este último, conocedor del negocio y del oficio. Para cuando Martín Tovar y Tovar cuenta veintitrés años, el horizonte de su país se le hace estrecho. Sus primeros años de formación han concluido. El destino es Europa.

LOS AIRES DE EUROPA

Los consejos de Carmelo Fernández, el sacrificio económico de sus padres y su voluntad lo embarcan rumbo a Madrid. Corre el año de 1850 y el puerto de La Guaira se va haciendo imprecisable a la distancia. Cinco años largos lo esperan más allá del Atlántico. La

Venezuela que abandona Tovar está diezmada por la desolación y las deudas. Sin embargo, con lo poco que produce la hacienda Mopia de don Antonio Tovar, el joven pintor emprende el viaje con las cartas que le facilita el embajador de España en Caracas. Entre ellas va una dirigida al marqués de Remisa con la que pretende abrir las puertas de la Academia de San Fernando. Felizmente así fue y en ella logra inscribirse. Fue alumno de José de Madrazo en colorido y composición; de Federico de Madrazo en arqueología y ropaje; de Antonio Esquivel en anatomía pictórica; de Patricio Rodríguez en perspectiva, y de Francisco José Fabre en historia y costumbres. De la situación de la pintura española de entonces Enrique Planchart hace un dibujo exacto. Leamos:

> Dos tendencias dividían entonces la pintura española. De una parte los afrancesados, con algo de la manera de David, uno de cuyos campeones era precisamente don José de Madrazo, y de otra, los tradicionalistas españoles, que, recogiendo de la herencia de Goya solo lo superficial, iban derivando hacia la representación romántica de lo popular y lo local.

Más adelante Planchart, refiriéndose a Tovar y Tovar en el ensayo biográfico que le dedicó, afirma:

> El joven venezolano, ya obediente al sentimiento de ponderación que lo caracterizará siempre, no se deja alucinar por ninguna de estas tendencias; atiende principalmente las enseñanzas de Madrazo; pero más que de este aprendió de su hijo, Federico de Madrazo, y del ejemplo de Vicente López, el arte del retrato: la simplificación de los medios para obtener la expresión y aquella gracia particular para intensificar el trazo lineal, que cierra la figura en armonioso conjunto, sin aislarla de los accesorios del cuadro.

Como suele suceder, la formación madrileña de Tovar no se circunscribe exclusivamente a la Academia. Es un asiduo de los museos, donde desentraña el arte de los clásicos y los usos de sus contemporáneos. Coincide en la Academia con otro venezolano, Pedro Lovera, hijo del pintor Juan Lovera, y debemos suponer que fueron juntos a estos recintos del arte hasta que en 1852, dos años después de su llegada, nuestro pintor decide mudarse. Ya los viajes, lejos de intimidarlo, le gustan. Se ha acostumbrado a que el mundo es ancho, pero transitable. Hace maletas y se va a París: allí las puertas de su formación se harán todavía más vastas. De estos años madrileños es su obra titulada *La vendimia* (1851, *circa*) donde pueden apreciarse las influencias de sus maestros españoles. Los años parisinos que se inician serán fundamentales en la biografía del pintor. Así como en el cuadro unas mujeres recogen las uvas, años después Tovar recogerá los frutos de su siembra europea.

Al llegar a París nuestro pintor se inscribe en la academia particular de León Coignet. La influencia de este maestro en la pintura de Tovar es evidente. Y no le falta razón a Enrique Planchart cuando le resulta lógico que Coignet y Tovar congenien enseguida. En verdad, son espíritus que se avienen fácilmente. Alfredo Boulton le atribuye a estos años con Coignet una importancia decisiva: «Durante esos años se inicia en verdad su formación académica y se revela el talento que luego habría de demostrar en los lienzos que vamos a comentar y que son algunos de los que han dado justificada fama a su nombre».

Al año siguiente de su llegada a París ya debe haber recorrido los museos y los salones. Seguramente lo ha hecho con el maestro Coignet y con su condiscípulo Jean Paul Laurens. Ha visto los lienzos de Ingres y de Delacroix. De este último toma su impronta para pintar un cuadro extraño en el conjunto de su obra: *Paisaje en Egipto* (1953) se titula y, seguramente, es una alegoría de otro, porque jamás fue el pintor hasta las tierras que surca el Nilo.

Del año 1854 es una obra capital para el conocimiento de su pintura. *Autorretrato* se titula el lienzo donde un hombre de veintisiete años se ve, por primera vez, a sí mismo. Va mucho más allá de lo evidente porque persigue fijar su propio rostro. La obra, además de su valor intrínseco, representa la primera interpelación a la que se somete el artista. Ya sabemos lo importante que son los autorretratos para el conocimiento de sí mismo y para pulsar las posibilidades que tiene cada quien en el ejercicio de sus saberes y oficios. En el autorretrato se ve a un hombre con barba, con la mirada profunda y la mitad del rostro iluminada y la otra en tinieblas. La dureza de la línea de la nariz le da un aire de gran adustez, aunque no llega a ser severo. Es un romántico.

De la formación parisina de Tovar, Enrique Planchart afirma:

> De los pintores venezolanos que han estudiado en París, sin duda alguna ha sido Tovar quien lo ha hecho con mayor independencia, gracias a la ponderación de su carácter. Guiado por el ecléctico Coignet no olvida el verismo propio de la escuela española donde dio sus primeros pasos, y se abstiene de seguir francamente las huellas de un pintor o de una secta determinada.

Hay que señalar que el ensayo biográfico de Planchart data de 1952. Es muy probable que, si lo hubiera escrito hoy, su opinión habría sido matizada.

Han pasado cinco años y la primera experiencia europea del artista concluye. Regresará a París en varias oportunidades, pero esta primera estadía marcará los años por venir. No se ha unido sentimentalmente, de manera definitiva, con nadie. Es un hombre joven que quiere hacer su trabajo.

VUELTA A LA PATRIA

El costo de cinco años en Europa ha debido pesar en el patrimonio de los padres; el pintor emprende el regreso en la goleta danesa *Isabel*. El día 22 de enero de 1855 pisa el suelo de La Guaira. El ambiente artístico caraqueño no es el más estimulante para un hombre que viene de París. Pero Tovar trae un proyecto: le propone al Gobierno nacional irse a Europa, por cuenta del Estado, a copiar obras clásicas para luego traerlas y formar un museo. La respuesta fue lacónica y contundente: «las arcas están vacías». La vida política y la guerra no dejan espacio ni recursos para el arte. La muestra que traía para convencerlos quedó solitaria. Se trataba de *Ecce Homo* de Murillo. Con la carencia de recursos fallecía su proyecto.

El camino que toma es relatado por su alumno Antonio Herrera Toro en un artículo para *El Cojo Ilustrado*, dice: «se dedicó a hacer lo único que en materia de arte le ofrecía el estrecho escenario de la capital; es decir, retratos. Retratos que maravillaron por la extraordinaria semejanza, por la frescura del colorido, por la manera nueva, enteramente diferente de las que hasta entonces eran aquí conocidas». Pero los primeros encargos no fueron muy reconfortantes: le solicitaban la reconstrucción fisonómica de un difunto, a partir de un daguerrotipo difuso; otras veces le solicitan la reproducción de imágenes religiosas. Y, para colmo, no eran demasiados los encargos.

LOS PRIMEROS RETRATOS

La vida no le sonríe a Tovar en Caracas. En cambio, acomete sus primeros retratos de significación teniendo a sus parientes como modelos. Ha debido contribuir con su oficio el tiempo sosegado de la capital de entonces y, seguramente, sus familiares han posado con paciencia para el joven pintor.

En 1856 ejecuta el retrato de su padre, don Antonio Tovar, que bordea los sesenta años. Sobre esta obra Boulton afirma:

> En este sobrio lienzo, resaltan con indudable verismo los severos rasgos que reflejan el carácter y la personalidad del modelo. La materia está trabajada con una pasta bastante diluida, como amasada en varias capas superpuestas, para obtener ciertas transparencias. Tales veladuras alcanzan a dar al rostro un magnífico modelado. El tiempo pasado en Madrid y en París fue indudablemente muy bien aprovechado. Esto indica también un hecho que vale la pena destacar, pues revela que el artista hubo de recibir en su ciudad natal una esmerada educación plástica que le permitió asimilar tan rápidamente las lecciones europeas.

Esta última opinión contrasta con la de Planchart, quien se refiere despectivamente a la instrucción que recibió de Carmelo Fernández, y anota cierta informalidad en los estudios caraqueños de Tovar. Pero al margen de estas diatribas, el retrato está centrado en el rostro del padre. La luz enfoca el ojo izquierdo e importa muy poco todo lo que no sea su rostro. De mirada adusta, su padre es un hombre mayor con rasgos faciales similares a los de su hijo. No deja de ser interesante que después del *Autorretrato*, la obra que emprende Tovar sea la del rostro de su padre.

Dos años después (1858) culmina el retrato de su hermana *Doña Ana Tovar y Tovar de Zuloaga*. A esta obra Boulton la considera como «el mejor ejemplo del género dentro de nuestra historia pictórica». En verdad, es un retrato extraordinario por varias razones: el juego de las tonalidades del rojo que se forman entre el traje de la joven señora, el sofá donde está sentada y la cortina del fondo. Y como surgida de estas modalidades del color de la sangre, su cara blanquísima apoyada sobre su mano derecha. No han faltado quienes hallen altivez en esta obra, pero yo no la encuentro por ninguna parte. La expresión del rostro es serena, como si exprofeso ni la hermana ni el pintor se permitieran traiciones en su tranquilidad. La pose no es majestuosa; por el contrario, es doméstica; y si no fuera por la columna con la enredadera en su base, se podría pensar que fue espontánea la escogencia del decorado. Allí está, en el ángulo superior izquierdo, como haciendo un guiño, el telón de fondo que usaban los pintores de la época. Quizás lo más importante que propone esta obra sea el trabajo de conjunto entre el vestido y el rostro, propiamente. Tovar se le escapa al imán del rostro y atiende al entorno; se detiene gozoso en las caricias de la luz sobre el traje. De este retrato Juan Calzadilla afirma: «Obra, en justicia, considerada como el mejor retrato de la pintura venezolana». Sin duda, no exageran los críticos al ponderarla de tal manera. Es un retrato extraño, fino, en cierta medida inquietante, aunque no se propone provocar ningún desasosiego. Pero tanta naturalidad asusta, interpela, llama la atención.

En 1859 regresa Tovar y Tovar al colegio Roscio, pero esta vez no en su condición de alumno sino como profesor. Atrás quedaron los años en que allí fue tallándosele el gusto y la ponderación que tanto se han señalado. Ahora imparte clases de dibujo natural, lineal y topográfico a un poco más de doce alumnos.

El año siguiente hace un paréntesis en su afán retratístico y acomete una obra singular: *La escena llanera*, que comentaremos en el capítulo dedicado a su obra paisajística. La figura ecuestre del *General*

Manuel Vicente de las Casas lo ocupa durante todo el año de 1861. El general es el padre de un pintor que descollará a finales del siglo que corre; se llama Jesús María de las Casas. Si el padre se entregó a las superficies pulidas de las armas blancas, el hijo se dio por entero al paisaje. El retrato ecuestre de De las Casas está fuertemente influido por la pintura europea que frecuentó recientemente el pintor. Si no fuera por una palmera que se alza en el follaje, bien podría ser una campiña francesa la que se ve al fondo. La pose marcial, si bien no es napoleónica, le da un aire de ingenua impostación al personaje. No es de sus mejores obras.

El año de 1862 Tovar regresa a París. Allí estará por un año y medio y, según Boulton:

> ... se encontró con su compatriota Valentín Espinal, quien acudió al Museo de Luxemburgo a ver los cuadros que Tovar había copiado. Luego viajó a Londres, donde expondría dos lienzos en la Exposición Internacional del Crystal Palace. Los comentarios de la prensa londinense fueron elogiosos para el artista venezolano.

Sin embargo, Planchart, en una nota al pie de página de su ensayo biográfico, explica:

> ... investigaciones recientes llevadas a cabo con toda escrupulosidad en Inglaterra, permiten afirmar que Tovar no exhibió su cuadro en ninguna de las exposiciones anuales organizadas por las sociedades artísticas londinenses, sino tal vez en otra de carácter menos oficial, como las del Crystal Palace, por ejemplo, o una de las llamadas Exposiciones de Invierno.

Como el apunte de Planchart es anterior al de Boulton, suponemos que este segundo verificó que la muestra ocurrió en el Crystal Palace. Pero, en todo caso, las obras del pintor fueron admitidas, el pintor tocaba a la puerta y esto es lo significativo. Al regreso de París le esperarían, como veremos, nuevas empresas.

LA EMPRESA TOVAR Y SALAS, EL INSTITUTO DE BELLAS ARTES Y LA PRIMERA EXPOSICIÓN ARTÍSTICA EN VENEZUELA

Regresa en 1864 a Caracas y se asocia con José Antonio Salas para instalar en la esquina de Principal, en la plaza Bolívar de la capital, un comercio llamado Fotografía Artística de Tovar y Salas. En el anuncio que promovía la firma podía leerse:

> En este establecimiento frente a la casa de gobierno, se hace todo género de trabajos fotográficos, desde las más pequeñas dimensiones hasta el tamaño natural, iluminaciones al óleo, a la aguada, al pastel, a la tinta china, etc., etc. Retratos al óleo hasta el tamaño natural y de cuerpo entero, pintados sobre tela expresamente preparada y no sobre papel entelado. Se hacen también toda clase de reproducciones aumentadas o disminuidas. Se garantiza toda obra que salga del establecimiento. Parecido perfecto en todo retrato.

Y así fue como nuestro pintor, en asociación con la fotografía, reinició su labor caraqueña. El sitio, poco a poco, se fue haciendo el punto de reunión de escritores, políticos y hombres de gobierno. Cuentan que hasta el propio Antonio Guzmán Blanco asistía a departir con propios y alejados, siempre arbitrados por la mesura de Tovar y Tovar. El *atelier* del pintor estaba en el piso de arriba pero, a juzgar por la producción pictórica de estos años, su labor no fue todo lo fértil que hubiera deseado. Los apremios económicos que implicaban la atención del negocio no lo dejaron plantarse a diario frente al lienzo. Está en la mitad de la vida, se acerca a los cuarenta años y aún no ha contraído matrimonio.

El 28 de octubre de 1868 se crea el Instituto de Bellas Artes y el Museo de Historia Natural. Al año siguiente, Tovar y Tovar dirige el Instituto y tiene entre sus alumnos a Antonio Herrera Toro, quien, con los años, va a ser uno de sus más cercanos discípulos y hasta continuador de sus bocetos. En la situación política de aquellos años irrumpe en 1870 el general Antonio Guzmán Blanco con el triunfo de su Revolución Federal. Se inicia el gobierno del caudillo que se empeñó en modernizar el país. Las consecuencias de esta llegada al poder en la vida de Tovar van a ser determinantes, como veremos más adelante.

El llamado Café del Ávila era el sitio de reunión de la sociedad caraqueña. Lo regentaba el señor Meserón y Aranda, cuando un pionero, viajero y empresario, James Mudie Spence, residenciado temporalmente en Caracas, organiza, con la asesoría de Ramón Bolet, lo que se tiene como la primera exposición artística que se montó en Caracas. Pues a esta exhibición concurrió Tovar con tres obras al óleo: *La miseria*, *Retrato de Isaac J. Pardo* y un *Estudio del natural*. Junto a las suyas estuvieron, también, colgadas de las paredes, las piezas de Celestino Martínez, Anton Goering, Nicanor y Ramón Bolet Peraza, Ramón de la Plaza, entre otros. La afluencia de público fue inusitada y se estima en cerca de doce mil personas. Al recogerse la muestra, el viajero Spence regresó a Inglaterra y llevó consigo muchas de las piezas que había generosamente adquirido.

El año 1872 fue pródigo en acontecimientos. En él es decretada la construcción del Palacio Federal por parte de Guzmán Blanco. Esto fue decisivo para la consolidación del Tovar y Tovar que estimamos hoy, y de quien llevamos sus restos al Panteón Nacional en el año de 1983. Allí descansan desde entonces. El Palacio Federal es obra del ingeniero Luciano Urdaneta. Se previeron dos cuerpos: el sur, donde quedaban las Cámaras de Senadores y Diputados, y el norte, donde se encuentra el Salón Elíptico. Primero se construyó el cuerpo sur y luego el norte. En ambos, como veremos, la mano diestra del pintor aportó lo suyo.

Teotiste Sánchez se convierte en su esposa el año de 1873. Planchart, en un párrafo atrevido, afirma:

> El espíritu poco combativo de Tovar se hallaba francamente decaído, preparándose tal vez para una posible derrota, y en este estado de ánimo, después de una aventura mal conocida, contrajo matrimonio en 1873 con Teotiste Sánchez, hermosa mujer de temperamento vivo, inquieto y emprendedor; voluntariosa y no exenta de algunas extravagancias. Desde entonces Tovar vivió siempre en su compañía, quizás sin ser íntimamente feliz; pero a esta unión le debe sus mejores pinturas, pues fue su mujer quien lo animó a obtener diversos encargos oficiales y a pintar con más ambición.

¿Por qué afirma esto Planchart? No podemos saberlo, pero sí es cierto que, a partir de la unión matrimonial con Teotiste Sánchez, Tovar avanza en el período heroico, marcial e histórico de su obra. De haber vivido hasta el año 1873, su aporte, sin duda valioso, no habría sido de la significación simbólica que detenta. Los iconos de la nacionalidad que le debemos los venezolanos a Tovar no habrían aparecido. ¿Es casual que su pintura épica brote al lado de la mujer que lo acompañará en lo adelante? ¿Cómo podemos saberlo? Tan solo podemos consignar el hecho y añadir otro: no tuvieron hijos. ¿Contribuyó esto a colocar toda la fuerza de la pareja en el trabajo pictórico? Sí, es muy posible, pero tampoco tenemos cómo probarlo.

Este año continúa la modernización que se propuso Guzmán Blanco. En la Universidad Central de Venezuela, el presidente ordena la creación de una cátedra destinada a la enseñanza de las bellas artes. Concluye el año y Tovar y Tovar ignora el encargo que el año siguiente le hará el Gobierno. Tiene cuarenta y seis años y aún le espera su etapa de mayor importancia histórica. El hombre apocado que retrata Planchart espera su turno.

LOS RETRATOS HEROICOS

El presidente Guzmán Blanco ha dispuesto la construcción del Capitolio, también ha llamado a su compañero de aulas para que pinte una galería de retratos de héroes nacionales. Van a ser colocados en el edificio que se levanta a un costado de la plaza Bolívar. Al ser contratado por el Gobierno con este encargo, Tovar se embarca, esta vez junto con Teotiste, y se dirige de nuevo hacia París, donde alquila un taller en la *rue* Montaigne. Allí, lejos del fragor de la patria, podrá liarse con los lienzos, sin pausa y con las mejores condiciones. Dos años le tomó la hechura de esta veintena de retratos.

Sigamos al general Ramón de la Plaza en sus comentarios:

> Desde luego, en ese laborioso y concienzudo trabajo trasciende la maestría de un pincel refrescado en el éter de aquella ciudad patria de las artes. Entre muchos otros de la galería bien se descubre a Páez,

el soldado legendario de las llanuras con la aureola de gloria de sus proezas. Flores, el hijo mimado de la fortuna que ostenta del uno al otro extremo de la antigua Colombia los triunfos de su valor y las galas de su talento. Silva, el indomable león que lucha poderoso para arrancar a la real corona su joya más valiosa. Soublette, el hábil diplomata. J.G. Monagas, el mártir de la democracia. Sucre, el héroe abnegado, víctima de sus méritos. Guzmán, el rayo de la tribuna. Falcón, el magnánimo campeón de la cruzada federal. Guzmán Blanco, el reformador de la patria; y tantos otros que sería difícil mencionar en el plan reducido que de estos apuntes llevamos.

Y a la nómina que concatena De la Plaza podemos añadirle el juicio de Planchart:

> Algunos son verdaderos aciertos psicológicos, sencillas páginas biográficas, sin ningún rasgo declamatorio. La actitud de los héroes retratados siempre es natural y aun reposada; las fisionomías, bien definidas, no están acentuados los gestos de fácil intención expresiva; sin embargo, gracias a bien estudiados efectos de paleta, a la entonación general de cada cuadro, al modo como está plantada la figura y la distribución de las sombras, alcanza una variedad de impresión, acorde con la significación histórica del personaje.

Añadamos la nómina y luego comentemos algunas de las obras. Los próceres retratados por Tovar son: Simón Bolívar, Francisco de Miranda, Santiago Mariño, José Félix Ribas, Juan Bautista Arismendi, José Francisco Bermúdez, José Antonio Páez, Rafael Urdaneta, Antonio José de Sucre, Gregor MacGregor, Francisco de Paula Santander, José Tadeo Monagas, Diego Ibarra, José Gregorio Monagas, Juan José Flores, Antonio Ricaurte y Francisco Antonio Zea.

En este año de 1874 coincide la febril producción de Tovar, en su taller de París, con la inauguración de la estatua ecuestre del Libertador en la plaza que lleva su nombre. La modernización guzmancista no se detiene y, a la par que continúa la construcción monumental de Caracas, se hacen las primeras pruebas del alumbrado público. Mientras tanto el pintor avanza con sus ensayos.

La crítica coincide en señalar que Tovar pintó a los próceres sin mayores apoyos iconográficos; es decir, contaba con escasas referencias fisonómicas, poquísimas fotografías, apenas algunos datos. Así fue como, seguramente, para captar el trasfondo psicológico de los personajes, ha debido conocer sus historias, investigar acerca de sus vidas y luego añadirle mucho de su propia interpretación. La imagen que legiones de venezolanos tienen de sus héroes de la independencia les viene de los esfuerzos imaginativos del pintor caraqueño.

Los aires ingenuos que hallamos en el retrato ecuestre del general De las Casas han quedado atrás. En el retrato de Bolívar ninguna candidez asoma en su rostro; por el contrario, es una obra donde se alían magistralmente la seriedad del personaje con su proverbial vivacidad. Esto lo logra Tovar. Incluso en la disposición del cabello, al margen de su frente amplia, trasluce una suerte de desarreglo como fruto del viento. Es como si el torbellino que sacudió el alma de Bolívar estuviese metafóricamente allí, en su cabeza, y lo traicionara en el brillo de la mirada. La mirada es un logro, qué duda cabe. No son los ojos de un desaforado, pero tampoco los de un hombre apacible. Son los ojos abiertos de un hombre acosado. Lo fundamental de la obra es la mirada y es lógico: ¿dónde más estaba el fuego de Bolívar? Quizás en sus manos, pero ellas no forman parte del retrato.

El retrato del Gran Mariscal de Ayacucho ocasionó, con motivo del Bicentenario de su nacimiento, un comentario de Alfredo Boulton en su libro *Iconografía del Gran Mariscal de Ayacucho*:

> Este es el retrato de Sucre más divulgado en Venezuela. Fue pintado en París por Martín Tovar y Tovar, al óleo sobre tela y mide 126,5 x 93,5 cm, exteriormente. Está firmado abajo a la izquierda y fechado en 1874. Le fue encomendado a Tovar y Tovar por el general Antonio Guzmán Blanco para adornar los muros del Salón Elíptico del Palacio Federal, donde actualmente se encuentra. El doctor Vicente Lecuna informa en *Crónica razonada de las guerras de Bolívar*, Tomo III, que fue tomado «según retrato original de la época», pero sin mencionar cuál era su procedencia. A su vez Arturo Michelena, casi veinte años después, se inspiró en él para pintar el suyo. Son, por lo tanto, parecidos hechos de segunda y luego de tercera mano, aunque

muy atractivos y correctamente pintados, pero cuyas facciones faciales son por demás muy discutibles.

El verdadero rostro de Sucre fue una de las últimas batallas iconográficas que dio Boulton antes de morir. Con motivo del celebrado Bicentenario del mariscal (1995) el crítico puso en duda la veracidad de su rostro y uno de los ejemplos fue este del cuadro de Tovar. Boulton tiene razón en este aspecto, pero es obvio que esto nada tiene que ver con la calidad del retrato. La fidelidad al rostro de Sucre es algo ajeno al valor propiamente estético de la obra.

El mariscal luce unos improbables guantes; el de la mano derecha sostiene una suerte de capa o de sobretodo que viene bajando desde su hombro derecho. En el pecho lleva varias medallas y alrededor del cuello va una cinta de la que pende otra medalla. La luz se posa sobre su frente y, en verdad, parece un hombre mayor, incluso más viejo que el joven que fue asesinado en Berruecos. Su aire no es imperial; no le cubren con naturalidad las ropas que lleva encima. El cielo del fondo es tormentoso, poblado de nubes. Si no fuera por la pechera marcial, el héroe no parecería un militar. Y esto está muy bien, es decir, Tovar captó la sensibilidad de Sucre: era más un estratega, un militar con formación, que un guerrero empírico. En el fondo, la guerra le resultaba más una calamidad que un motivo para calentarse la sangre. El Libertador en nadie confió tanto como en Antonio José de Sucre.

Al concluir el encargo de Guzmán Blanco, abandona el taller de la *rue* Montaigne y regresa a Caracas. Han transcurrido casi dos años de febril trabajo al lado de Teotiste; allá queda el sitio de trabajo al que regresaría varias veces en lo adelante. El año de su regreso son llevados al Panteón Nacional los restos del Libertador y la transformación urbana emprendida por Guzmán Blanco no cesa: un teatro, un acueducto y hasta una estatua ecuestre del presidente, unas cuadras más allá de un templo masónico.

Sobre la galería de próceres, Juan Calzadilla tiene un juicio no demasiado favorable:

> Frente a estas obras, donde la imaginación sustituye a la observación, debió sentirse limitado el artista. Sus personajes no son abstraccio-

nes, pero sí modelos ideales que palpitan con una vida interior y que, a la vez, se sitúan en un plano distanciado del espectador. Faltan los recursos de inventiva que apreciaremos en su obra posterior, precisamente porque estaba requerido Tovar de un mayor espacio y de asuntos de más ambicioso aliento.

Sugiere Calzadilla, además, que el trato con las figuras de los héroes lo familiarizó con el tema. Ciertamente, visto a la distancia, resulta una secuencia lógica el haber llevado a cabo la galería de retratos antes que los grandes lienzos y los murales. Es como si aquellos hombres circunscritos al espacio del retrato encontraran en las sabanas de la guerra su campo de acción. Es como si Tovar los hubiese animado, los hubiese hecho activos para el fragor de la batalla. En muchos sentidos, la vida de Tovar y Tovar vista retrospectivamente guarda una coherencia de hierro. ¿Habría podido batallar con los grandes espacios que pronto comentaremos sin antes delinear el rostro de los protagonistas? Es como un director que antes de ensayar la obra teatral escoge minuciosamente a sus actores.

LA FIRMA DEL ACTA DE LA INDEPENDENCIA

Arístides Rojas nos brinda el origen de cómo urdió Tovar y Tovar el lienzo de *La firma del Acta de la Independencia*, obra que, junto al *Miranda en La Carraca* de Arturo Michelena, constituye uno de los pilares iconográficos de la nacionalidad. Ambas imágenes acompañan a un venezolano desde su nacimiento. Y no deja de ser curioso que el protagonista de ambas obras sea el más universal de los venezolanos: Francisco de Miranda. Pero sigamos el relato de Rojas:

> Un día llega; era por los años de 1876 al 1877, cuando el sentimiento republicano en Francia, representado por la Asamblea, haría cargos al jefe del Estado, espíritu vacilante, en medio de una crítica situación. Discutíase en el cuerpo legislativo la conducta de Mc Mahon y la célebre frase de Gambetta, *il faut se soumettre ou démeuttre*, reto del orador al jefe de Estado, corría de boca en boca. París asistía

a estos debates de los cuales debía nacer Crévy. Arrastrado Tovar por el entusiasmo de la población, llega a la asamblea, donde fogosos oradores volcaban los viejos andamios y traían nuevos hombres al poder. En medio de aquellos gritos jubilosos, triunfo espléndido de la idea republicana, cruza por la mente del artista un recuerdo: la asamblea venezolana de 1811, donde cree ver a Miranda, de pie, con la bandera de Colombia en la mano, que preside la sesión del 5 de Julio y proclama la Independencia de Venezuela.

Fruto de este acicate parisino es el primer boceto de la obra, el cual, según Rojas, fue realizado en la capital de Francia entre los años 1876 y 1877. Ha debido adelantarlo justo después de concluir la galería de próceres que le encargó Guzmán Blanco. Esta galería, finalmente, llega a su lugar definitivo el 21 de febrero de 1877, cuando es inaugurado el cuerpo norte del Palacio Federal, con los tres salones que lo componen. Estos son el amarillo (oeste), el azul (elíptico) y el rojo (este) y de sus paredes penden los retratos que relacionamos antes.

Al año siguiente regresa a Caracas. El nuevo presidente es Francisco Linares Alcántara y, de acuerdo con su voluntad, un nuevo Instituto Nacional de Bellas Artes es dirigido por el crítico de arte y músico Ramón de la Plaza. A la junta directiva pertenece nuestro pintor, junto a sus maestros Carranza, Martínez, su exsocio, el fotógrafo Salas, y su también maestro Carmelo Fernández. Este año caraqueño lo emplea en culminar un retrato del general De la Plaza y posa para su discípulo Antonio Herrera Toro quien, esmerado, le hace un retrato. Regresa de nuevo a París y la idea del cuadro homenaje a Miranda no lo abandona. El primer boceto no lo deja satisfecho. El segundo boceto, que retoma las proposiciones del primero, lleva fecha de 1880. Ha modificado el orden de la composición y decide enviarlo al Salón de los Artistas de París, donde se expone muy destacadamente. El marqués de Rojas, venezolano y embajador (en aquella época los llamaban ministros) de Venezuela en Francia adquirió la pieza. En aquella oportunidad, un corresponsal latinoamericano en París redactó una nota sobre la exposición, y al llegar a Tovar, refiriéndose, por supuesto, a la obra en cuestión, dijo:

> ... descuella entre todos noble y majestuosa la figura de Miranda. Está con el bello uniforme de general republicano francés que era la parte gloriosa que en las luchas de la república francesa le hicieron acreedor a esa distinción. Es el solo americano cuyo nombre aparece en el Arco de Triunfo de París.

En relación con el traje de Miranda, parece poco probable que el 5 de Julio llevara un uniforme francés. Así lo señalan tanto Caracciolo Parra-Pérez como Enrique Planchart, pero es menos probable aún que Tovar ignorara esto. Entonces ¿por qué lo vistió de general republicano francés? Planchart cree que por motivos artísticos. Es posible, aunque tampoco podemos olvidar que la obra fue pintada en París y, según Rojas, el motivo inicial era rendirle un homenaje a Miranda, quien fue, como sabemos, una gloria para Francia, además de un héroe venezolano. En cualquier caso, Tovar prefirió alejarse del estricto dato histórico y optó por uno más complaciente con sus deseos, con la imagen que se había formado del Generalísimo. También cabe la posibilidad, aunque los críticos la consideren remota, de que Miranda llevara este traje. ¿Por qué no? Era su traje de luces y un orgullo ganado por sus dotes militares. Finalmente, lo interesante es la decisión de Tovar: el uniforme es el de general francés.

Este segundo boceto le valió a nuestro pintor que el Gobierno venezolano le encargara una obra definitiva para celebrar el Centenario del Nacimiento del Libertador. La apoteosis bolivariana provocó la venida a Caracas de innumerables delegaciones de todos los rincones del país. Guzmán Blanco, exultante, fue condecorado por el papa León XIII, con las insignias de Gregorio XVI. Para la alegría de la celebración, rueda sobre rieles, por primera vez, el ferrocarril Caracas-La Guaira y se apuran las firmas de diversa entidad con gobiernos extranjeros. Forma parte del programa de eventos una exposición artística. A ella traería Tovar su gran lienzo, motivo por el cual se creó una gran expectativa. El jurado *ad hoc* para esta justa, presidido por el general Ramón de la Plaza, le otorga el primer premio a la obra de Tovar; el segundo y el tercer premio corresponden a Arturo Michelena y Cristóbal Rojas, respectivamente. Antes de viajar a Caracas, con la obra concluida, el pintor, según relata Arístides Rojas, quiso conocer la opinión de maestros franceses: «... visitaron el taller del modesto venezolano los pintores Bonnat, Demar, Munkatsky, Deconing y otros, quienes estrecharon con efusión la mano del compañero, después de haber contemplado la obra y haberse detenido en las dificultades vencidas».

Ya en Caracas el cuadro llega a su sitio: el salón de sesiones del Concejo Municipal, antigua capilla del Seminario de Santa Rosa, lugar donde acaeció la escena pintada por Tovar. Casi un siglo después, la obra se trasladó al Salón Elíptico, sitio donde permanece desde entonces.

Sobre la obra se han formulado diversos juicios. Veamos el de Juan Calzadilla:

> ... demostraba Tovar, en aquel cuadro, que podía desempeñarse en escenas multitudinarias y abocarse con éxito a empresas más ambiciosas que el simple retrato, que podía resolver todos los problemas que le planteaba la disposición de las figuras dentro de un espacio arquitectónico cerrado, cuya atmósfera y luces han quedado magistralmente interpretadas; las masas, ordenadas en función de la corrección de la perspectiva renacentista, el clima de idealización heroica captado con solemnidad, sin venir en detrimento de lo vívido de la escena y, finalmente, plasmado en temperadas armonías de grises, formando un dinámico ritmo que se cierra en las figuras centrales, el movimiento de las formas que se enlazan siguiendo un ritmo horizontal, de un extremo a otro de la composición.

Como hemos señalado antes, el personaje central de la obra es Miranda. Sobre él llega la luz, especialmente sobre su rostro y cabellera blanca. No olvidemos que en un principio se titularía de otra manera (*El constituyente de 1811*) y luego se la denominó de la forma definitiva actual. Tres bocetos la preceden o, como prefiere llamarlos Planchart, varias versiones hay de la obra. Aunque el icono definitivo es uno solo: la versión final expuesta en 1883 y de la que Enrique Bernardo Núñez opina: «... es para nosotros como la *Silva* de Bello a la zona tórrida, la *Vuelta a la patria* de Pérez Bonalde o la música del *Gloria al bravo pueblo*». Ciertamente, es una de las imágenes fundamentales de la venezolanidad.

LA GESTA DEL MURALISTA

Al año siguiente del Centenario del Natalicio del Libertador y, seguramente, como consecuencia del éxito alcanzado con el lienzo de *La firma del Acta de la Independencia*, Guzmán Blanco propone a Tovar otra empresa.

En el contrato que se redacta y se firma por parte del Gobierno y el pintor, se establece taxativamente el compromiso del artista de pintar siete grandes lienzos. Ellos deben representar las batallas de Carabobo, Boyacá, Junín y Ayacucho, el Tratado de Coche y dos alegorías: la de la paz y la del progreso. El monto estipulado por estos murales es de cuatrocientos mil bolívares que, sin duda, representaban una suma altísima para la época. En verdad, Guzmán Blanco entendía la importancia de estas obras y estaba dispuesto a pagar el precio. Prueba de su especial interés en el asunto es que encamina sus pasos hacia el campo de Carabobo, donde ocurrió la batalla. Allí lo espera Tovar y tan solo podemos imaginar el contenido de sus diálogos. Se han debido pasear por los accidentes de la topografía, por el sitio que los héroes llevarían en el lienzo, por las escenas que podrían destacarse. En fin, no podemos saber lo que hablaron mientras Herrera Toro escuchaba, pero suponemos que fue intenso y prolijo el encuentro.

Antes de continuar, despejemos el campo de lo que se hizo y lo que no pudo hacerse. Le alcanzó el tiempo para concluir los murales de Carabobo, Junín y Boyacá; dejó un boceto del de Ayacucho y, por razones políticas, no se hicieron los murales del Tratado de Coche ni las alegorías de la paz y del progreso. La razón la acuña el historiador Francisco González Guinán al atribuírsela a la reacción de Juan Pablo Rojas Paúl contra Guzmán Blanco. En todo caso, no se llevaron a cabo.

Los apuntes de Carabobo los hizo el propio Tovar, como vimos antes, y los completó Herrera Toro, quien viajó al sitio a tomar las notas correspondientes. En tanto esto ocurre, Tovar viaja de nuevo a París. Es allá donde dispone de los instrumentos necesarios para acometer sus grandes murales. En el vapor que lo lleva también va un joven pintor por quien profesa simpatía: Arturo Michelena se llama. Han debido ser compañeros de viaje muy afables, y desde la cubierta del barco, al vaivén de las olas del Atlántico, quién sabe cuántos artificios pictóricos se transmitieron el uno al otro. Ya en París, Tovar abogó por Michelena y este entró en la Academia Julian. Allí cursaba estudios otro grande de la pintura venezolana: Cristóbal Rojas.

Fatiga Tovar casi tres años en su taller parisino para concluir el mural de la *Batalla de Carabobo*. Con frecuencia recibe a su mecenas Guzmán Blanco en el taller de París. Este lo visita y lo anima en su faena. Para descansar, el viajero Tovar se desplaza hacia la campiña francesa y luego vuelve, renovado, a enfrentar su batalla.

Llega a Caracas a finales de 1887 con el lienzo de la *Batalla de Carabobo* concluido. Llevó tiempo instalarlo en el techo del Salón Elíptico, pero una vez montado le tocó al presidente Rojas Paúl inaugurarlo. Esto ocurrió al año siguiente de la llegada. Sobre la obra como tal, vemos la opinión de Planchart:

> Cuando el pintor trata, como lo hizo Tovar en Carabobo, de resolver el problema por medio de la representación de diversos episodios, arriesga mucho la unidad de la composición, de suerte que este escollo lo han evitado por lo general los pintores clásicos de batallas. Tovar luchó contra este obstáculo poniendo para el buen suceso cuanto le permitieron su serenidad, su comedimiento y sus dotes de pintor bien enterado del oficio.

La hechura de un mural de estas dimensiones, que va a ser colocado en un techo, presenta unos problemas técnicos difíciles de resolver, además de las resistencias propiamente pictóricas. Para la época, ningún pintor venezolano habría podido encarar estas dificultades y poquísimos latinoamericanos lo habrían podido hacer.

Antes de regresar a París con el objeto de continuar con las batallas de Boyacá y de Junín, descansa a orillas del mar. Macuto es el sitio escogido por el pintor para «temperar» y pintar algunos paisajes que comentaremos más adelante. Cumplido el reposo regresa a su taller de la *rue* Montaigne. Corre el año de 1890 y, antes de continuar con los grandes lienzos, pinta un retrato de Guzmán Blanco. Después, su paleta toda estará al servicio de las batallas que logra concluir en 1894. Navega una vez más con los grandes lienzos y, al año siguiente, oye las palabras del presidente de la República, Joaquín Crespo, el día de la inauguración de los murales.

En la *Batalla de Boyacá* puede verse el momento en que el general José Antonio Anzoátegui entra en escena para garantizar la victoria de Bolívar. Las proporciones son distintas a las de la *Batalla de Carabobo* y similares a las de la *Batalla de Junín*. Con esta obra ocurrió una desgracia: se desprendió del techo y quedó arruinada. Tovar, ya viejo y cansado, ni siquiera quiso ir a ver el estropicio. Su discípulo Herrera Toro la realizó de nuevo con base en el boceto de Tovar, años después. El tema fundamental de la obra es el del triunfo de Bolívar, rodeado de su estado mayor. Después, el mismo Herrera Toro concluye la *Batalla de Ayacucho* con base en un boceto de su maestro.

Han pasado diez años desde que firmó el contrato con Guzmán Blanco. Diez años de tareas cotidianas en su taller de París y de viajes a Venezuela con el fruto de su constancia. Era un empecinado. Si no, cómo entender que haya podido avanzar con esta labor titánica. En 1897 cumple setenta años y sigue pintando. De este año son los retratos de tres contemporáneos suyos: Agustín Aveledo, Santiago Machado y Juan E. Linares, así como uno de Joaquín Crespo y su esposa (misia Jacinta). Pero no solo el retrato lo ocupa, sino que el paisaje lo llama poderosamente. El Ávila es uno de sus temas.

LOS PAISAJES DEL HISTORIADOR

Con frecuencia la crítica en Venezuela ha tendido a fijar hitos fundacionales que olvidan el pasado. No solo me refiero a la crítica plástica; incluyo la literaria y la de las ideas en general. Digamos que la crítica cultural ha tenido una suerte de fascinación por hacer *tabula rasa* con el pasado; se ha empeñado en ignorar una tradición, bien sea porque la desconoce o por seguir el canto de sirenas de la mitología vanguardista o revolucionaria.

En la literatura venezolana la crítica viene rodando cada vez más hacia nuestros días el nacimiento de la modernidad. Primero fue Pérez Bonalde, después Ramos Sucre, después Gerbasi y, más recientemente, Sánchez Peláez. Antes de ellos la modernidad no asomaba su cuello largo. En artes plásticas algo similar ha ocurrido. La tendencia ha sido la de fijar al Círculo de Bellas Artes como el hito fundamental e ir dejando en el olvido el siglo XIX. Ya lo decía Francisco Da Antonio en un ensayo de 1962:

> El vicio de inadvertir las concatenaciones dialécticas que vinculan en el tiempo y en el espacio los acontecimientos y la obra de los hombres constituye una de nuestras fallas más comunes y la desorientación en lo que a la historia del arte venezolano se refiere es por cierto alarmante.

En el fondo, Da Antonio se alarma con algo que aún sigue vigente: no hemos logrado articular una tradición. Tenemos universidades, pero el conocimiento de nuestra realidad no lo fundamos sobre una tradición histórica. Es como si ignoráramos que lo que hacemos hoy se fundó ayer y lo de ayer, el año pasado y así el hilo de Ariadna puede llevarnos al origen de la tragedia. Insisto: no solo el arte venezolano ha adolecido de esta ceguera, de esta falta de visión de conjunto, no; casi todo el quehacer nacional adolece de la constitución de una tradición.

Pues esta disquisición de Da Antonio el año 1962 tiene su punto de partida en la afirmación del tantas veces citado Enrique Planchart, quien señalaba:

> Quien haya seguido el hilo de la evolución de Manuel Cabré y Federico Brandt, de Monsanto, de Monasterios y de Reverón y quien haya visto las obras que estos artistas han preparado últimamente, comprenderá que, a pesar de todo, hoy se comienza a echar las bases de una tradición artística venezolana.

A esta afirmación tajante de Planchart, Da Antonio le respondió: «No serían, pues, los hombres del Círculo de Bellas Artes quienes habrían de iniciar la cultura de Venezuela: ya esa tradición existía y es evidente que ni ellos mismos se propusieron el equívoco teórico del joven Planchart».

Y es que, con su afirmación, Planchart olvidaba el siglo XIX pictórico venezolano y allí ocurrió la obra de Tovar y Tovar quien, aunque muchos lo olvidan, pintó paisajes. Estamos ante otro vicio muy frecuente de la crítica: como Tovar y Tovar se destacó enormemente por su pintura épica, los críticos pareciera que consideraran suficiente con darle este puesto en la historia y olvidaran su obra paisajística. De nuevo, es exasperantemente común que la crítica solo acepte la excelencia en un género: si es un gran poeta, no puede ser un buen narrador; si es el pintor épico por excelencia, ¿cómo va a ser, además, un gran paisajista?

Oigamos a Alfredo Boulton:

> En sentido general fue el gran relator de la historia venezolana, por cuanto utilizó anécdota patria, en gran escala y dimensión nacional para narrar gráficamente nuestra gesta político-militar. Con él penetramos también en lo que podría llamarse la era contemporánea de nuestra pintura.

De acuerdo, pero ¿y su obra paisajística? ¿Cómo se explica una sin la otra?

Ya antes Mariano Picón Salas había comparado la obra de Tovar y Tovar con la de Rafael María Baralt. Así como el pintor hizo su historia nacional en imágenes, el escritor la hizo con palabras: «En ambos lo que podría deshacerse en emoción y emoción y crispamiento romántico se acompasa en ritmo grave y tranquilo, en exactitud de detalles». No comenta don Mariano la obra paisajística de Tovar y Tovar; se concentra en *La firma del Acta de la Independencia* y en señalar al pintor como el iniciador de una tradición pictórica que continuarían Rojas, Michelena, Herrera Toro, Mauri y Rivero Sanavria. Señala, eso sí, las grandes facultades de Tovar y Tovar para el retrato, al tiempo que elogia sus obras épicas: *Carabobo, Junín, Boyacá* y *Ayacucho*.

En un ensayo publicado por Juan Calzadilla el año de 1977, el prolífico crítico afirma:

> La producción paisajística de Tovar es breve [...]. Ciertamente, en cuanto a conciencia de ella, para Tovar se trató de una obra un tanto al margen, como si el artista no le diera su justa importancia; e incluso, fue desdeñada por sus contemporáneos. Con seguridad, si

sumamos a ella un paisaje del valle de Caracas que le hemos atribuido, en la colección del doctor Guillermo Zuloaga, no deben pasar de las cuarenta piezas, cantidad irrisoria si la comparamos, en número, con la obra de J.M. de las Casas o de Manuel Cabré.

Esta vez Calzadilla apela a un argumento numérico para no privilegiar la obra paisajística de Tovar, además del desdén con que sus contemporáneos trataron a sus paisajes. Sin embargo, más adelante, y en el mismo texto, el crítico afirma: «... hacen de Tovar un excelente paisajista urbano». Finalmente, lo que nos revela este tránsito argumental de Calzadilla es lo siguiente: el peso de su obra épica y muralista impidió calibrar con justicia sus aportes paisajísticos. La densidad de su pintura histórica es tal que le arrancó la siguiente expresión a David Alfaro Siqueiros: «Tovar y Tovar, en su mural de la bóveda del Salón Elíptico, muestra sin duda alguna ser el más grande muralista latinoamericano del siglo XIX y uno de los más brillantes del mundo».

Concluimos este paseo por la crítica con la opinión del maestro Quintana Castillo:

> Tovar y Tovar fue un pintor que oscilaba entre la voluntad barroca y la necesidad clásica. Es indudable que poseía una habilidad técnica impresionante, y también una gran aptitud para hacer mover grandes agrupaciones de figuras en el paisaje. Él no tenía grandes dificultades en resolver los complicados problemas de escorzo y perspectiva que los cuadros barrocos de «gran tema» siempre plantean.

Como podemos apreciar, Quintana Castillo, sin favorecer demasiado la pintura paisajística de Tovar, tampoco la obvia. Por el contrario, señala una correspondencia, un tributo entre una y otra. En verdad, no pueden pasarse por alto los paisajes de un gran muralista, como lo señala Siqueiros, ni pueden obviarse los paisajes de un fino retratista. Más aún, no podemos seguir obviando la obra paisajística de Tovar y Tovar. Esta traza un arco que va desde 1846 hasta 1890. Alrededor de cuarenta paisajes pintó. Desde *El indio Tacoa* hasta *Macuto*.

En *Escena del llano*, (*circa* 1860), encontramos un tratamiento particular del cielo. La trama que teje la luz que fenece sobre las nubes y una bandada de pájaros hacen del espacio celestial el protagonista de la obra. Unas pocas palmas de moriche se alzan en el sector izquierdo de la composición, y hacia la derecha ocurren las faenas propias del llano: unos jinetes pretenden domar a las reses en un claro de la sabana. El sol se va y el tratamiento que logra Tovar es notable. A lo lejos, pareciera que unas polvaredas se levantan, confundiéndose con las nubes. La obra está trabajada sin el tono de elegancia marcial que distingue a sus obras épicas. Aquí logra el maestro una suerte de verosímil violencia tanto en la escena humana como en la convulsión que ocurre en el cielo. Son correspondientes las batallas entre el llanero y las bestias y las nubes entre sí. Esta obra resulta particularmente compleja por la elocuencia con que el maestro logra la atmósfera general. Salvo las palmas (testigos mudos y serenos) todo el espacio está tomado por la tensión.

Son varios los paisajes que Tovar y Tovar pintó a la orilla del Caribe, en Macuto. *El playón de Macuto* (1880) es uno de los más interesantes, ubicado en el mismo sitio en el que lo hizo, años después, Armando Reverón. Tovar fijó la playa pedregosa, la línea blanca de una ola, el cielo entre azul y gris y las uvas de playa y los cocoteros. Diminuta se distingue una bandera de Venezuela en el entorno apaisado, óleo sobre tela, que recoge la densidad de un clima y da cuenta de la formación académica de Tovar. En el centro del cuadro ocurre el hecho capital de una marina: el choque entre el mar y las piedras. Ni demasiado encrespado ni demasiado calmo. No fue este encuentro el que obsesionó al maestro. Pareciera que el color, la luz del tiempo nublado y, especialmente, la composición en el plano fueron el objeto de sus afanes en la construcción de esta obra. Así como el logro de un espacio a través del manejo diestro de la perspectiva.

En *El Ávila desde Gamboa*, (*circa* 1896), el maestro ve el cerro desde un sitio donde años después los pintores del Círculo de Bellas Artes lo vieron repetidas veces. La misma visión tuvo, entre otros, Manuel Cabré. Tovar, en una obra de pequeñas dimensiones, atendió al efecto que la luz naciente produjo sobre los relieves de la montaña. Al pie del monte se distingue una casa de tejas en el extremo izquierdo y un conjunto de árboles en el derecho. Esta vez el cielo no tiene importancia. En cambio sí son relevantes los pliegues que forman las lomas pobladas por hierba, sin árboles. En esta pieza da la impresión de que el maestro sale del espacio que trabaja. Quizás, por su sentido arquitectural de grandes dimensiones, la obra parece más un detalle de algo más grande que una pieza cuidada de pequeño formato. Tovar pareciera sentirse más a sus anchas en los grandes planos, pero esto no va en desmedro de su sentido de la armonía y de la composición en los formatos menores.

Miraflores desde El Calvario es una obra de estructura vertical y fue pintada cerca del año 1896. La llamada casa de «misia Jacinta» luce con sus colores originales: beige y roja. Las laderas de la loma donde se yergue, hoy en día predios del palacio sembrados; antes, en la obra, unas casas de poca significación que seguramente fueron expropiadas. Como telón de fondo, las estribaciones del Ávila y unas nubes en el cielo que contribuyen al tono oscuro de la pieza. Los verdes, los marrones y los amarillos acarician más las tinieblas que la luminosidad tropical. Ha debido predominar el invierno cuando el maestro Tovar se fue a El Calvario a pintar el palacio o ¿fueron sus ojos educados en otras luces los que lo llevaron a detallar los colores oscuros, los tonos que la luz del trópico devora a su paso? Quién sabe, pero lo cierto es que en esta obra que pareciera trabajarse muy de mañana, prepondera lo oscuro sobre lo blanco.

La obra *Patio de la casa del pintor* es de pequeñas dimensiones y fue pintada cerca del año 1900. Es un paisaje interior donde cuenta mucho el tratamiento de los volúmenes. Los colores van del naranja al rosado y al amarillo: unas plantas en macetas buscan la luz en el centro del patio. Se trata, evidentemente, del patio de una vieja casa caraqueña con zaguán, techo de caña y ladrillos en el piso. Al final, como si fuera una rendija resplandeciente, se ve el verde que alegra lo que llamaban «el corral» de la casa. Un plátano preside, central, tanto el patio real, como la nueva realidad de la obra. En otra pieza de Tovar que tiene el mismo espacio como protagonista, le añade una figura humana. El niño riega las matas. Esta vez el espacio no lo habita nadie, está solo y, sin llegar a patentar el desuso, no hay huellas de demasiado tráfago.

He seleccionado estas cinco obras porque, en buena medida, dan fe de distintos aspectos valiosos de la obra paisajística de Tovar. El paisaje interior y los planos (en *El patio de la casa del pintor*); las tonalidades de los colores oscuros (*Miraflores desde El Calvario*); los humores del cielo, sus tempestuosidades, la bóveda celeste como espacio protagonista de la obra (*Escena del llano*); la marina, las dimensiones del espacio abierto, los horizontes más vastos (*El playón de Macuto*); el paisaje circunscrito a una zona, el trabajo sobre una zona de un área mucho más grande (*El Ávila desde Gamboa*).

EL VIAJE FINAL

Para cuando comienza el siglo XX Tovar ya ha hecho todo lo que la Providencia le había encargado. Muere en la ciudad que lo vio nacer, el 17 de diciembre de 1902. Sus últimos días los pasó pintando paisajes, entre ellos el patio de la casa donde vivía. Poco a poco se había ido despidiendo de las escenas épicas que lo cautivaron y concentró su visión en la intimidad de su casa.

La obra de Tovar es enorme y de una significación única para la venezolanidad. Es el historiador plástico de la gesta independentista y, aún más, es el creador de los iconos con los que los venezolanos nos identificamos como pertenecientes a una comunidad histórica. Es imposible imaginar qué habría sido de nuestra iconografía sin Tovar. Podría decirse que alguien distinto a él habría hecho el trabajo, pero esto no es cierto. La pintura heroica venezolana, es decir, la obra de Tovar y Tovar, es un caso único en América Latina. Tuvimos la suerte de contar con aquella alianza grande: la del pintor y el gobernante que le encargaba las obras: Guzmán Blanco.

El siglo XX venezolano, y latinoamericano, está signado por la obra monumental de aquel pintor caraqueño que hizo de su vida una ofrenda al oficio, a la investigación, al fervor. Por alguna razón que no logramos comprender, la valoración que se tiene de Tovar y Tovar no guarda relación con la magnitud de su obra. Cierta crítica minada por ideas preconcebidas lo desdeñó por considerarlo un pintor oficial. El tiempo, que todo lo pone en su sitio, está abonando el terreno para que los venezolanos de hoy podamos ver su obra con más libertad, sin deudas ni prejuicios que no nos pertenecen. La imagen que tenemos de nosotros mismos es obra en gran medida del hijo de don Antonio y doña Damiana. El retratista, el muralista, el paisajista que cubre todo el siglo XIX. Pronuncio por última vez su nombre: Martín Tovar y Tovar.

BIBLIOGRAFÍA

BOULTON, Alfredo. *Historia de la pintura en Venezuela*. Caracas, Ernesto Armitano Editor, 1968.
_____. *Iconografía del Gran Mariscal de Ayacucho*. Caracas, editorial Ex Libris, 1994.
CALZADILLA, Juan. *Martín Tovar y Tovar*. Caracas, Colección Pintores Venezolanos, Edime, 1981.
DA ANTONIO, Francisco. *Textos sobre arte (Venezuela 1682-1982)*. Caracas, Monte Ávila Editores, 1982.
DE LA PLAZA, Ramón. *Ensayos sobre el arte en Venezuela*. Caracas, Ediciones de la Presidencia de la República, 1977.
PICÓN SALAS, Mariano. *Las formas y las visiones*. San José de Costa Rica, Galería de Arte Nacional, s.f.
PLANCHART, Enrique. *La pintura en Venezuela*. Buenos Aires, Imprenta López, 1956.
QUINTANA CASTILLO, Manuel. «Pintura venezolana del siglo XIX» en *Indagación de la imagen*. Caracas, Galería de Arte Nacional, 1982.
ROJAS, Arístides. *El constituyente en Venezuela y el cuadro de Martín Tovar y Tovar que representa el 5 de julio*. Caracas, Ediciones Centauro, 1990.

LISANDRO ALVARADO: EL SABIO DROMÓMANO

Pocos personajes venezolanos despiertan un interés tan diverso como el que aviva Lisandro Alvarado. En él, como en algunos otros grandes, su vida se levanta como un árbol digno de tanta atención como su obra. La razón es simple: muy pocos hacen corresponder sus ideas y sus valores con sus actos diarios. Pero los que lo hacen, superan la dicotomía en la que nos debatimos con harta frecuencia los occidentales, herederos de la civilización judeocristiana. Los ejemplos más lejanos de correspondencia laten en las vidas de Miranda y Bolívar, pero encuentran en la segunda mitad del siglo XIX y comienzos del XX a, por lo menos, dos venezolanos excepcionales: Rufino Blanco Fombona y Lisandro Alvarado.
    Esta coherencia entre vida y obra hace que sus biógrafos, fascinados con las aristas del personaje, casi olviden las obras que hacen de Alvarado un hombre de aportes excepcionales. Embelesados con la dignidad del ser humano, algunos de sus exégetas no se detienen lo suficiente en la obra titánica del larense. Sin embargo, los aportes de los ensayos biográficos de Jacinto Fombona Pachano, Pascual Venegas Filardo y Guillermo Morón son indispensables para la comprensión de este extrañísimo alumno de don Egidio Montesinos en el colegio La Concordia, en Nuestra Señora de la Limpia y Pura Concepción de El Tocuyo, que es como se llama esta ciudad fundada el 7 de diciembre de 1545. De este poblado salieron las expediciones que fundarían Barquisimeto, Valencia y Caracas. De hecho, El Tocuyo fue la cuarta ciudad instaurada por los colonizadores en su aventura poblacional. Las primeras tres fueron Cubagua, Coro y Maracaibo.

LOS AÑOS DEL PRINCIPIO

Lisandro vino al mundo el 19 de septiembre de 1858. Lo esperaba un hogar de escasos recursos. Sus padres, Rafael Alvarado y Gracia Marchena, alimentaban el sueño de una educación completa para su hijo. Quiso el destino que al cumplir cinco años el pequeño Lisandro, Egidio Montesinos fundara su propio plantel. La huella de Montesinos en el estado Lara es indeleble. La notoriedad de su enseñanza hizo que fuesen a estudiar a El Tocuyo discípulos provenientes de toda la tierra larense. Fue el caso del barquisimetano José Gil Fortoul, con quien compartió aulas Alvarado. Me arriesgo a afirmar que no puede entenderse la obra de Alvarado si se olvida que fue formado por Montesinos. Hasta en las diferencias estuvieron unidos el maestro y el alumno: si Montesinos jamás salía de su casa, contigua al colegio, Alvarado no soportaba permanecer en el mismo sitio mucho tiempo. Los unía un acendrado ejercicio de la austeridad: ambos sonrieron, displicentes, frente a todo lo que no fuera estrictamente indispensable. Historias de la humanidad y del pasado remoto, álgebra, geometría, aritmética y latín eran algunas de las materias que se impartían en clase, pero de todas ellas la filosofía era la pivotal para don Egidio. El maestro fue para Alvarado como una linterna: le abrió los ojos al mundo. Desde entonces, nada le fue ajeno al tocuyano.

Sus primeras incursiones taxonómicas en el reino de la naturaleza han debido ocurrir en las inmediaciones de la casa paterna. En las riberas del río, divisando a lo lejos los sembradíos de caña, al amparo de un cují, el joven amaba la gramática latina, al tiempo que se interesaba por la conducta empecinada de los animales, sobreponiéndose a los rigores de la vegetación xerófila. En aquel micromundo de El Tocuyo se formó el carácter del futuro sabio, pero aún más definitoria fue la creación de la iluminada condición de los inquietos: la curiosidad, y nadie mejor dotado para insuflar aquella sed de saberlo todo que la propia curiosidad de don Egidio.

Superada la adolescencia, se prepara el joven Alvarado para presentar el examen de bachillerato. Esta certificación no le era posible darla al colegio La Concordia, de modo que hubo de trasladarse a Trujillo, con su amigo José Soledad Jiménez Arráiz, a presentar la prueba. Contaba quince años y su juventud animaba el asombro de los examinadores. De este trance afirma Venegas Filardo: «Allí estaba la anticipación de un sabio. Aquel joven de ojos miopes, de nariz sobresaliente, de tez ligeramente morena y de ideas fáciles, comenzó a deslumbrar por sus conocimientos». Otro de sus biógrafos, Fombona Pachano, refiere que el jurado, quizás incapacitado para evaluar los conocimientos de Alvarado, lo proclamó bachiller antes de cumplir todas las pruebas, de manera unánime y entusiasmada.

La pobreza de los Alvarado le negó a Caracas en lo inmediato: no contaba con medios para estudiar Medicina en la capital, de modo que el bachiller Alvarado se traslada a Barquisimeto a trabajar atendiendo una farmacia. Ni un minuto pierde el farmaceuta en procurarse otros conocimientos y en profundizar los estudios comenzados. Son los años de estudio a fondo del latín. De allí ha debido afinarse su natural disposición para las estructuras lógicas, así como han debido templarse sus herramientas para la comprensión del mundo. Quizás respondiendo a alguna disposición oculta del destino, los años que van entre los quince y los veinte son de entrenamiento. Ya escribe, ya investiga con métodos más elaborados, se prepara para enfrentar el designio profesional que sintió desde niño: la Medicina. Abandona Barquisimeto con rumbo a Caracas a los veinte años, en 1878. Ahora sí.

LA EXPERIENCIA CARAQUEÑA

Después de seis años de residencia estudiantil caraqueña, Alvarado obtiene el título de doctor en Ciencias Médicas. Le tocó vivir la era de Adolfo Ernst y de Rafael Villavicencio: el positivismo comenzaba a estar en boga. Pero, quizás, de mayor influencia sobre su vida fue el ejemplo diario de su segundo maestro: Cecilio Acosta. Si Montesinos fue el guía de sus primeros años, Acosta va a ser el faro de la madurez. Mucho aprendió Alvarado de la tertulia cotidiana en casa de Acosta. Allí vio pasar la figura inolvidable de José Martí, en los tiempos en que en la biblioteca de Alvarado latían *El origen de las especies* de Darwin, *Los primeros principios* de Spencer, *Los orígenes de la civilización* de Lubbock, junto a *María* de Jorge Isaacs. Los años de formación caraqueña lo hacen copartícipe de una generación ilustre: José Gregorio Hernández, Luis Razetti, Manuel Revenga, César Zumeta y Luis López Méndez, entre otros.

De esta generación afirma Santiago Key Ayala: «Tanto Alvarado como Gil Fortoul, son representantes en primera línea de una renovación de ideas, sistemas y guías, que acaeció para Venezuela hacia el año de 1881». Así es como el médico Alvarado abandona Caracas en 1885, para aposentarse en la ciudad de Ospino.

LA EPOPEYA DEL CURIOSO

En la ciudad portugueseña contrae nupcias con Amalia Rosa Acosta Zúñiga, con quien tiene ocho hijos, mientras el ejercicio de la medicina se le torna en un apostolado. Se muda a Guanare en 1889, pero hace un paréntesis entre 1890 y 1892, cuando acepta ser enviado como cónsul de Venezuela a Southampton, Inglaterra. Regresa a Guanare, donde desempeña diversos cargos entre públicos y académicos, y empieza su vida dromómana.

Su vocación de naturalista, manifestada tempranamente en El Tocuyo, va de la mano con su pasión de filólogo, que a su vez encuentra conexión con la vocación de historiador. Desde entonces Alvarado emprende uno de los periplos vitales más extensos y prolijos que se hayan hecho a lo largo de la geografía nacional. Especialmente los Llanos y Guayana son los escenarios de su curiosidad. La naturaleza y los hombres son los territorios de sus indagaciones; el arco que traza desde 1885 hasta el momento de su muerte en Valencia el año 1929 es el tiempo de la obra. Muchos años tardó Alvarado en el acopio de ingente información para llevarla luego hasta las páginas impresas.

Ospino, Southampton, Guanare, San Carlos, El Tinaco, Barquisimeto, Zaraza fueron algunos de los sitios donde vivió el tocuyano, tocado por la misma inquietud que se apoderó de Simón Rodríguez. Pero de ninguna manera aquellas mudanzas frecuentes respondían a los designios absolutos del azar: respondían a un proyecto vital que Alvarado acariciaba desde niño y que no consistía en otra cosa que en darle alimento a su insaciable curiosidad. Quería, por supuesto, darle forma a sus ansias, darle musculatura a sus saberes dispersos; por ello tenía entre ceja y ceja lo que finalmente logró.

Conjuntamente con sus investigaciones, Alvarado fue enseñándose francés, alemán, italiano, inglés, lenguas que no llegó a dominar con total perfección, como sí lo alcanzó a hacer con el latín y el árabe. También se detuvo en el estudio del hebreo, del griego y del provenzal. La fuerza del filólogo era incontenible. De hecho, el capítulo de traductor en la vida de Alvarado brinda joyas que no son despreciables. Vertió al castellano *De la naturaleza de las cosas* de Tito Lucrecio Caro y nada más y nada menos que los *Viajes a las regiones equinocciales del nuevo continente* de Alejandro de Humboldt y Aimé Bonpland. Titánica empresa que acometió al final de su vida y que la enfermedad le impidió concluir.

Es difícil discernir entre las facetas del polígrafo aquellas en las que alcanzó cotas más altas, pero no cabe la menor duda de la validez de sus aportes. Su obra de filólogo y lexicógrafo es, por decir lo menos, asombrosa. Fruto de sus investigaciones y sus divagaciones por la geografía nacional, esculcando el habla de la gente, son *Ideas sobre la evolución del español en Venezuela* (1903), que ya anuncia la sólida vocación del tocuyano, y que es presagio de *Glosario de voces indígenas de Venezuela* (1921) y de *Alteraciones fonéticas del español en Venezuela* (1922) en su primera edición (la reelaboración es de 1929), al igual que el *Glosario del bajo español en Venezuela*.

El primero en estudiar el desarrollo del español en Venezuela es Alvarado. Es el pionero. Después han sido varios los filólogos que han ensanchado y hasta superado aquel primer aporte extraordinario del sabio tocuyano. También fue de los primeros en sistematizar el estudio de las voces indígenas venezolanas. Lo desvelaba la búsqueda de los vínculos entre las lenguas que formaban el tejido de nuestra cultura. Tenía alma de sabueso: no dejaba que una pista se le escapara, si ella podía conducirle hasta el hallazgo que comprobara sus intuiciones.

Hoy en día, bajo la luz de los adelantos científicos y los de la metodología, las investigaciones filológicas de Alvarado pueden lucir insuficientes, pero considerando la época en que las llevó adelante, no cabe otra expresión que la celebración emocionada por el logro de semejantes empresas signadas por el esfuerzo. Pedro Grases, en su trabajo intitulado «La obra lexicográfica de Lisandro Alvarado», afirma:

Lisandro Alvarado responde a la figura moderna de un humanista, interesado por los problemas que podían preocupar a un positivista enfrentado a los hechos de la cultura americana en Venezuela. La historia, las letras clásicas, la lingüística –hispánica e indigenista–, las ciencias naturales, la etnología, la sociología, fueron disciplinas que embargaron su atención a lo largo de su existencia y le dieron temas para notables disquisiciones personales.

En el mismo trabajo, Grases reconoce la labor pionera de Alvarado en el campo de la lexicografía; incluso afirma que no ha sido aún superada en Venezuela.

El etnógrafo, que cohabitaba en la psique del tocuyano con el filólogo, encuentra expresión en la obra *Datos etnográficos de Venezuela*. No satisfecho con desentrañar el laberinto verbal de la comunidad nacional, Alvarado se adentra por terrenos antropológicos: quiere tomarle la tensión al cuerpo y al alma de la venezolanidad. En el prólogo que le dedica Miguel Acosta Saignes puede leerse:

> Como antropólogo fue Alvarado, no un estrecho especialista, sino un cultivador de varias ramas. La antropología cultural, que él llamó etnografía, la lingüística, la etnohistoria. Escribió también acerca de antropología física y arqueológica. Se trata, sin duda, de un gran precursor, cuyos trabajos no han sido suficientemente apreciados en nuestros días en lo que concierne a su mérito dentro de la época en que escribió, desde las dos décadas finales del siglo pasado, hasta finales del primer tercio del presente.

La faceta de historiador de Alvarado se expresa tanto en su obra mayor en este campo, como en sus ensayos de menor aliento. Su *Historia de la Revolución Federal en Venezuela* (1909) es insustituible cuando se trata de comprender este período de la historia patria. Según Mariano Picón Salas, autor del prólogo en la edición de las *Obras completas* de Alvarado, este libro es fruto

> ... de lecturas de periódicos y documentos de la época; de sus largas correrías por la provincia venezolana, de su conversación con los

últimos testigos longevos, y hasta de su regular conocimiento matemático que se detiene en planos y estrategias de batallas y marcha de guerrillas por la despoblada y dura Venezuela de los días de 1860.

La obra histórica de menor aliento se expresa en múltiples trabajos, de los que especialmente se destacan su famoso estudio sobre la «Neurosis de hombres célebres»; el que se detiene en «Los delitos políticos en la historia de Venezuela» y el dedicado al «Movimiento igualitario en Venezuela».

La vertiente de crítico literario del polígrafo se expresó en diversos trabajos, pero uno de los más significativos lo constituye su discurso de incorporación a la Academia Venezolana de la Lengua, en 1922, que se titula: «La poesía lírica en Venezuela en el último tercio del siglo XIX». Al año siguiente se incorpora a la Academia Nacional de la Historia. En 1905 había hecho lo mismo como individuo de número a la Academia de Medicina.

EL REFUGIO INCÓMODO

En los últimos años de su vida, Alvarado recoge las velas del trashumante. Cierta estrechez económica lo obliga a regresar a Caracas a ostentar un cargo público a todas luces absurdo: director de Política Comercial de la Cancillería. Camina hacia la vejez. Sin embargo, lejos de amilanarse, se apura a entregar a la imprenta los frutos de tantos años de trabajo. Si a ver vamos, lo fundamental de su obra, realizada sobre la base de muchísimos años de trabajo de campo viene a ver la luz en la última década de su existencia. Ya entonces el mito de dromómano incurable se cernía sobre su cabeza. Esta circunstancia, que más lo acerca al arquetipo del aventurero errante, ha contribuido equivocadamente a crear una leyenda sobre la personalidad de Alvarado. Como dije al comienzo de estas líneas: la vida y la obra del sabio llaman como un imán al investigador, y en demasiadas ocasiones ha pesado más el imán de su personalidad que la importancia de su obra. Esto no deja de ser una cruel paradoja: nada más lejano de Alvarado que la búsqueda del brillo de la personalidad literaria. Por el contrario, el tocuyano fue prácticamente un asceta, la enfermedad del ego que necesita alimento permanente no la padeció aquel galeno que buscaba pasar inadvertido. Y, vaya jugada del destino, cada día se fija más en el recuerdo la panoplia de su anecdotario antes que la magnitud de su obra.

En el refugio incómodo de la capital, a Alvarado lo sorprende una hemiplejia. Tiene sesenta y ocho años y una vida cumplida. Sus amigos y admiradores logran enviarlo a París para ser examinado, pero el veredicto de la ciencia francesa no es favorable. Regresa al país y es llevado a Valencia. Aquel hombre en movimiento perpetuo es confinado a la propia cárcel de su cuerpo. Tres años después muere. Las primeras horas de rigidez cadavérica de aquel sabio flexible pasan en medio de un hecho desconcertante: la Iglesia católica valenciana se niega a aceptar en su seno, para el velatorio, a un hombre que confesó a lo largo de su vida ser masón. El féretro, entonces, fue colocado al pie de la estatua de la plaza Bolívar de Valencia. Allí le dijeron adiós sus deudos. Había dejado de dar vueltas el sabio de El Tocuyo. Solo fue alterada la paz de su sepulcro el 14 de mayo de 1980, cuando sus restos fueron llevados al Panteón Nacional.

Sigue siendo un misterio el lugar de donde emanaba la fuerza múltiple de Alvarado. Cómo hizo para hacer tanto y de tanta utilidad en diversos campos, es algo que nunca podremos saber. Ante su epopeya, no tenemos otra alternativa que la admiración más rendida, esa que surge de lo inexplicable. Su vida está signada por una parábola: buscando explicarse el tejido del país, dejó una de las huellas más claras y venerables de la venezolanidad.

BIBLIOGRAFÍA

Acosta Saignes, Miguel. *La obra antropológica de Lisandro Alvarado.* Caracas, Editorial Ragón, 1956.
Alvarado, Aníbal Lisandro. *Epistolario de Gil Fortoul a Lisandro Alvarado.* Barquisimeto, Imprenta del Estado Lara, 1956.
Alvarado, Lisandro. *Obras completas.* Caracas, La Casa de Bello, 1984.
Grases, Pedro. *La obra lexicográfica de Lisandro Alvarado.* Caracas,

Ministerio de Educación, 1954.
MORÓN, Guillermo. *Textos sobre Lisandro Alvarado*. Caracas, Academia Nacional de la Historia, 1981.
VENEGAS FILARDO, Pascual. *Lisandro Alvarado (1858-1929)*. Caracas, Fundación Eugenio Mendoza, 1956.

JOSÉ GIL FORTOUL: POSITIVISMO, HISTORIA Y PODER

Nació en Barquisimeto el 29 de noviembre de 1861, pero su infancia y adolescencia transcurrieron en El Tocuyo, su «pueblo». Murió en Caracas, en 1943. Sus 82 años los podemos organizar en tres etapas perfectamente diferenciadas. Una primera (1861-1886) que abarca su formación en El Tocuyo (primaria y bachillerato) y el traslado a Caracas a estudiar Derecho en la Universidad Central de Venezuela, de donde egresa titulado. Don Egidio Montesinos, el legendario educador tocuyano que dirigía el colegio La Concordia, dejará huella indeleble en la formación del niño y el adolescente. El sabio alemán Adolfo Ernst hará lo mismo en la universidad, adonde el joven asiste de oyente a sus clases científicas y hace del positivismo su atalaya para observar la realidad. De estas aguas positivistas bebió joven Gil Fortoul y no las abandonó nunca, como veremos a lo largo de este ensayo.

La segunda (1886-1909) es su etapa de creación intelectual. Ocurre en su totalidad en Europa, en donde se desempeña como cónsul de Venezuela en Burdeos, Liverpool, París, Trinidad y encargado de negocios de la Legación en Berlín. En este período se casa y tiene tres hijos. También se aficiona fervorosamente a los deportes: practica la esgrima casi cotidianamente y la equitación con mucha frecuencia, así como el golf. En el epistolario con su entrañable amigo Lisandro Alvarado alude con frecuencia a la necesidad de practicar deportes. Será sustancia de su psicología el ejercicio deportivo y la competencia, así como el monóculo y la pipa.

La tercera (1909-1943) es la de la administración del poder político a la sombra del dictador tachirense y el retiro de la vida pública, después de la muerte de Juan Vicente Gómez en Maracay. En esta se desempeñó como ministro de Instrucción Pública, senador, presidente del Congreso Nacional, presidente de la República y director de *El Nuevo Diario*, siempre bajo las órdenes del general Gómez. Su obra literaria e histórica la escribe y publica durante la segunda etapa de su vida; esta es la que nos interesa particularmente. Durante la etapa de hombre público fue muy poco, casi nada, lo que escribió de importancia. Peor aún, la vorágine diaria lo sustrajo de una tarea pendiente: la culminación de su *Historia Constitucional de Venezuela*. Cuando quiso emprender la tarea, las fuerzas no le daban: la vida se le había ido en otros menesteres. Consignemos los títulos de su obra escrita y detengámonos en lo que nos llama especialmente.

Antes de irse a Europa, Gil Fortoul publicó un canto dedicado a la obra de Cristóbal Colón en América, *La obra de Colón y su influencia en los destinos del mundo* (1883) y un poemario sin fecha conocida: *La infancia de mi musa*. Ya en París publica *Recuerdos de París* (1883), la novela *Julián* (1887), *Filosofía Constitucional* (1890), *Filosofía Penal* (1891) y *El humo de mi pipa* (1891). En Liverpool edita un curiosísimo tratado sobre la esgrima, *La esgrima moderna: notas de un aficionado* (1892) y la novela *¿Idilio?* (1892). De vuelta en París, publica el texto *Pasiones* (1895) y su primer libro de reflexiones sobre la historia: *El hombre y la historia* (1896). El primer tomo de su *Historia Constitucional de Venezuela* fue publicado en Berlín en 1907 y, a partir de 1930, se publica en tres tomos en Caracas. Toda su obra de importancia fue escrita en Europa.

En la tercera etapa de su vida, la del ejercicio del poder en Venezuela, tomado como estaba por la vida pública nacional, alcanzó a redactar discursos, artículos de prensa y algunos otros temas misceláneos. En estos años recoge estos textos en los libros *Discursos y palabras* (1915) y *Sinfonía inacabada y otras variaciones* (1931). Su caso reafirma lo ya sabido: que el servicio diplomático deja tiempo para escribir, y que el servicio público nacional dificulta hasta la desaparición el trabajo del investigador.

EL HOMBRE Y SU HISTORIA

En *El hombre y su historia*, Gil Fortoul trabaja la interpretación del pasado con el instrumental positivista. Úslar Pietri en su ensayo «El despertar positivista» explica con claridad en qué consistió el positivismo en suelo patrio. Afirma:

> Era una tentativa de limitar la esfera del saber a los hechos, negando la posibilidad de ningún conocimiento que se apartara de ese campo. No querían nada con el *qué* y el *porqué* de la Metafísica, ni con el *para qué* de la Teología, sino que se encerraban tenazmente en el *cómo* de los fenómenos perceptibles por los sentidos». (Úslar Pietri, 1995: 212).

En otras palabras: asumían el método de las ciencias naturales como el único y lo aplicaban a la historia y a la sociedad, dando nacimiento a la Sociología. Hoy en día, las creencias positivistas llevan a dibujar una sonrisa en el rostro por su ingenuidad y sus pretensiones autoritarias y hegemónicas, pero entonces representaron un paso importante para el debilitamiento del pensamiento mágico, de la hagiografía, de la lírica mitológica en la descripción y análisis de los hechos históricos.

En Venezuela, los positivistas iniciales se nuclearon alrededor de 1862. Entre ellos estaban Rafael Villavicencio, Agustín Aveledo, Arístides Rojas, Adolfo Ernst. Este último, como señalamos antes, fue el que influyó en la formación de Gil Fortoul. De hecho, el propio discípulo lo reconoce expresamente en el discurso que pronunció en 1931 en la Universidad Central de Venezuela, con motivo del centenario del nacimiento de Ernst. Dijo:

> Estudiante aquí de ciencias políticas, y aficionado ya también al estudio del organismo humano, la curiosidad me llevó un día a oír en calidad de alumno libre, el curso de Historia Natural (como se decía entonces), y desde la primera lección de Ernst comprendí que cuanto aprendiese en las cátedras puramente jurídicas y no obstante la competencia de profesores renombrados, sería insuficiente para encaminar mis ambiciones juveniles a una actividad que no resultase

estéril en la vida intelectual y en la venidera vida pública. Por largos años le escuché al pie de su cátedra luminosa, y por más largos años después, hasta su muerte, le seguí de cerca o de lejos, con mi gratitud y mi cariño. Perdónese esta nota personal: la debía el discípulo a la memoria del maestro y del amigo... (Gil Fortoul, 1941: 195-196).

En verdad, *El hombre y su historia y otros ensayos* es una suerte de anteproyecto, de preparación para la escritura de *Historia constitucional de Venezuela*. En tal sentido puede tenerse como un resumen de lo que luego va a desarrollarse extensamente, siempre dentro del período republicano que, naturalmente, es el constitucional. Se inicia con un capítulo sobre «la raza» y otro sobre «el medio físico», congruente con la visión determinista de la dinámica social, fundamentada en las tesis positivistas del autor. Leídas hoy resultan exageradas en su fe científica, en la traslación de la lógica de las leyes naturales a las relaciones sociales y la historia, pero recordemos que entonces apartarse de la hagiografía o la teología (confundidas ambas con la historia) era un paso hacia adelante. Puede afirmarse que este libro es el primero de nuestra historiografía fundamentado en las tesis positivistas. Poco tiempo después vendrán los de Laureano Vallenilla Lanz.

HISTORIA CONSTITUCIONAL DE VENEZUELA

Por otra parte, *El hombre y su historia* ofrece una singularidad: va más allá de 1863, año en que concluye su *Historia Constitucional de Venezuela*, y alcanza hasta 1893; de modo que en este libro se puede anticipar lo que habría escrito extensamente su autor si hubiera terminado su ópera magna. Aquí están las líneas gruesas de lo que no se extendió luego. Veamos ahora su trabajo mayor.

El 30 de noviembre de 1898 el presidente Ignacio Andrade firma un decreto ordenando el pago de 36 000 bolívares en honorarios profesionales a favor de Gil Fortoul para que escriba «la Historia Constitucional de Venezuela, desde 1811 hasta nuestros días, con una amplia introducción acerca del movimiento etnológico y sociológico de la Conquista y la Colonia...» (Gil Fortoul, 1979: 10). La suma no era nada despreciable, por cierto, y tampoco la envergadura del proyecto. El primer tomo se publicó en Berlín en 1907; el segundo en 1909, en la misma imprenta de Carl Heymann. Luego, en 1930 se publica por primera vez en Venezuela, en la imprenta de Parra León hermanos, con anexos documentales que llevan la obra a ocupar tres tomos.

En carta a Lisandro Alvarado le explica el proyecto. Afirma:

> El primer tomo, que terminaré en estos días, comprende la colonia, la independencia y Colombia. El segundo según mi plan, la oligarquía «conservadora» (30 al 48), la oligarquía «liberal» (explicaré estos títulos en su tiempo y lugar) del 48 hasta el comienzo de la guerra federal, en que vuelve todo a la anarquía, y la federación hasta 1870. El tercero comprenderá la autocracia y los gobiernos últimos. Desdeño en lo posible la historia militar, y procuro tenazmente descubrir y señalar la evolución social y legislativa (Gil Fortoul, 1979: 12).

Como hemos advertido antes, el tercer tomo jamás lo escribió. ¿Por qué no lo hizo si vivió hasta 1943? Tiempo tuvo, por más que empleara muchos años en el ejercicio de cargos públicos, pero cuando se retiró de la vida política los años pesaban mucho y sus energías habían disminuido notablemente. De modo que después de la introducción sobre la Conquista y Colonia, el período constitucional estudiado va de 1811 a 1863, siendo la Constitución de 1858 la última que trabajó. En todo caso, no lo publicó, pero sospechamos que sí avanzó mucho en su escritura. Esto lo deducimos de un diálogo con un periodista, publicado por la revista *Bitácora*, en 1943. A una pregunta responde Gil Fortoul: «Mire, amigo, ojalá pudiera decirle todo, pero usted sabe que la prudencia es buena consejera. En mi *Historia Constitucional* (se refería a la parte inédita) hay cosas que causarán mucha sorpresa. Ya lo verá... ya lo verá... espere un poco» (Díaz Sánchez, 1965: 267). Ignoramos hasta dónde llegó con la escritura; también desconocemos el destino de esos papeles. ¿Se conservan?

Hasta el momento del decreto de Andrade, contamos con un abogado venezolano que escribió poemas juveniles, protonovelas de juventud, un manual de esgrima, artículos de prensa y tres libros bajo la égida del positivismo: los dos de filosofía y el que hemos comentado. Su aporte a la historiografía venezolana está por fraguarse. Y si medimos el resultado de su trabajo por la aceptación por parte de los lectores, pues mereció la pena el esfuerzo.

La *Historia Constitucional de Venezuela* de Gil Fortoul forma parte de una reconocida tradición de historias nacionales de largo aliento que se inicia con *La historia de Venezuela* de fray Pedro de Aguado (siglo XVI), sigue con *Noticias historiales de Venezuela* de fray Pedro Simón (siglo XVII), *Historia de la Conquista y población de la Provincia de Venezuela* de José de Oviedo y Baños (siglo XVIII) y el *Resumen de la historia de Venezuela* de Ramón Díaz y Rafael María Baralt (siglo XIX). Naturalmente, la de Gil Fortoul atiende menos al período colonial que al independentista y al republicano hasta la fecha que alcanzó a historiar. En relación con la historia de Baralt, nuestro autor no escatimó en elogios. Afirmó: «El más ilustre de los historiadores patrios, ilustre por la belleza clásica de su estilo (Gil Fortoul, 1979: 22).

La estructura de la obra se articula en Libros. Son cinco. Libro I: la Colonia, libro II: la Independencia, libro III: la Gran Colombia, libro IV: Reconstitución de la República. La oligarquía conservadora, libro V: La oligarquía liberal. Como vemos, Gil Fortoul se hace eco de una denominación inexistente en términos oficiales: «La Gran Colombia» y acuña las denominaciones «oligarquía conservadora y liberal» para los gobiernos presididos por las fuerzas de ambos partidos históricos.

Los documentos oficiales emanados del Congreso de Angostura en 1819 creando la República de Colombia no aluden a esta denominación. En ningún documento oficial se mencionó así a la República. Bolívar, durante el período de existencia del proyecto integracionista, se refirió a los colombianos, lo que incluía a los venezolanos y a los quiteños. No obstante, la denominación se hizo moneda común hasta nuestros días, ya que permite referirse a un período de nuestra historia en el que Colombia incluyó a sus vecinos, distinto del que se inició en 1830, luego de la desintegración y, especialmente, a partir de 1863, cuando dejó de llamarse Nueva Granada para llamarse otra vez Colombia, a secas. En cuanto al vocablo «oligarquía», la verdad es que se aviene perfectamente con lo que se fue tejiendo alrededor de los gobiernos de Páez y Monagas, así como en los de Soublette y el otro Monagas, el hermano menor.

Gil Fortoul trabaja con las constituciones de 1811, 1819, 1821, 1830 y 1857 y 1858; no alcanza a auscultar la de la federación, la de 1864. Revisa las de Roscio (1811) y Bolívar (1819), la cucuteña (1821), la valenciana paecista (1830), la de Monagas (1857) y la de Julián Castro (1858), con la que se elige a Tovar, el primer presidente en ser escogido por voto directo. No obstante, por más que su historia aluda de manera específica a las constituciones, no sería exacto afirmar que su historia es una exégesis jurídica constitucionalista, escrita desde la perspectiva de un abogado. En verdad, se trata de una historia que prefiere ordenarse sobre la base de la civilidad y no sobre las piedras de las batallas y otros acontecimientos guerreros y, para ello, escoge la columna vertebral de los hitos constitucionales.

En este sentido podemos afirmar que Gil Fortoul logra su cometido cuando en los prólogos de 1909 y de 1930 establece los linderos de su tarea. Afirma:

> Yo buscaré inspiración en otras fuentes y caminaré por otra senda. Me fijaré más en las obras de la inteligencia y en los trabajos de la paz. En medio de los innumerables combates hubo siempre hombres que pensasen, escribiesen, hablasen y legislasen, y una parte del pueblo cultivó los campos, abrió caminos, transportó y exportó productos, conservó, en suma, los elementos constitutivos de la patria (Gil Fortoul, 1979: 23).

Luego, en el prólogo de 1930, da otra vuelta de tuerca sobre el mismo tema y señala:

> La República venezolana nació en el cerebro de sus próceres criollos. La propaganda europea y panamericana de Miranda; el programa de la rebelión de Gual y España y sus compañeros de prisión, en el destierro y en la horca; la diplomacia revolucionaria de 1808 a 1810; las teorías constitucionales del Congreso de 1811, significan mucho más que las guerras posteriores, como que en todas aquellas ideas estaban ya el alma y el impulso de las sucesivas batallas y victorias (Gil Fortoul, 1979: 28).

Como vemos, nuestro autor se aparta enfáticamente de la historiografía militarista y escoge un derrotero que lo distingue señaladamente: la búsqueda de las trazas de civilidad en medio del fragor de las innumerables batallas. Además, para el momento en que se publica la *Historia Constitucional de Venezuela*, la tarea que se propone su autor es la menos transitada. La exaltación de la heroicidad guerrera abundaba para entonces; el análisis de la faena civil escaseaba. El propio autor lo apunta como si tuviera el florete en la mano en una de sus contiendas de esgrima: «Deseo, por otra parte, que la presente Historia resulte más útil que atractiva» (Gil Fortoul, 1979: 23). ¿Estaba pensando en Eduardo Blanco y su *Venezuela heroica*? Seguramente, y en otros también.

Uno de los mejores ensayos valorativos de la obra de Gil Fortoul es obra de Ramón Díaz Sánchez. Se titula «Gil Fortoul, un positivista» y en él se alude a los aportes de nuestro autor en las polémicas históricas. Afirma:

> Comencemos por observar el concepto que se ha formado de España como potencia conquistadora y colonizadora de los pueblos americanos. En este particular es quizá el más radical de nuestros historiadores y su posición es de franco rechazo frente a la tesis filial, panegírica y emotiva que en su tiempo se esforzaba en contrarrestar la vieja leyenda negra con una novedosa leyenda blanca o dorada (Díaz Sánchez, 1965: 242).

En efecto, Gil Fortoul blandía florete ante la leyenda dorada, y abonaba el terreno de la leyenda contraria, aunque no en grado sumo, sino atemperado por la ecuanimidad. Pero le salía al paso a lo que consideraba un desafuero: ver en el proceso sangriento de la conquista una cruzada pacífica de evangelización. Por otra parte, Díaz Sánchez señala que el estilo de Gil Fortoul le recuerda al de Ernest Renan, pero no halla reconocimiento por parte de nuestro autor de esta posible influencia. A esta agudeza de Díaz Sánchez se suma otra: la visión aristocratizante del mundo por parte de Gil Fortoul, que la emparenta con la de Bolívar, matizándola.

Por último, todo indica que la vida caraqueña en ejercicio del poder político no fue «miel sobre hojuelas» para las arcas de Gil Fortoul. Cuando abandona la Presidencia de la República, nos informa su biógrafa Lucía Raynero, sus deudas ascendían a 50 000 bolívares, una verdadera fortuna para la época. Ello conduce a Gil Fortoul a solicitar por carta una ayuda del dictador. Dice:

> Yo soy quizás el único de sus viejos amigos que carece todavía de un techo propio, y como usted sabe que no quiero ausentarme más para vivir en el extranjero, me colmaría Ud. de felicidad facilitándome en cualquier forma, los medios para comprar esa casa. Ud. como amigo generoso siempre me ha ayudado, y no debo vacilar hoy en escribirle esta carta (Raynero, 2009: 97).

Afirma Raynero no tener constancia de haber recibido la ayuda requerida, pero en 1936, cuando el pueblo saqueó las casas de los gomecistas, la suya, en el Country Club, fue objeto de la turbamulta, según la biografía de Raynero. ¿Era una casa alquilada o propia? No lo sabemos y tampoco importa demasiado. El caso de Gil Fortoul es el típico de un intelectual muy bien dotado, que se avino con gobernantes dictatoriales, y nos obliga a valorar su obra con independencia de sus procederes políticos.

En torno a la personalidad de Gil Fortoul se ha ido tejiendo una leyenda con la que sus tres biógrafos (Penzini Hernández, Polanco Alcántara y Raynero) no han contribuido, pero sí la transmisión oral y el periodismo. De su personalidad puede afirmarse (con base en múltiples testimonios) que estaba dominada por un pésimo humor, que lo llevaba a destruir los objetos que le rodeaban cuando algo lo contrariaba; que era enamoradizo hasta el delirio y lograba ser correspondido. De las pasiones que despertaba, la periodista Maruja Dagnino al hacer su semblanza, afirmó: «Era introvertido, aunque mujeriego. Tal vez la clave de su éxito con las mujeres fue haber tenido un miembro muy bien dotado, y una indiferenciada sensibilidad para la belleza de las mujeres y de las rosas» (Dagnino, 2002: 112). Además, consta que se batió en duelo en el bosque de Boulogne, en París, con el guatemalteco Enrique Gómez Carrillo. Los dos salieron heridos, pero Gil Fortoul precisó mejor la estocada y resultó vencedor, sin necesidad de quitarle la vida a su contendor. Como vemos, este larense histórico no solo es el autor de la *Historia Constitucional de Venezuela* sino un personaje de película, como Rufino Blanco Fombona o José Antonio Ramos Sucre.

BIBLIOGRAFÍA

Dagnino, Maruja. «Apasionado Gil Fortoul» en *50 Imprescindibles*, curaduría de Jesús Sanoja Hernández. Caracas, Fundación para la Cultura Urbana, 2002.

Díaz Sánchez, Ramón. «José Gil Fortoul, un positivista» en *Diez rostros de Venezuela*. Caracas, Editorial Lisbona, 1965.

Felice Cardot, Carlos. *Epistolario; Gil Fortoul en la intimidad y en la diplomacia*. Caracas, Italgráfica, 1974.

Gil Fortoul, José. *El hombre y la historia y otros ensayos*. Caracas, Editorial Cecilio Acosta-Impresores Unidos, 1941.

_____. *Historia Constitucional de Venezuela*. México, Editorial Cumbre, 1979.

Penzini Hernández, Juan. *Vida y obra de José Gil Fortoul (1861-1943)*. Caracas, edición del Ministerio de Relaciones Exteriores, 1972.

Plaza, Elena. *José Gil Fortoul (1861-1943). Los nuevos caminos de la razón: la historia como ciencia*. Caracas, Academia Nacional de la Historia, 1988.

Polanco Alcántara, Tomás. *Gil Fortoul: una luz en la sombra*. Caracas, editorial Arte, 1979.

Raynero, Lucía. *José Gil Fortoul*. Caracas, Biblioteca Biográfica Venezolana, *El Nacional*-Fundación Banco del Caribe, 2009.

LA AVENTURA ELÉCTRICA DE RICARDO ZULOAGA

En las páginas que siguen vamos a seguir los pasos de un empresario venezolano ejemplar. Un hombre de trabajo que tuvo un sueño y no se detuvo hasta verlo hecho una realidad. Un hombre que no tenía un centavo para iniciar su aventura, pero que con la fuerza persuasiva de su proyecto consiguió los recursos para hacerlo realidad. Veamos primero el entorno internacional.

LOS ANTECEDENTES EN EL MUNDO

El primero que registró un fenómeno eléctrico fue Tales de Mileto (630-550 a. C.) y lo hizo alrededor del año 600 a. C. Entonces advirtió que el ámbar, al ser frotado, atraía los objetos cercanos. Siglos después, Teofrasto (374-287a. C.) redactó un texto donde dejaba asentado que no solo el ámbar poseía esos poderes de atracción, con lo que estaba escribiendo el primer estudio científico sobre la electricidad.

Cuando Isabel I de Inglaterra le encarga al físico William Gilbert (1544-1603) el estudio de los imanes, con el objeto de optimizar la precisión de las brújulas de navegación, pues se están echando las bases para la investigación del magnetismo y la electrostática. Además, a Gilbert le corresponde el honor de haber sido el primero en divulgar el vocablo griego «elektrón», que significa ámbar. Y en su honor se denominó luego la unidad de medida de la fuerza magnetomotriz.

En el año 1672 el físico alemán Otto von Guericke (1602-1686) diseñó la primera máquina electrostática con la que se produjeron descargas eléctricas, pero el aparato no tuvo mayores consecuencias prácticas. En 1729 el físico inglés Stephen Gray (1670-1736) descubrió las corrientes de influencia eléctrica e investigó los cuerpos conductores y los no conductores. Pero uno de los pasos sustanciales lo dio François de Cisternay Du Fay (1698-1739) cuando demostró la existencia de un polo negativo y otro positivo en 1733. Doce años después se construyó la famosa botella de Leiden en la que pudo almacenarse, por primera vez, electricidad estática. Debe su nombre a la Universidad de Leiden (Holanda) y a los científicos E. von Kleist (1700-1748) y Pieter van Musschenbroeck (1692-1761).

En 1752, Benjamín Franklin (1706-1790) comprobó la naturaleza eléctrica de un rayo e inventó el pararrayos. En 1766, Joseph Priestly (1733-1804) logra probar que la fuerza en función entre cargas eléctricas varía de manera inversamente proporcional a la distancia que las separa. Diez años después, Charles de Coulomb (1736-1806) creó la balanza que midió con precisión la fuerza entre cargas eléctricas, de allí que la unidad de medida de una carga eléctrica se denomine como el apellido del científico francés.

El siglo XIX es determinante para los avances en el aprovechamiento de la energía eléctrica. Alejandro Volta (1745-1827) se inspira en los experimentos de Luigi Galvani (1737-1798) sobre las corrientes eléctricas nerviosas en las ancas de las ranas y logra construir la primera pila eléctrica. Este avance dio pie a los posteriores inventos del telégrafo y el teléfono, y a que se advirtiese la electrólisis y la galvanoplastia, todo ello entre 1800 y 1876.

Humphry Davy (1778-1829) desarrolla la electroquímica y en 1815 crea la lámpara de seguridad para mineros. André Ampere (1775-1836) asienta los fundamentos de la electrodinámica en 1823. Ocho años después, Michael Faraday (1791-1867) establece que el magnetismo produce electricidad por medio del movimiento. En 1835 Samuel Morse (1791-1867) crea el telégrafo y en 1854 William Thomson (1824-1907) propició el desarrollo del cable trasatlántico. En 1868 el belga Teóphile Gramme (1826-1901) dio un paso fundamental: fabricó la primera máquina de corriente continua, el dinamo, que ha sido la piedra de base de la industria eléctrica.

En 1876 Alexander Graham Bell (1847-1922) inventa el teléfono, y en 1881 Thomas Alva Edison (1847-1931) crea la primera lámpara incandescente. Al año siguiente instala el primer sistema eléctrico que ofrece iluminación incandescente en Nueva York. En 1888 ocurre otro hecho capital: Nikola Tesla (1857-1943) desarrolla la teoría de los campos rotantes, que dio pie a los generadores de corriente alterna, base del sistema eléctrico de la actualidad. Tesla le vendió la propiedad intelectual de sus inventos a George Westinghouse (1846-1914) y este los comercializó y masificó, felizmente, sin pausa. En 1897 Westinghouse enciende los motores de la primera planta de generación comercial de electricidad en el Niágara.

VENEZUELA SE SUBE AL VAGÓN DE LA HISTORIA

Venezuela se inserta en esta cadena de avances hacia 1856, cuando el ingeniero Manuel de Montúfar (1817-1870) tiende la primera línea de telégrafos entre Caracas y La Guaira, con el respaldo del gobierno de José Tadeo Monagas. Luego, el conocido sabio Vicente Marcano (1848-1891) en 1873 alumbra la plaza Bolívar de Caracas por unas horas, cosa que también hace al año siguiente Adolf Ernst (1832-1899). En 1883, centenario del natalicio del Libertador celebrado por Antonio Guzmán Blanco, el empresario Carlos Palacios ilumina buena parte del centro de Caracas. En 1888, Hermógenes López dota de alumbrado público a Valencia, y el empresario Jaime Felipe Carrillo hace lo mismo en Maracaibo, dando inicio a la prehistoria de Enelven. La historiografía señala a Maracaibo como la primera ciudad del país con un alumbrado eléctrico regular y es cierto, ya que las experiencias de Valencia y Caracas no gozaron de la regularidad que se dio en la capital del Zulia.

En 1893 el empresario Emilio Mauri extiende el servicio de alumbrado público en la capital y el ingeniero Carlos Alberto Lares hace lo mismo en Mérida. Y, el mismo año, se crea el alumbrado eléctrico de la ciudad de Puerto Cabello, sobre la base de un contrato de suministro originalmente firmado entre Francisco de Paula Quintero y la municipalidad. En 1895 se constituye la Electricidad de Valencia, iniciativa atribuida a Carlos Ernesto Stelling, y un año después una pequeña planta hidroeléctrica en las cercanías de Barquisimeto alumbraba algunos días de la semana el centro de la ciudad, pero dos años después fue incendiada por los vencedores de una de las tantas reyertas de la vida pública venezolana del siglo xix. De modo que puede creerse que fue esta la primera central hidroeléctrica del país, pero sus pequeñas dimensiones y su tiempo de existencia, menos de dos años, nos llevan a no considerarla como tal.

Como vemos, hasta la fecha, todos los servicios de alumbrado público en el país son de discretas dimensiones, dada la dificultad existente de transportar por grandes distancias la energía sin perderse. La excepción hidroeléctrica de Barquisimeto no llega a ser tal, ya que la planta quedaba muy cerca de la ciudad. El sueño que alimentaba el joven Zuloaga, al materializarse años después, haría de su central hidroeléctrica la primera de Hispanoamérica y la segunda de América. La primera, como sabemos, fue la que inauguró en 1896 el señor Westinghouse, aprovechando las aguas del Niágara.

¿QUIÉN ES RICARDO ZULOAGA?

Según relata Juan Röhl en su biografía de Ricardo Zuloaga (1867-1932), una tarde de 1891 en que el ingeniero egresado de la Universidad Central de Venezuela hojeaba una revista, dio con la clave de lo que se constituiría en la materia de su realización profesional. En la revista se explicaba que en Alemania, entre Fránkfurt y Lauffen, se experimentaba con éxito el transporte de electricidad a distancia a través de la corriente alterna. Como sabemos, el problema que se presentaba con la energía es que se perdía en el trayecto entre su fuente y la lámpara incandescente, con lo que no se había podido extender eficazmente el invento. Hasta entonces se sabía cómo producir energía, pero no cómo transportarla a través de largas distancias sin que se perdiera su influjo por el camino. Esto, según la publicación científica, comenzaba a quedar resuelto, motivo por el cual a Zuloaga la lectura de aquel artículo se le impuso como una revelación y un proyecto de vida. La solución señalada estribaba en utilizar corriente alterna trifásica en vez de directa, con lo que la energía no se perdía en el trayecto y podía comenzar a pensarse en aprovechar la energía en lugares naturales distantes de los centros urbanos, y transportarla por vías de alta tensión hasta los lugares requeridos. Esto se pudo lograr gracias a que Michael von Dolivo Bobriwoski había desarrollado una técnica de producción de corriente alterna trifásica a 175 kilómetros de Frankfurt y, sin embargo, esta llegaba incólume hasta esta ciudad, con lo que la industrialización de la energía eléctrica era perfectamente posible, como quedaba demostrado. Dicha demostración tenía lugar en Frankfurt porque se había convocado una Exposición Internacional de Electricidad, precisamente en el año de 1891, de modo que cuando Zuloaga accede a la información a través de la revista científica, el adelanto en cuanto a aprovechamiento y transporte de energía eléctrica a través de grandes distancias acababa de darse a conocer.

Entre el instante de aquella chispa encendida en su mente y el acta constitutiva de la Electricidad de Caracas en 1895 median cuatro años de avatares que de inmediato revisaremos, así como intentaremos responder una pregunta central: ¿quién era aquel joven empecinado?

Ricardo Zuloaga Tovar era hijo del ingeniero militar Nicomedes Zuloaga Aguirre (1818-1872) y de Anita Tovar y Tovar (1826-1910). Por la rama paterna descendía del primer Zuloaga que emigró a Venezuela procedente de Azpeitía, en Guipúzcoa, y se llamaba Juan Lorenzo Zuloaga y Ugarte, de quien sabemos casó con Rosa María de Rojas Queipo en San Joaquín (Edo. Carabobo) en 1793, e inferimos que llegó al país pocos años antes. Por la rama materna descendía de los Tovar arraigados desde comienzos de la Colonia en el país, por parte de abuela, y de un inmigrante español llamado Antonio Tovar. La madre de Ricardo Zuloaga Tovar, como es evidente, era hermana del gran muralista venezolano del siglo XIX: Martín Tovar y Tovar (1828-1902).

El hogar de don Nicomedes y doña Anita estuvo compuesto por nueve hijos, y Ricardo fue el último, de modo que cuando su padre muere en 1872, este contaba con apenas cinco años de edad; por ello siempre recordó a su hermano mayor, Antonio, como si hubiera sido su padre. La infancia de este niño estuvo muy lejos de transcurrir sobre un lecho de rosas. Cuando cumplió doce años fue cuando pudo comenzar a educarse, ya que las penurias familiares no le habían permitido hacerlo. En cambio, su infancia transcurre en la hacienda Mopia de sus abuelos Tovar, donde la naturaleza fue su compañera, hasta que la madre logra mudarse a Caracas a vivir en la casa de su hermano el pintor, mientras este estaba en París, y es entonces cuando el adolescente es guiado en sus estudios por el licenciado Agustín Aveledo. Hacia 1887 se gradúa de ingeniero y comienza su vida profesional. Refiere Röhl que se le atribuyen la construcción de una capilla y un puente, pero nada más de bulto que señalar. Luego lo encontramos en Puerto Cabello, habiendo instalado una fábrica de hielo con Manuel Felipe de Guruceaga, pero el negocio no conoció la prosperidad y Zuloaga regresó a Caracas.

En el año 1891, cuando casi literalmente se le prende un bombillo en la cabeza, contaba con veinticuatro años de edad. Al año siguiente se embarca hacia Europa para comprobar *in situ* lo que la lectura le había deparado. En Suiza se radicó por unos meses a estudiar el funcionamiento de lo que le ocupaba completamente el ánimo, y a su regreso ocurrió la más grande crecida del Guaire que se recuerda. Este fenómeno le llevó a recorrer el curso del río, hasta que dio con un lugar ideal para la estación hidroeléctrica con la que soñaba. El sitio conocido como El Encantado, a diecisiete kilómetros de Caracas y, con el paso del ferrocarril central muy cerca, pues se le hizo el indicado para su quimera. Procedió a comprar el terreno de El Encantado y de una vez adquirió otro sitio, tres kilómetros corriente abajo, lo que revela que ya tenía en mente una segunda planta hidroeléctrica cuando ni siquiera había comenzado a construir la primera. Estas compras que adelantó, por cierto, las hacía a título personal y gracias a un préstamo que le otorgaba su hermano Carlos, que ya disponía de una situación económica holgada, condición de la que nuestro empresario en ciernes estaba muy lejos.

Hasta la fecha, contamos con un soñador (soltero) que ha comprado dos terrenos situados en el curso del Guaire con dinero prestado por un hermano generoso y con el convencimiento de que es técnicamente posible construir una central hidroeléctrica allí, con la singular circunstancia de que semejante empresa no se había adelantado antes en Venezuela ni en ningún país de Hispanoamérica. Como es fácil suponer, no resultó «coser y cantar» la recolección de fondos para crear una corporación que superara aquel albur. A muchos caraqueños les causaban gracia las aventuras juliovernescas de Zuloaga. Les resultaba, un tanto descabellada, por decir lo menos, aquella idea de represar un río y hacerlo pasar por unas turbinas para producir electricidad. No obstante, Zuloaga logró reunir a un grupo de inversionistas dispuestos a arriesgar su capital en la empresa de construir una central hidroeléctrica que surtiera a la ciudad de Caracas. Entonces, la capital, según el censo oficial de 1891 contaba con 72 429 almas.

LOS CAUCES JURÍDICOS Y ECONÓMICOS DE UN PROYECTO

La primera Asamblea de Accionistas de la C.A. La Electricidad de Caracas tuvo lugar el 12 de noviembre de 1895, fecha en que quedó constituida la empresa y, según afirma Guillermo José Schael en su libro *Casi un siglo*, el número inicial de accionistas fue de 25. Entre ellos se encontraban Alberto Smith, José Antonio Mosquera, hijo, José Antonio Olavarría, H. Jiménez, H. Olavarría, Pedro Salas, Francisco Sucre, la agencia Hellmund, Ricardo Rouffet, Santiago y Luisa Sosa, los señores de Francia y Compañía y, por supuesto, los miembros de la Junta Directiva. En la Asamblea constó en acta que la empresa contaba con un capital inicial de 500 000 bolívares, de los cuales 300 000 los aportaban en efectivo los accionistas y 200 000 se le reconocían a Ricardo Zuloaga, una vez tasado el valor del estudio de factibilidad, los terrenos, la iniciativa y los permisos de la municipalidad. La primera reunión de la Junta Directiva de la empresa tuvo lugar una semana después, el 19 de noviembre, y quedó conformada de la siguiente manera: presidente: Juan Esteban Linares. Directores principales: Eduardo Montauban, Mariano Palacios, Tomás Reyna y Heriberto Lobo. Directores suplentes: Carlos Machado Romero, Charles Röhl, José María Ortega Martínez, Julio Sabás García y Carlos Zuloaga. Gerente: Ricardo Zuloaga.

Todos los integrantes de la Junta Directiva eran personas de reconocida solvencia. De Linares, por ofrecer un solo ejemplo, en *El Cojo Ilustrado* de enero de 1892, se afirmaba: «El señor Juan E. Linares, comerciante acaudalado de Caracas, rico por su trabajo y por su inteligencia, tiene sangre y nervios progresistas y generosos». Esa Junta Directiva autoriza el viaje de Zuloaga a Europa con el objeto de adquirir la maquinaria necesaria para la puesta en funcionamiento de la central hidroeléctrica. En el ínterin de seis meses de ausencia de Zuloaga, quedan encargados de la obra los ingenieros Jorge Nevett y Felipe Aguerrevere. Zuloaga parte inmediatamente, el 11 de diciembre, y regresa en mayo del año siguiente. Los suizos de las firmas Oerlikon y Escher Wyss le han brindado todo su apoyo. La obra está en marcha.

LOS AÑOS FUNDACIONALES DE LA ELECTRICIDAD DE CARACAS

El año de 1896 fue intenso en trabajos de ingeniería. Se taladró el cerro para poder hacerles espacio a las líneas de la tubería y, para colmo, el dinero escaseaba y los entes financieros de la época no se arriesgaban a prestarle dinero a aquella quimera. De nuevo la confianza de los integrantes de la Junta Directiva se expresaba en músculo financiero. A la par, Zuloaga lograba comprensión y entusiasmo de los obreros, comprometidos con aquella empresa titánica. El 29 de octubre de 1896, la asamblea de accionistas aumenta el capital en 200 000 bolívares, que no eran «conchas de ajo» para la época, pero que, sin embargo, los accionistas aportaban, confiados en la expertcia de Zuloaga y en la viabilidad del negocio. Para completar el cuadro que acercaba a la empresa al colapso, la maquinaria comprada en Europa no terminaba de llegar, los días pasaban, el desánimo aumentaba y las arcas seguían vaciándose. De estas máquinas ya habían sido cancelados sus importes y, para angustia de todos los involucrados, no terminaban de llegar, hasta que al fin hicieron el recorrido desde el puerto de La Guaira hasta un despeñadero del río Guaire, a diecisiete kilómetros de la capital.

Durante el primer semestre de 1897 los trabajos siguieron su curso natural, no así el de las finanzas de la empresa, de modo que el 19 de junio se reunió una Asamblea Extraordinaria de Accionistas en la cual, ante la negativa crediticia que padecía la empresa, no quedó otro remedio que aumentar en 175 000 bolívares el capital. Ya entonces los accionistas comenzaban a llevarse las manos a la cabeza. Los aliviaba el hecho de que, después de varios intentos fallidos, pudieron instalarse las turbinas con éxito y la puesta en funcionamiento de la central hidroeléctrica era inminente.

EL ENCANTADO: LA PRIMERA CENTRAL HIDROELÉCTRICA DEL PAÍS

Al fin, llegó el día soñado por Zuloaga en 1891. Seis largos años habían transcurrido desde entonces; seis años de penurias en los que el empecinado ingeniero se montaba en la mula en el centro de Caracas, en la esquina de La Pelota y llegaba horas después al despeñadero de El Encantado, a batallar con unos obreros a veces entusiastas, a veces abatidos por el cansancio. Mucho de monje, de asceta, tiene la personalidad de aquel joven soltero que, aunque hoy en día resulte increíble, no disponía de un salario por parte de una empresa que, hasta la fecha, solo había provocado desembolsos. Tampoco podía disponer de algún empleado administrativo que lo ayudara en los trabajos de redacción de cartas, de informes y, además, en la búsqueda de los primeros clientes. Una vez inaugurada la planta, alguien tenía que comprar sus servicios; de lo contrario, aquella gesta habría sido en vano.

El 8 de agosto de 1897 se inauguró la planta hidroeléctrica de El Encantado. Al acto asistieron el presidente de la República, general Joaquín Crespo, y sus ministros de Obras Públicas y Guerra y Marina. Las palabras de inauguración fueron pronunciadas por el presidente de la empresa, Juan Esteban Linares, y contestadas por el ministro de Obras Públicas, el general Juan Úslar. Entonces Linares afirmó:

> La realización de esta obra, que hoy inauguramos, la primera no solo en Caracas, sino en Venezuela y tal vez en la América del Sur, es triunfo de nuestra civilización, cuyos benéficos resultados han de esparcirse por todo el país, pues la comprobación de su facilidad y beneficios será eficaz estímulo para su propagación [...] Y es triunfo también del patriotismo porque ella se debe a la iniciativa particular de un grupo de venezolanos.

Y el general Úslar contestó:

En nombre del Ejecutivo Nacional, y singularmente en el del Presidente de la República, deseo el éxito más cabal a esta obra de progreso que involucra el desenvolvimiento de las industrias de Venezuela; y me permito felicitar al ingeniero señor Zuloaga, que la ha realizado, y a la Junta Directiva de la empresa.

El mismo día de la inauguración de la planta de El Encantado, la Cervecería Nacional, a la sazón el primer cliente de La Electricidad de Caracas, en la noche encendió los focos y ofreció un obsequio a sus «clientes, relacionados y amigos», mientras la música sonaba y el espacio iluminado era el acontecimiento de la noche. De ello quedó constancia en la prensa de la época: «Esta fiesta animó los salones de la Cervecería Nacional hasta la hora en que los astros están en la mitad de su camino, como decía el cisne de Mantua». En el contrato de energía eléctrica la Electricidad de Caracas se comprometía a suministrarle a la Cervecería Nacional la cantidad de 75 caballos de fuerza cada 24 horas.

Pero al día siguiente Zuloaga volvía a sus dificultades: los posibles compradores del servicio eléctrico no estaban convencidos de su eficiencia y optaban por rechazarlo. A la empresa no le quedó otra alternativa que ofrecer el servicio a pérdida durante seis meses. Zuloaga y su pequeño equipo instalaban los motores necesarios en las fábricas y ofrecían energía gratis, con lo que lograban convencer al usuario de las bondades del servicio, y pasado el semestre cobraban por él. Mientras tanto, la recuperación de la inversión era lenta y dificultosa. Incluso en varias oportunidades Zuloaga se vio en la necesidad de comprarles las viejas máquinas de vapor a los dueños de las fábricas, para poderlos entusiasmar con el servicio que se ofrecía. También fue casa por casa Zuloaga en el pueblo de Petare ofreciendo el servicio de alumbrado doméstico. Para ello debía convencer a los habitantes de dejar de usar las lámparas de kerosén y avenirse con unas extrañas «bombitas de vidrio» que emitían luz, mejor conocidas como bombillos. Toda una odisea que hoy en día provoca la sonrisa, pero que entonces era un problema serio que resolver.

Una vez que comenzó a funcionar la planta de El Encantado en 1897, Zuloaga contrató a Francisco Larrazábal como contador de la empresa. Un hombre de toda su confianza que trabajó en la Electricidad de Caracas hasta 1935, fecha de su fallecimiento. Con él se inaugura lo que va a ser una tradición dentro de la corporación: las largas carreras de sus trabajadores y los ascensos por mérito dentro del organigrama de la institución.

El devenir técnico de la central de El Encantado se inicia con la instalación de dos turbinas con capacidad de generación de 240 kw, fabricadas en Suiza en los talleres de Escher Wyss, con las que comenzó a funcionar la central. Estas dos turbinas fueron removidas y suplantadas por una sola turbina con capacidad para 400 kw en 1911. Y esta última dejó de funcionar en 1955, año en que la central cerró sus puertas y dejó de prestar servicio. Aquellos 36 metros de caída libre, que fueron piedra angular para la instalación de la central de El Encantado, siguieron precipitándose sin que una turbina aprovechara su fuerza.

En 1898 por primera vez Zuloaga exige un sueldo. Hasta la fecha había venido trabajando sin remuneración alguna, apelando a sus ahorros y, peor aún, desprendiéndose de pequeños lotes de acciones de su propia empresa. Entonces la Junta Directiva le concede un monto mensual de 1 200 bolívares.

Aunque la situación del país no era la mejor, dado el reciente cambio de mano del poder, que había ascendido al tachirense Cipriano Castro hasta la primera magistratura, no por ello Zuloaga detuvo sus planes. Ya en 1899 estaba dando los primeros pasos para la construcción de la central de Los Naranjos la cual, dadas sus condiciones geográficas, ofrecía un mayor potencial energético. Su caída de agua era sustancialmente mayor que la de El Encantado; era de 180 metros de caída libre y ello, aunado a otras condiciones, permitía que el proyecto fuese de mayor envergadura. En aquel año de 1899, por cierto, tuvo lugar un cambio en la presidencia de la empresa: Juan Esteban Linares abandonaba el cargo y lo sucedía Henrique Eraso, quien estuvo en él hasta 1908, fecha en la que es sucedido por Tomás Reyna, empresario muy estimado por Zuloaga y sus compañeros de Junta Directiva, conjunto que presidió por un período de 23 años, hasta 1931.

El proyecto supuso un aumento considerable del capital de la compañía y la consecuente suscripción de nuevas acciones para la culminación de una central hidroeléctrica que estaría dotada de tres turbinas: dos de 375 kw y una de 350 kw. Las dos primeras fueron puestas en servicio en 1902 y 1903, respectivamente, y la tercera en 1908. Las tres dejaron de funcionar en 1911, cuando fueron sustituidas por una turbina de 2 000 kw, que fue puesta fuera de servicio en 1957. Si comparamos la capacidad de generación de la central de El Encantado y la de Los Naranjos, nos percatamos de que el aumento en la capacidad había sido sustancial.

A partir de 1903 la vida, al fin, comienza a sonreírle a Zuloaga y a La Electricidad de Caracas. En junio de 1904, por primera vez en su historia, la empresa pagaría dividendos, a un rendimiento del 9% anual. Los años iniciales en que era necesario convencer al usuario habían ya quedado en el olvido. La demanda del servicio crecía indetenible, a tal punto que cuatro años después de aquel primer pago de dividendos, se realizó un avalúo de la empresa y se pudo elevar su capital a 3 millones de bolívares, que fue justamente distribuido entre los accionistas, con lo que comenzaban a repararse los largos años de confianza y espera.

Ya para 1909 la demanda de energía eléctrica era considerable, lo que hacía necesario construir nuevas fuentes de energía. Es por ello que la Junta Directiva autoriza a Zuloaga a levantar una nueva central hidroeléctrica en el sitio denominado Lira, aguas abajo de Los Naranjos y esta, a su vez, aguas abajo de El Encantado. La turbina generadora de esta central tenía una capacidad de 350 kw y fue puesta en servicio en 1911. Estuvo en funciones durante 44 años, hasta que en 1955 cerró sus puertas, apenas dos años antes de que ocurriera lo mismo con las centrales que Zuloaga había construido para aprovechamiento de las aguas del río Guaire. Con la culminación de la central de Lira, las posibilidades de aprovechamiento del curso del río habían llegado a su fin. Zuloaga debía voltear la mirada hacia otros horizontes, mientras la capacidad instalada fuera suficiente para la demanda: quedaba poco tiempo.

En 1916, Zuloaga da con el ingeniero que estaba buscando para formarlo con miras a sucederlo. Se trataba de un joven nacido en Ciudad Bolívar en 1890, quien entonces se desempeñaba como gerente de la Compañía Minera la Cumaragua, en las inmediaciones de Aroa. Se llamaba Oscar Augusto Machado Hernández y de inmediato comenzó a recibir encargos por parte de Zuloaga. Este contaba con él para la supervisión de las plantas ya existentes y participaba, también, en los análisis técnicos necesarios para los planes de expansión de la empresa. Ocho años después de haber entrado a trabajar en la empresa, Zuloaga asciende a Machado al cargo de subgerente de La Electricidad de Caracas. Corría el año de 1924.

En 1917 a la empresa se le presenta una oportunidad significativa. La Electricidad de Caracas adquiere la Compañía Generadora de Fuerza y Luz Eléctrica, propiedad de la empresa norteamericana J.C. White & Co. Esta compañía se había fundado en 1908, cuando ya el general Gómez mandaba en el país, y los dueños no quisieron seguir invirtiendo capital, motivo por el cual se la vendieron a la empresa de Zuloaga.

Entre los activos que adquiriría La Electricidad de Caracas se contaban una planta hidroeléctrica llamada Mamo, con cuatro turbinas de 700 kw cada una, que alimentaba zonas de Caracas y zonas del litoral. Igualmente, con la compra se adquirían dos haciendas (Farfán y Santa Cruz) que garantizaban los derechos sobre el río Mamo. Esto, para la mente futurista de Zuloaga, fue convincente: se podría continuar aprovechando el curso del río con la fabricación de diques y centrales hidroeléctricas.

Entre 1918 y 1920 se construye el dique El Peñón, con el que se podrían represar las aguas antes de la central ya existente de Mamo. Y en 1919 comienza una de las grandes obras de la ingeniería venezolana y, probablemente, la más grande que Zuloaga emprendió. Me refiero al dique de Petaquire.

El ingeniero buscaba resolver el problema que creaba el invierno y la sequía en el río de Mamo. En invierno sobraban las aguas y en verano faltaban, de allí que la única solución era construir un dique aguas arriba, donde poder almacenar el líquido y administrarlo sin inconveniente, tanto en el invierno como en el verano. Para ello escogió un sitio aledaño al camino que conduce desde El Junquito hasta la Colonia Tovar: el valle de Petaquire, a 1 300 metros sobre el nivel del mar. Su sobrino, Oscar Zuloaga, Pedro J. Azpúrua Feo y Oscar Augusto Machado lo acompañaban en la aventura.

Lo primero que se adelantó fue la compra de los terrenos que serían inundados por las aguas, pero las complicaciones vinieron después, al punto que sería prolijo relatar las vicisitudes de la empresa.

Desde la base hasta el tope, la obra asciende 50 metros, con un largo de 300 metros de largo. Alberga cerca de 2 millones de metros cúbicos de agua, en un kilómetro y medio de longitud y a un costo final de 2 millones de bolívares, cantidad significativa en comparación con el capital que entonces detentaba la empresa.

Las complicaciones ingentes de la década de construcción que se empleó en Petaquire quedan recogidas con elocuencia en la biografía de Zuloaga (ya citada) que Röhl adelantó con éxito. Cito *in extenso*:

> Ahora bien, para llevar un saco de cemento de cuarenta y dos kilos y medio hasta Petaquire, había que conducirlo primero hasta Maiquetía, y de ahí en carro de bueyes hasta la Planta Mamo, de donde se llevaba hasta el dique en arreo de mulas (cada mula cargaba dos sacos) que tardaba todo un día en el trayecto. Resultaba más costoso el flete que el valor del propio cemento. Para manejar la salida del agua en el túnel hubo que hacer un taladro vertical en la roca con una altura de 45 metros.

A lo largo de esos 10 años Zuloaga continuó desarrollando el aprovechamiento de las aguas del río Mamo. En 1924 inauguró la central Caoma, con dos turbinas de 600 kw y una de 1000 kw. Al año siguiente concluyó el dique El Molino (1925), y al siguiente el de Marapa (1926), hasta que en 1929 inaugura el dique de Petaquire, para entonces, una de las obras de ingeniería más complejas y grandes que se hubieran construido en el país. Pero todavía faltaba una central para que el aprovechamiento de las aguas del río Mamo fuese total. Me refiero a la central Marapa, con 2 600 kw de capacidad e inaugurada en 1931.

Ahora el futuro cambiaba de coordenadas. Una vez desarrollado a máxima capacidad el curso del río Mamo, el ingeniero busca hacer lo mismo con el río Curupao, en las inmediaciones de Guarenas, con riberas sembradas de matas de mango, limoneros y toda una vegetación radicalmente tropical y feraz. Fue así como, a partir de 1931, una vez adquiridos los terrenos y escogido el sitio, comenzó a construirse la central de Curupao, que va a ser inaugurada en 1933, con dos grupos generadores con capacidad de 1 650 kw cada uno, y al año siguiente se pone en funcionamiento la central Izcaragua, aprovechando el curso de agua del río Izcaragua, con capacidad de 1 650 kw, pero ninguna de las dos centrales las pudo inaugurar Zuloaga, ya que falleció el 15 de diciembre de 1932, víctima de dolencias cardíacas que se le habían comenzado a manifestar a partir de 1929.

LOS PRIMEROS PASOS DEL DESARROLLO TERMOELÉCTRICO

Quiso el destino que Zuloaga fuese el artífice del desarrollo hidroeléctrico fundamental de La Electricidad de Caracas, pero también le tocó vislumbrar el desarrollo termoeléctrico. Dos circunstancias, por lo menos, se juntaron para que esto fuese así: en 1924 el país padeció una sequía considerable, que llevó el nivel de las aguas de los ríos Guaire y Mamo a niveles críticos, con lo que el suministro de energía se vio en aprietos y, lógicamente, llevó a la directiva de la empresa a pensar en fuentes alternativas de energía. La otra circunstancia que facilitaba la búsqueda de otras fuentes fue el estallido en 1922 del pozo de Los Barrosos n.º 2, en Cabimas, lo que hizo de Venezuela uno de los principales productores de crudo del mundo, y marcó la industrialización a gran escala de la explotación petrolera en el país. Esto hacía perfectamente posible pensar en una central termoeléctrica que, por una parte, dejara de lado el inconveniente de los cambios climáticos y, por otra, se alimentara de una fuente de energía económica en el país, como comenzó a ser el petróleo a partir de entonces.

En 1930 la empresa adquiere unos terrenos en La Guaira con la intención de instalar allí la primera central termoeléctrica de su capacidad generadora. La central estaba ubicada en las inmediaciones de la avenida Soublette de hoy en día, y fue inaugurada en vida de Zuloaga, en 1931, con una capacidad inicial de 4 000 kw que muy pronto fue ampliada a 5 000 kw más, en 1933. Por cierto, una de las últimas anécdotas de Zuloaga tiene que ver con la instalación de esta segunda turbina, ya que cuando el subgerente Machado le consultó sobre la conveniencia de comprar una turbina de semejante capacidad, Zuloaga le preguntó a Machado que si estaba loco, que a quién pensaba venderle tanta capacidad instalada. En aquella pregunta, de ribetes simbólicos, se hacía evidente que la empresa comenzaba a cambiar de escala y que su fundador había cumplido su tarea. Ha debido ser asombroso para Zuloaga constatar que lo que a él le costó «Dios y su ayuda»: aprovechar las corrientes fluviales para alcanzar producir energía, ahora con una sola turbina se alcanzaba, y sin necesidad de domesticar los ríos, ni levantar un dique a lo largo de 10 años de fatiga. Quizás, aquel día en que Machado le consultó sobre la conveniencia de comprar una turbina de mayor capacidad a la inicialmente prevista, el ingeniero comprendió que su labor estaba hecha, que tocaba a su puerta la sucesión.

Con la muerte de Zuloaga culmina la primera etapa histórica de La Electricidad de Caracas. La etapa que dibuja un arco desde aquella idea inicial del joven ingeniero, pasando por el desarrollo hidroeléctrico de la empresa y la consecución de un contingente de suscriptores y un servicio eficiente, hasta la instalación de la primera central termoeléctrica. De modo que Zuloaga fue autor y testigo de los primeros aprovechamientos de energía y de los actuales, cuando la empresa se nutre de la capacidad que sus centrales termoeléctricas producen.

Aquella empresa que había fundado con un capital de 500 000 bolívares en 1895 contaba con un capital de 26 000 000 de bolívares en 1932, y una capacidad instalada de cerca de 10 000 kw, para la fecha de su deceso: muy distinta de aquellas primeras turbinas de la central de El Encantado que producían 240 kw cada una.

BIBLIOHEMEROGRAFÍA

Díaz Sánchez, Ramón. *La Electricidad de Caracas 1895-1954. Historia de una empresa venezolana.* Caracas, Corpa, Cromotip, 1954.

Gerbasi, José. *Los buenos pagadores.* Concurso premiado por La Electricidad de Caracas, Caracas, 1959.

Hernández Lavado, Vladimir. «*AES compró 73,1 % de La Electricidad de Caracas*». Diario *El Nacional,* Caracas, 29 de abril de 2000.

López, Vicente. «*Historia del desarrollo de la Electricidad*». vicentelopezp-p@usa.net, marzo 1998.

Mata, Miguel. *Venezuela: 100 años de electricidad*. Caracas, Caveinel, 1988.

Mendoza, Angélica. *Hacia los cien años*. Caracas, Edición Especial de El Cable, 1995.

Niño Araque, William. *Tomás José Sanabria, arquitecto*. Caracas, Galería de Arte Nacional, Caracas, 1995.

Rivero, Manuel Rafael. *Semblanza en tres tiempos de Oscar Machado Zuloaga*. Caracas, Electricidad de Caracas, 1989.

Röhl, Juan. *Ricardo Zuloaga*. Caracas, Electricidad de Caracas, 1967.

Rondón, Aylema. «La Electricidad de Caracas: una empresa de 3,5 millardos de dólares en activos». Diario *El Nacional*, Caracas, 9 de noviembre de 2000.

Sayago, Omaira. «La Electricidad de Caracas encendió el progreso industrial de Venezuela». Diario *El Nacional*, Caracas, 4 de febrero de 2002.

_____. «Francisco Aguerrevere cerró un ciclo en la historia empresarial de Venezuela». Diario *El Nacional*, Caracas, 28 de octubre de 2000.

Schael, Guillermo José. *Casi un siglo*. Caracas, Electricidad de Caracas, 1975.

Sin firma. «Suelto editorial». *El Cojo Ilustrado*, Caracas, 1 de enero, 1892.

Sin firma. «Ecos». Diario *El Tiempo*, Caracas, 9 de agosto, 1897.

Torres Pantin, María A. «Cuatro hombres y un único horizonte». Caracas, *Revista Líneas*-Edición Aniversario, n.º 58, 1995.

Varios Autores. *Un vistazo a la historia del sistema eléctrico venezolano*. members tripod.com

Varios Autores. *70 años de una empresa venezolana. La Electricidad de Caracas*. Caracas, C.A. La Electricidad de Caracas, 1965.

Varios Autores. *Diccionario de Historia de Venezuela*. Caracas, Fundación Polar, segunda edición, 1997.

Zuloaga Ramírez, Nicomedes. *Descendientes de Manuel Zuloaga Rojas y de María Ignacia Aguirre*. Edición del autor, Caracas, 1989.

RÓMULO GALLEGOS: HOMBRE-PUENTE Y NOVELISTA EMBLEMA

El 2 de agosto de 1884 nació en Caracas Rómulo Gallegos Freire, hijo de Rómulo Gallegos Osío y de Rita Freire Guruceaga. Esta pareja componía un hogar con seis hijos y escasos recursos, del que Rómulo era el hijo mayor. Ingresa al Seminario de Caracas a los diez años, decidido a vestir sotana para siempre, y allí estuvo durante 24 meses, hasta que en 1896 fallece su madre y se ve en la necesidad de regresar a casa a ayudar a su padre con la educación de sus hermanos menores. Para costearse los estudios de secundaria trabaja de maestro de escuela primaria en el colegio Sucre, y así alcanza a graduarse de bachiller, título con el que se fue al sepulcro, porque las crujidas económicas le impidieron ir más allá del segundo año de Derecho en la Universidad Central de Venezuela. Ni entonces ni después la vida fue «miel sobre hojuelas» para el maestro Gallegos.

Las tres facetas principales de la vida del caraqueño –profesor, escritor y hombre público– se desarrollaron casi paralelamente. Aunque lo primero que ejerció fue la docencia, muy pronto la escritura se le impuso como un imperativo; y la vida pública vino a ser una consecuencia de sus tareas anteriores.

Gallegos fue el hombre-puente entre la generación que vivía su hora estelar durante el gomecismo y la que tocaba a la puerta para modernizar a Venezuela, esa que conocemos como la generación del 28. Prácticamente todos los integrantes de esta generación fueron alumnos del Liceo Caracas, donde Gallegos se desempeñaba como subdirector y dictaba la cátedra de Psicología: curioso dato que ayuda a explicar el don para los arquetipos del que el novelista hará demostración luego. Esa generación amó y respetó a Gallegos como a nadie; fue su emblema de reciedumbre, de dignidad, de seriedad y, sobre todo, de conciencia ciudadana y moderna. Tanto es así, que va a ser esta generación la que lo invite a ser el presidente fundador de Acción Democrática (1941) y la que lo lleve a la Presidencia de la República en las primeras elecciones democráticas (universales, directas y secretas) de 1947. Sus antiguos alumnos lo llevarán en hombros hasta el altar de las decisiones públicas.

Pero si hiciéramos el ejercicio de imaginar que nuestro hombre-puente no hubiese escrito un solo libro, pues ya su condición de tal sería impensable. La enorme ascendencia de Gallegos sobre sus contemporáneos se completa con su obra literaria. El tótem de la tribu domina la palabra; de no ser así, no lo sería. Además, sus obras no son cualquier cosa. Si bien es cierto que el joven Gallegos se inicia escribiendo ensayos de urgencia patriótica moderna en la revista del grupo que fundó, *La Alborada,* no es menos cierto que con la novela alcanza sus cotas creadoras más altas. Por cierto, no las logra siendo un hombre demasiado joven. Cuando se publica *Doña Bárbara,* nuestro hombre-puente cuenta con 45 años, y ya ha publicado un libro de relatos, *Los aventureros* (1913), y dos novelas: *El último solar* (1920), que en su segunda edición cambia de título a *Reinaldo Solar* (1930) y *La trepadora* (1925). Ya para entonces las dudas que albergaba sobre su trabajo literario eran ingentes. Sobrevive la anécdota según la cual casi lanza por la borda el manuscrito de *Doña Bárbara* desde el barco que lo llevaba, con su inseparable Teotiste, a España, y que esto no ocurrió por la intervención de su mujer. Y ya el Gallegos que regresa de Europa en 1930 es otro para siempre: conoce, ahora sí, las mieles de la consagración literaria, y el educador le deja todo el espacio al hombre de letras. Se cierra la página de la enseñanza en aulas; continúa el maestro enseñando con otros soportes.

Ante la mano tendida de Gómez, quien fue lector embelesado de la novela que trabaja la dicotomía civilización-barbarie, a Gallegos no le quedó otro camino que el exilio voluntario; de lo contrario no habría podido seguir diciéndole que no a los ofrecimientos del general asentado en Maracay. Fue propicia la decisión: renunció al Senado gomecista y se fue a Nueva York; luego se residencia en Madrid (1932), donde escribe *Cantaclaro, Canaima* y *Pobre Negro*, y regresa en 1936, cuando su vida pública se intensifica hasta alcanzar la presidencia en 1947. El Gallegos que regresa en enero de 1958 ha sido depuesto del mando en 1948, ha vivido otro exilio, esta vez involuntario y de una década, y cuenta con 74 años. Le quedan once de vida, pero ya no cuenta con el elán de la escritura.

Poquísimos venezolanos han desarrollado con tanta significación tres facetas vocacionales a lo largo de su vida como lo hizo Gallegos, pero el lugar en la historia del maestro no es fruto de su pluralidad ocupacional. Lo es de su condición de hombre-puente entre dos Venezuelas, la de sus mayores y la de sus alumnos del Liceo Caracas, y de su indudable obra novelística, obra que supo, como ninguna otra, interpretar el drama de la venezolanidad de su tiempo, a tal punto que sus personajes se tornaron arquetipos. Nada más y nada menos. Que Gallegos es uno de nuestros próceres civiles, pues eso, quién lo duda. Veamos ahora su paso efímero por el poder político.

PRESIDENCIA DE LA REPÚBLICA DEL MAESTRO RÓMULO GALLEGOS (1948)

La toma de posesión de la Presidencia de la República por parte de Rómulo Gallegos, el 15 de febrero de 1948, constituyó un acontecimiento cultural de gran importancia. El escritor Juan Liscano organizó, en el Nuevo Circo de Caracas, un Festival Folclórico en el que logró reunir diversas agrupaciones musicales de todo el país, y por primera vez en su historia las expresiones culturales vinculadas con las distintas regiones de la geografía nacional se dieron cita en un solo lugar. Esto trajo como consecuencia que cultores de distintos instrumentos, que jamás se habían visto ni escuchado, coincidieran en un mismo tiempo y espacio.

En lo sustancial del proyecto político de AD, el gobierno de Gallegos continuó con sus pautas fundamentales, pero la base de sustentación militar fue resquebrajándose, cosa que Gallegos no contemplaba, ya que su ministro de la Defensa, Carlos Delgado Chalbaud, era tenido por el propio Gallegos como «un hijo». Esta relación casi filial se había trabado en el exilio en España, donde el joven Delgado Chalbaud y el maestro Gallegos compartían penurias y habitación. De modo que la confianza del presidente en su ministro de la Defensa era total, al punto que durante el único viaje que realizó en funciones a los Estados Unidos, en julio de 1948, dejó encargado de la Presidencia de la República a Delgado Chalbaud y no a Eligio Anzola Anzola, quien se desempeñaba como ministro de Relaciones Interiores. Estos hechos hablan de la legitimidad con que Gallegos se conducía: era el primer presidente electo en sufragios universales de nuestra historia, y con el porcentaje más alto que se haya dado, todavía, entre nosotros. No pensaba que fuese posible que semejante legitimidad pudiese ser vulnerada por las Fuerzas Armadas, pero lamentablemente el maestro se equivocaba.

El sector determinante de los militares, que calladamente adversaba a Betancourt, fue articulándose en contra del propio Betancourt y del gobierno de Gallegos. Mientras tanto, el expresidente de la Junta Revolucionaria de Gobierno seguía con atención el proceso político, a la par que participaba en Bogotá en la creación de la OEA, organismo que se constituyó en sustitución de la Unión Panamericana. Las molestias en el sector de la población afecta a algunos de los presidentes de la hegemonía militar tachirense seguían en aumento, y se canalizaron a través de un error que venían cometiendo tanto el gobierno de Betancourt como el de Gallegos: el de gobernar con la sola gente de su partido, dejando de lado a otros sectores nacionales. La acusación de sectarismo fue tomando cuerpo día a día. Ella venía a contribuir con el proyecto militarista en el seno de las Fuerzas Armadas, proyecto capitaneado por Marcos Pérez Jiménez, y seguido con enormes dudas por parte de Delgado Chalbaud, quien terminó saliendo de la escena dos años después.

La oposición arreció en sus ataques a AD, las fuerzas económicas establecidas, también; mientras, los cuarteles vivieron en un hervidero de diatribas y conspiraciones en torno al proyecto político en marcha. Para colmo, se develó una conspiración internacional que tenía previsto el bombardeo de Caracas el día de la toma de posesión de Gallegos. Esta conspiración la urdían desde sus países los dictadores Rafael Leónidas Trujillo (República Dominicana) y Anastasio Somoza (Nicaragua), pero no pasó de un proyecto delirante que no se hizo realidad.

Abundan documentos desclasificados del Departamento de Estado de los Estados Unidos de Norteamérica que dan fe de la preocupación de su embajador acreditado en Caracas ante el cambio de mano del poder y el clima hirsuto de la vida nacional. Esto lo revisa con detalle Simón Alberto Consalvi en su libro *Auge y caída de Rómulo Gallegos*, donde publica buena parte de estos documentos desclasificados.

LA TOMA DE POSESIÓN

Examinemos ahora la toma de posesión, el discurso de Gallegos y los actos convocados para la celebración, en la medida en que estos últimos tuvieron una importancia señalada para la transformación ciudadana nacional. El 15 de febrero de 1948 tuvo lugar en el Congreso Nacional el discurso de toma de posesión de Rómulo Gallegos, después de su juramentación como presidente de la República, ante el presidente del Poder Legislativo: Valmore Rodríguez; los vicepresidentes Simón Gómez Malaret y Elbano Provenzali Heredia, así como el presidente de la Cámara de Diputados, Luis Lander, y los vicepresidentes César Morales Carrero y Jesús María Bianco. Este Congreso Nacional y sus directivas comenzaron funciones el 2 de febrero de 1948.

Fue una disertación breve y bellamente escrita, como era natural esperar. Comenzó reconociendo el valor de la Junta Revolucionaria de Gobierno, al afirmar:

> Dos años largos han estado el escepticismo y la malicia provenientes de continuada experiencia en burlas sufridas, dudando de la sinceridad republicana de la fundamental promesa de la Revolución de Octubre, pero ya ha podido volver la confianza a los corazones de buena fe, porque al fin ha habido gobernante venezolano –siete hombres que componían una sola persona política– que no mintió, que no engañó, que no traicionó (*Documentos que hicieron historia*, 1989: 404).

Se refiere Gallegos a la promesa de los integrantes de la JRG de no postularse como candidatos a la Presidencia de la República y el cumplimiento de ese compromiso, por más que alguno de ellos haya pensado que no ha debido ser así. Nos referimos al ministro de la Defensa, Carlos Delgado Chalbaud, quien, según refiere Ocarina Castillo en su biografía del personaje, *Carlos Delgado Chalbaud (1909-1950)*, le propuso a Betancourt que no permitiera que el candidato fuese Gallegos y que se presentara él, proposición a la que Betancourt se negó con sobradas razones. Esto se lo refiere así José Antonio Giacopini Zárraga a Castillo en entrevista sostenida con motivo de la investigación que adelantó para la biografía. Por otra parte, es justo reconocer que fue este un caso extraño en la historia republicana (el de la JRG), ya que de promesas incumplidas ha estado abultado su devenir, sobre todo cuando se ha tratado de la entrega del poder en manos de otro.

Sigue Gallegos explicando por qué no constituye un gobierno de coalición nacional y sí uno de partido. Afirma:

> Espero que nadie, dotado de ideas positivas y claras a este respecto, pretenda que yo me haya comprometido a desnaturalizar la fuerza política que me rodea, homogénea y bien definida, componiendo gobierno con elementos de todos los partidos en que actualmente se divide la opinión, práctica de emergencia solo realizable en los momentos de crisis política o de peligro nacional, que de ningún modo son los actuales, y a la cual, por otra parte, no irán a prestarse las fuerzas ya organizadas de la oposición (*Documentos que hicieron historia*, 1989: 406).

A la distancia de los hechos, advertimos al maestro Gallegos leyendo la realidad política sin percatarse de que el momento era distinto. Apenas dos años antes había cambiado radicalmente el escenario después de 45 años de gobierno de una hegemonía militar tachirense. La situación no podía ser de absoluta normalidad institucional como el maestro creía; tampoco era probable creer que los dolientes del largo estado de cosas anterior se quedarían de brazos cruzados. La enseñanza de este costoso error contribuyó a articular diez años después el Pacto de Puntofijo. Era un hecho que un sector determinante de las Fuerzas Armadas no estaba de acuerdo con la democracia representativa instaurada, por más que las elecciones hubieran certificado la voluntad popular y los niveles de abstención hubiesen sido ínfimos. También era un hecho que iniciar una reforma política de tal envergadura en soledad, sin el concurso en el gobierno de todas las fuerzas políticas y sociales que han podido respaldar el proyecto, se demostró con los hechos que era un camino equivocado.

¿Estamos ante un caso de confusión entre los deseos y la realidad? Es posible. Es cierto que el origen de la autoridad de Gallegos era legítimo, pero no era cierto que el Alto Mando de las Fuerzas Armadas estuviera inclinado a cumplir con lo pautado en la Constitución Nacional, como se demostró luego, por más que el maestro Gallegos creyera en su buena fe. Veamos lo que afirma sobre el Ejército en el discurso:

> Pero vuelve sin pretensiones inaceptables de constituir un Estado dentro del Estado, de arrogarse privilegios de casta dirigente de la política, sin reclamar herencia de aquellos hegemones armados que se tenían usurpada la función de grandes electores de Venezuela. Vuelve a cultivar su espíritu institucional quitado de la política y será cuidado de mi Gobierno que lo nutra y lo fortifique en fuentes que no le desnaturalicen lo esencialmente venezolano que ha de palpitar siempre en el corazón del soldado venezolano (*Documentos que hicieron historia*, 1989: 410).

Lamentablemente, nueve meses y nueve días después de la toma de posesión, el Ejército incurrió en todo lo que el presidente Gallegos estimaba que no incurriría.

Es evidente que lo pautado en la Constitución Nacional de 1947, fuente de la legitimidad y autoridad de Gallegos, apuntaba hacia la creación de un Estado moderno, democrático representativo, de rasgos liberales y estatistas a la vez, pero todo ello estaba en el papel, en el deber ser que estableció una Asamblea Constituyente al redactar la carta magna, y había fuerzas internas que se oponían a este *desideratum*. Entre ellas, la militar, pero también un sector empresarial se oponía y, además, vastos sectores conservadores de la sociedad, que veían en la eclosión democrática una pérdida de algunos privilegios. Sin ser oposición propiamente, la incipiente cultura política y ciudadana del venezolano de entonces conspiraba contra el proyecto, ya que no se contaba con masas convencidas de su importancia y las organizaciones sociales que hubieran podido articular una defensa poderosa del proyecto estaban recién nacidas.

Por otra parte, lo anterior hace aflorar un hecho que no podemos olvidar: el concepto moderno de ciudadanía había dado varios pasos hacia adelante –los hemos enumerado antes con detalle–, pero un sector reaccionario importante de la sociedad veía el juego político como «un desorden», la participación organizada de sectores preteridos como una «fuente de anarquía», y las diferencias entre proyectos políticos distintos como «una amenaza para la unidad nacional». Es decir, frente a los avances hubo una reacción conservadora de distintos grados. Por ejemplo, veremos luego cómo la Junta Militar que derroca a Gallegos derogará la Constitución Nacional de 1947 y acogerá la de 1936, con las reformas de 1945, pero se reservará la validación favorable y la aplicación de los aspectos de la de 1947 que consideren «progresistas». Se erigen como árbitros, sin serlo, una vez más.

Por su parte, el Gabinete Ejecutivo nombrado por Gallegos refleja una continuidad en áreas neurálgicas. Carlos Delgado Chalbaud continúa en el Ministerio de la Defensa; Juan Pablo Pérez Alfonzo en el Ministerio de Fomento y Raúl Leoni en el de Trabajo; Edgar Pardo Stolk sigue al frente del Ministerio de Obras Públicas, así como Edmundo Fernández permanece al mando del Ministerio de Sanidad y Asistencia Social. Los cambios ministeriales estuvieron en Cancillería, detentada ahora por Andrés Eloy Blanco; el Ministerio de Relaciones Interiores, Eligio Anzola Anzola; Ministerio de Hacienda, Manuel Pérez Guerrero; Ministerio de Educación, Luis Beltrán Prieto Figueroa; Ministerio de Agricultura y Cría, Ricardo Montilla; Ministerio de Comunicaciones, Leonardo Ruiz Pineda; y Gonzalo Barrios, secretario general de la Presidencia de la República.

Con motivo de la toma de posesión de Gallegos, dada la significación internacional del personaje, vinieron muchos invitados de otros países. La lista asombra: Archibald MacLeish, laureado poeta norteamericano y representante personal del presidente Harry Truman; Nicolás Guillén, Fernando Ortiz, Andrés Iduarte, el biógrafo de Bolívar; Waldo Frank, Salvador Allende, Germán Arciniegas, Luis Alberto Sánchez, entre otros. Además, como dijimos antes, tuvo lugar la llamada Fiesta de la Tradición, organizada por Juan Liscano y Abel Vallmitjana en El Nuevo Circo de Caracas: un festival musical, danzístico que se tiene como un hito de la cultura venezolana y de la comprensión de las manifestaciones folclóricas del país. Este festival, sin duda, fue una revelación nacional, ya que, en una nación sin comunicaciones expeditas, fue una sorpresa el mutuo conocimiento de cerca de 600 agrupaciones de todo el país que, en la mayoría de los casos, nunca habían venido a la capital y, todavía más importante, se desconocían totalmente unas a otras. En este sentido, fue un paso fundamental para el descubrimiento de las distintas zonas culturales de la Nación entre sí y un puente hacia la conciencia venezolana de formar parte de una República.

Para los estudios de antropología y etnomusicología en Venezuela este acontecimiento fue un hito, una suerte de piedra angular para los estudios de la venezolanidad. En este y otros sentidos, lo que representó para la ciudadanía cultural no fue poco. Tómese en cuenta que el acto celebratorio de la toma de posesión no consistió solo en un desfile militar, que lo hubo, ni en un evento circunscrito exclusivamente al Palacio Federal Legislativo, que también lo hubo, sino que fue un evento del pueblo, representado por sus artistas, señalando así a otro protagonista de la vida social, distinto al hombre de armas e, incluso, al hombre de partido. El metamensaje que se quiso dar es evidente: aquí está el pueblo de Venezuela cantando y bailando, en escena, frente a la comunidad y con testigos excepcionales del extranjero, además de los militares que desfilan con su armamento. La celebración fue netamente civil, más que militar, como había sido antes, y los civiles escogidos fueron los humildes artistas del pueblo venezolano, gracias al trabajo de campo que durante años Juan Liscano efectuó a lo largo de toda la geografía nacional. El cambio era notable.

El 29 de abril de 1948, dos meses y dos semanas después del discurso de toma de posesión, el presidente Gallegos pronunció la alocución anual de rendición de cuentas que el jefe de Estado estaba constitucionalmente obligado a dar ante el Congreso Nacional, por más que tuviera muy breve tiempo al frente del Estado.

Gallegos aprovechó la disertación para trazar un bosquejo de su filosofía política, al referirse a lo contemplado en la Constitución Nacional de 1947 y asumido por él. Afirmó, refiriéndose a la carta magna:

Democrática, popular, ampliamente garantizadora de los derechos políticos de la ciudadanía venezolana, mantenedora de los fundamentos liberales del orden social y al mismo tiempo previsiva de las formas de equilibrio económico y de justicia social a que forzosamente han de adaptarse los modos complejos del Estado moderno (Gallegos, 1954: 312).

En otras palabras: una democracia liberal representativa, con las atenciones sociales (¿keynesianas?) que se impusieron en el mundo occidental a mediados del siglo XX, por la confluencia de varios factores. Más adelante, Gallegos se deslinda del comunismo. Aunque esta ideología nunca formó parte de su instrumental intelectual, sí era causa de acusación permanente contra su partido y el gobierno de Betancourt, ya que en sus orígenes, como está suficientemente documentado, Betancourt y sus compañeros asumieron el marxismo como método de análisis histórico. Afirma, el maestro:

> Para declarar que no compartimos la ideología comunista, que no tenemos por qué compartir la suerte que a ella le esté reservada. No perseguiremos a quienes la profesan porque la ley, delimitadora de nuestra conducta de gobernantes, no nos lo permite y porque, además, estamos convencidos de que las cruzadas de exterminio de ideologías no producen sino mártires que las exaltan. Estamos obligados a combatir el comunismo porque somos sinceros al no profesarlo y lo combatimos con procedimientos lícitos y, además, eficaces; los más eficaces sin duda alguna: sustrayendo de la seducción de las promesas del marxismo el ansia de justicia y de bienestar que atormente el alma popular y ello por medio de realizaciones prácticas, positivas, concretas (Gallegos, 1954: 314).

En materia internacional, Gallegos alude a la Conferencia Interamericana de Bogotá, donde Betancourt es jefe de la delegación y se juega la creación de la OEA (Organización de Estados Americanos) y el énfasis que su gobierno coloca en esto. Alude al lamentable asesinato de Gaitán y se lamenta por los hechos de violencia ocurridos en Bogotá.

Luego, se detiene en temas administrativos y petroleros, señalando el gran incremento de los ingresos que el Estado percibe por el cobro del impuesto a las concesionarias. Después, enumera lo hecho en materia de electrificación, vivienda, aviación comercial, navegación marítima y lo estructurado a partir de la creación de la CVF. Anuncia, pues, la continuidad administrativa de lo hecho, evidenciándose que se trata de la extensión de un gobierno de su partido. Advierte los logros de la lucha contra la malaria y anuncia que los estudios para la construcción de la autopista Caracas-La Guaira están listos y que ya comenzaron los trabajos de movimientos de tierra. También anuncia que su gobierno colaborará con la Municipalidad de Caracas en la construcción de la avenida Bolívar, ya proyectada. Continúa con una relación de lo hecho y por hacer en materia laboral y educativa. En este último aspecto es en el que coloca más énfasis y le dedica mayor espacio. El discurso es importante y, curiosamente, se ha reproducido muy poco, escogiéndose preferiblemente el del 15 de febrero en la toma de posesión. Sin duda, representativo también de su pensamiento y de lo que sería su breve gobierno.

Por cierto, quizás el señalamiento especial de la autopista Caracas-La Guaira por parte de Gallegos se deba a que fue un típico proyecto ejemplar de la continuidad administrativa entre el gobierno de la JRG y el suyo, ya que Arcila Farías en su historia del *Centenario del Ministerio de Obras Públicas* (MOP) destaca que los estudios se iniciaron en 1945, durante el gobierno de Medina Angarita y, concluyeron en 1947 y se inició la obra de inmediato.

Hasta aquí la relación de los inicios del gobierno de Gallegos. Quedó claro para la ciudadanía que se trataba de un gobierno de continuidad, en lo esencial, del anterior; que era un gobierno de un partido político y que lo presidía un escritor-educador, no un militar ni un político profesional. También estaba claro que la efervescencia de la oposición no amainaba, que en los cuarteles tampoco había sosiego y que el país, lejos de adentrarse en un territorio de «concordia», como quería el presidente Gallegos desde sus discursos en la campaña electoral, seguía en estado de agitación.

ELECCIONES MUNICIPALES Y VIAJE A EE. UU.

El 9 de mayo de 1948 tuvieron lugar las elecciones municipales en todo el país, salvo en el Distrito Federal y los Territorios Federales, circunscripciones donde se había elegido el 14 de diciembre de 1947. La abstención fue alta, pero no tanto como señaló un sector de la oposición, exagerándola para advertir que el pueblo estaba cansado de otra justa electoral. Votaron 693 154 personas; bastante menos que en 1947, cuando sufragaron 1 183 764 venezolanos y menos, a su vez, que en 1946, cuando, para las elecciones de la Asamblea Constituyente, introdujeron su voto 1 395 200 electores. Debe señalarse que la disminución a casi la mitad con apenas cinco meses de distancia también se debió a que no votaron los caraqueños, y que, desde entonces, Caracas era la circunscripción más grande.

No obstante lo dicho, la disminución fue tema de controversia. Para unos, las fuerzas reaccionarias a la democracia, era una prueba más de la falta de preparación del pueblo venezolano para el ejercicio de la misma; para otros, los de la oposición al gobierno, una señal de hartazgo por parte de la población en relación con el señalado sectarismo adeco, bandera permanente de COPEI, URD y el PCV. Para AD, ha debido ser una señal de alarma en relación con la pedagogía nacional que se hacía necesaria para sembrar el espíritu democrático y entusiasmar a la mayoría de la población con el voto. No parece que haya sido así: desde el poder pareciera que se le atribuyó la abstención al cansancio de la población después de cuatro elecciones en apenas dos años. Por otra parte, desde el sector militar, seguramente la abstención fue vista como una señal de falta de respaldo al proyecto político emprendido por AD y, quizás, un resquicio a favor del acariciado por ellos.

La fábrica de rumores sobre el descontento militar iba en aumento. Quizás por ello el presidente Gallegos, en el momento de viajar a los Estados Unidos, dejó encargado de la Presidencia de la República a su ministro de la Defensa y no al de Relaciones Interiores, como era costumbre. El viaje se originaba en una invitación formulada por la Casa Blanca el 12 de abril de 1948; el motivo estribaba en la entrega de una estatua de Bolívar que el gobierno venezolano había donado a un pueblo del estado de Missouri que lleva el apellido del Libertador.

Antes del viaje, el clima de agitación nacional era considerable, lo que llevó al Gabinete Ejecutivo, el 19 de junio, a autorizar al presidente la aplicación del artículo 77, el que lo facultaba para las detenciones preventivas. Sin embargo, Gallegos mantuvo la calma, dio una alocución tranquilizadora, salió de viaje el 1 de julio y llegó al National Airport de Washington en la tarde, en el avión del presidente Truman, *The Independence*, que había sido enviado para llevarlo del aeropuerto de Maiquetía a la capital norteamericana.

El relato de la visita de Gallegos a los Estados Unidos de Harry Truman lo hace formidablemente Lowell Dunham en su libro *Rómulo Gallegos, vida y obra* (1957). A este trabajo remitimos a quienes quieran profundizar en los detalles. El 5 de julio de 1948, en el pueblo Bolívar de Missouri, Gallegos leyó un ensayo excepcional sobre el héroe. «Un hombre-pueblo» se titula la disertación y comienza haciendo alusión a que el apellido Bolívar es toponímico, ya que se trata de una pequeña puebla en el país vasco. Añado: significa «molino de la ribera» en euskera. Gallegos alude a que el pueblo de Missouri también lleva su apellido.

Luego, lo más significativo es la exaltación del Bolívar civil. Dice Gallegos:

> Pero viene al caso, que en seguida debo aprovechar, pedirles a los maestros de escuela de esta tierra de magistrales disciplinas, que no le hablen a sus discípulos del Bolívar de las batallas famosas, como no sea para enseñarles, con ánimo educativo del propio amor, que en un mismo año fueron, allá la de Carabobo, decisiva de la libertad de mi patria y aquí la constitución de Missouri en Estado de la Unión [...] Pero que no les perviertan y les estraguen el gusto, que solo en aplicaciones a formas serenas de paz debe complacérseles, describiéndoles a este grande hombre de América solo como un General de batallas difíciles... (Gallegos, 1954: 338).

Y más adelante, para reforzar su tesis, apela a las palabras del propio Bolívar en el mensaje al Congreso de Cúcuta, en las que el héroe se lamenta por ser «el hijo de la guerra» y no «un ciudadano para ser libre y para que todos lo sean».

Luego, en su discurso en la Universidad de Columbia, al recibir el Doctorado honoris causa de manos del presidente de la universidad, el general Dwight Eisenhower, se centra en el tema del título de su disertación: «De las letras a las armas», vinculado con el bolivariano anterior. Otra vuelta de tuerca sobre la voluntad de levantar la República sobre hechos civiles, sin que por ello se niegue la necesidad de los militares. Como vemos, en los dos discursos se expresa el mismo norte de colocar el énfasis en la ciudadanía: pasando la página guerrera y exaltándola solamente en caso de necesidad. Gallegos advertía el drama porque el caso venezolano, históricamente, era el de una República civil que por fuerza de los hechos había estado intervenida por la imprenta militar. Este tema, además, fue una constante del pensamiento desde que dirigía liceos y colaboraba con la revista *Alborada*, en 1909, y ahora, desde la tribuna presidencial, seguía insistiendo en su prédica pedagógica, cuando su magisterio se había extendido más allá de las aulas.

El 14 de julio regresó a Caracas en el *The Independence* del Presidente Truman, después de un periplo intenso. Mientras tanto, su ministro de la Defensa pasaba por una prueba de fuego. El presidente Gallegos quería a Carlos Delgado Chalbaud con especial acento. Él y su mujer vivieron en el apartamento que alquilaban los Gallegos en Barcelona (España), donde fueron tratados como parientes cercanos, en 1935, cuando el escritor estaba en el exilio. Desde entonces, tanto don Rómulo como doña Teotiste tenían un particular afecto por la pareja, que entonces era la de unos jóvenes de veintiséis años. Por esto y por otras razones, al presidente Gallegos le resultaba difícil creer que el comandante Delgado formara parte de una conjura en su contra. No cabe la menor duda de que Gallegos era un hombre de buena fe.

En Maiquetía, al no más bajarse del avión, el presidente pronunció estas palabras. Dijo:

> He dejado encargado de la Presidencia de la República al Comandante Delgado Chalbaud, y algunos temerosos o maliciosos quizás se imaginaron que había cometido yo un acto de audacia insólita. No, no fue audacia, fue seguridad, fue confianza. Yo estaba seguro de la clase de hombre, de la calidad humana del Comandante Delga-

do Chalbaud, hombre en quien se puede tener confianza absoluta… (Consalvi, 2006: 133).

Se equivocaba el maestro. En el sitio, inmediatamente respondió el comandante Delgado, aludiendo a la generosidad de las palabras del presidente y apuntando a que el honor que recibía lo aceptaba como integrante de las Fuerzas Armadas. El drama iba creciendo: Gallegos no podía creer que Delgado formara parte de una conspiración militar en su contra, y Delgado «deshojaba la margarita» frente lo que veía crecer ante sus ojos: el descontento del jefe del Estado Mayor, el comandante Marcos Pérez Jiménez, cada día más enconado, aunque disimulaba, contra la presidencia de Gallegos, alegando que el descontento era de las Fuerzas Armadas en general, y no suyo, exclusivamente. Estamos en julio de 1948.

HACIA EL DESENLACE DE NOVIEMBRE

Abundan testimonios periodísticos sobre el clima de agitación política que vivía el país, el cual, lejos de amainar, iba *in crescendo*, por más que el presidente Gallegos diera muestras permanentes de espíritu de concordia y tolerancia democrática. En este clima de crispación, el gobierno presentó ante el Congreso Nacional, a través de su ministro de Educación, Luis Beltrán Prieto Figueroa, el proyecto de Ley Orgánica de Educación Nacional. El 10 de agosto de 1948, se lee la firma de Prieto en la Exposición de Motivos.

Es de hacer notar que el tono del texto es menos conflictivo que el del Decreto 321 de 1946, lo que señala un aprendizaje en relación con temas sensibles de la sociedad venezolana. Esto también es posible advertirlo en la tesitura del texto del presidente Gallegos, bastante alejado de la diatriba y del verbo hiriente.

En la Exposición de Motivos se acuña el concepto de «humanismo democrático» que anima al gobierno en materia educativa y el de «Estado docente», que ha pervivido en el tiempo hasta nuestros días. Además, queda claramente establecido el papel en la tarea educativa tanto del Estado como de los particulares, así como de las fuerzas políticas en juego en la sociedad. Se lee:

La educación tiene que ser, sin duda, neutral frente a la lucha de los partidos que se disputan la adhesión de la ciudadanía dentro de las regulaciones constitucionales, pero no puede serlo en relación con los fundamentos mismos del orden democrático. Por el contrario, ella está obligada, como función esencial de la vida colectiva, a sostener el pleno imperio de los principios y de las instituciones que garantizan el respeto a las libertades civiles y políticas, y la permanente vigencia de una realidad jurídica que se basa en los derechos esenciales de la personalidad humana. No hacerlo sería contrariar vitales intereses de la sociedad y del Estado (Rivas, 1992: 713).

Quedan establecidos los campos de acción, así como el compromiso del Estado ante los principios democráticos que se compromete a velar, por encima de la natural diatriba política. Subyace un concepto de ciudadanía, prevaleciente sobre la parcialidad política, ya que se presupone un pacto tácito entre los distintos factores de poder de la sociedad. Ya al final del texto, se especifica todavía más el papel concebido para los factores:

> Para alcanzar sus objetivos en materia de educación, el Estado necesita contar con el estímulo comprensivo de toda la ciudadanía, el apoyo generoso de los sectores económicamente favorecidos y la colaboración de orden técnico que pueda prestarle la iniciativa privada. Tratándose de una función esencial, cuya marcha afecta a la democracia venezolana, nada podría justificar frente a lo que a ella atañe el egoísmo indiferente de cualquier grupo social, ni menos el receloso antagonismo derivado de consideraciones partidistas (Rivas, 1992: 722).

En materia petrolera, el gobierno de Gallegos introdujo en el Congreso Nacional, el 5 de octubre de 1948, el Proyecto de Reforma Parcial de la Ley de Impuesto sobre la Renta que, una vez discutido, fue aprobado el 12 de noviembre del mismo año. El propósito de dicha reforma queda explicado en la Exposición de Motivos:

Dicha solución consiste en la imposición adicional de un 50% sobre el exceso de las ganancias que obtengan las empresas por encima de los impuestos pagados a la Nación, de esta manera quedará consagrado en la Ley el principio de que la participación de la Nación no podrá ser menor que la de las empresas (Rivas, 1992: 39).

Se daba un paso importante en el camino de alcanzar el Estado mayores ingresos, vía tributos, por parte de las concesionarias petroleras establecidas en el país. Esta decisión formaba parte de la política petrolera del gobierno, esbozada entre otros documentos en la Memoria y Cuenta del Ministro de Fomento, aprobada el 14 de octubre. Allí se especifica la política de no más concesiones y la creación de una empresa petrolera del Estado. Antes, el gobierno de la JRG había decretado el 31 de diciembre de 1945 un aumento puntual de los tributos a pagar por parte de las concesionarias. Luego hubo otro, hasta que se llegó a este que citamos anteriormente, ya por la vía de una reforma de la Ley de Impuesto sobre la Renta.

En materia agraria, el gobierno de Gallegos presentó el Proyecto de Ley Agraria, pero lo dispuesto en su articulado no pudo ser cabalmente implementado por razones obvias. Será retomado por el quinquenio de gobierno de Rómulo Betancourt, de 1959-1964. No obstante, señalemos algunos aspectos reveladores. En la Exposición de Motivos se afirma:

> La estructura de la propiedad territorial y el régimen latifundista de producción, ha sido la causa principal de la decadencia de nuestra economía raizal y de la depauperación y la ignorancia de nuestra población campesina que, como es sabido, compone el 75% de la población venezolana». (Rivas, 1992: 253).

Como vemos, si la causa de los males es el latifundio, pues al extirparlo la enfermedad cesa. Pero la verdad es que el proyecto no se consume en semejante reducción, sino que propone la transformación del Instituto Técnico de Colonización e Inmigración en el Instituto Agrario Nacional. Este instituto comprará grandes extensiones de tierra y las dividirá en unidades de producción. Se creará así la deuda agraria, es decir, los bonos con que el Estado resarcirá a los propietarios de las tierras expropiadas. El esquema, en gran medida, fue el que se aplicó a comienzos de la década de los años sesenta, sin resultados satisfactorios. Ya estaba dibujado en 1948.

En camino hacia la crisis de noviembre, el 18 de octubre hubo un acto celebratorio en la plaza O'Leary de El Silencio. Una multitud se congregó a recordar la fecha de insurgencia, pero también a escuchar a los oradores disipar la ola de rumores que corría por la ciudad. La especie apuntaba a las relaciones entre Betancourt y Gallegos, advirtiendo que no eran las mejores, y que entre los militares reinaba el descontento. Dicen que quien se excusa se acusa, y Gallegos aludió en su discurso a la inexistencia de pliegos de solicitudes por parte de los militares. Además, aseguró que jamás los aceptaría porque ello no estaba contemplado en la Constitución Nacional vigente. Aunque antes del presidente Gallegos hablaron Betancourt y Pedro Bernardo Pérez Salinas, la alocución más esperada fue la del presidente, ya que la población buscaba despejar incógnitas acuciantes. No fueron aclaradas del todo y los testimonios indican que la gente intuyó lo que estaba pasando.

Por otra parte, las Fuerzas Armadas, según se desprende de informes de la Embajada de EE. UU., le hicieron saber a Gallegos que no querían su participación en el acto, mientras su partido consideraba su concurrencia indispensable. Gallegos optó por lo segundo, como era de esperarse. Análisis posteriores al evento indican que la participación de Gallegos en el acto fue tomada por un sector de las Fuerzas Armadas como la prueba de que el presidente optaba por AD antes que por ellos. Estos reduccionismos, aunque parezcan irreales, no lo eran y, según la versión posterior de los propios militares que dieron el golpe de Estado, este fue el punto de inflexión. En todo caso, la tensión estaba allí manifestándose, como veremos luego con detalle.

El gobierno de Gallegos se acercaba a su final, es probable que el maestro lo intuyera. Es seguro que advertía la vulnerabilidad de su gobierno, en medio de tan diversas diatribas y con la espada de Damocles de las fuerzas militares, históricamente acostumbradas a mandar. En verdad, una vez analizados los factores que condujeron al derrocamiento del presidente electo, se tiene la impresión de que estos fueron anteriores a su propia toma de posesión. Más aún, los motivos de la inquina de los factores adversos al proyecto se originaban en molestias que la propia personalidad de Gallegos no había provocado, pero esas molestias ya estaban allí cuando comenzó su gobierno. En cierto sentido, los factores le precedían y el presidente derrocado no pudo conjurarlos, ya que si bien es cierto que su personalidad no los había engendrado, también lo es que ella no era proclive a desmontarlos, ya que en Gallegos las facultades del negociador político no se destacaban enfáticamente. Era un hombre de *auctoritas*, más que un dialogante en busca de acuerdos de convivencia pacífica. En este sentido, es razonable la tesis que lo presenta como un ciudadano pletórico de virtudes, pero carente de las habilidades que se necesitaban en la coyuntura de creación de una democracia representativa, para la cual las bases constitucionales no eran suficientes y era necesario atender a la circunstancia histórica y las tradiciones políticas de la nación, que naturalmente apuntaban hacia otro norte. Los hechos comenzaron a precipitarse en noviembre, hasta que el golpe militar tuvo lugar el 24. Veamos ahora su génesis y desarrollo.

GOLPE MILITAR DEL 24 DE NOVIEMBRE DE 1948

El maestro Gallegos no consideró pertinente mantener vigilia sobre el sector castrense, ya que su legitimidad estaba blindada, mientras un grupo preponderante de los militares quería detentar el poder directamente, desconociendo el resultado de la elección democrática. Todo indica que de ese grupo no formaba parte el ministro de la Defensa Delgado Chalbaud, pero terminó aviniéndose con él, y encabezando el golpe de Estado militar. Se lanzaba por la borda el primer ensayo democrático venezolano. El 24 de noviembre de 1948 es hecho preso el presidente Gallegos; el 5 de diciembre se le expulsa del país junto a su familia. Lo sustituye una Junta Militar de Gobierno integrada por Marcos Pérez Jiménez, Luis Felipe Llovera Páez y Carlos Delgado Chalbaud, quien la presidía.

Las investigaciones más recientes señalan que la iniciativa del golpe militar contra Gallegos la tuvieron Pérez Jiménez y Llovera Páez, mientras Delgado Chalbaud se sumó a última hora, y con muchas dudas. Se cuenta con testimonios que indican que si Delgado no se sumaba a la conjura sería dejado de lado, haciéndosele preso. De modo que su dilema era álgido: o se sumaba y encabezaba la Junta Militar de Gobierno, siendo presidente, o se preservaba en honor a la legitimidad democrática y a Gallegos, e iba preso. Optó por lo primero.

La primera alocución del presidente de la Junta Militar es, vista con la distancia del tiempo, francamente desconcertante. Dice el 26 de noviembre:

> La Junta Militar quiere dejar categórica constancia de que este movimiento no se orienta de ninguna manera hacia la instauración de una dictadura militar, ni abierta ni disimulada, a fin de exigir al pueblo que no debe dejarse engañar por quienes pretenden propagar lo contrario [...] No se ha asumido el poder para atentar contra los principios democráticos sino para obtener su efectiva aplicación y preparar una consulta electoral a la cual concurra toda la ciudadanía en igualdad de condiciones.

Como vemos, la justificación del golpe se basaba en la democracia que, al parecer, los militares consideraban que no había tenido lugar en la elección de Gallegos. Esta argumentación se cae por su propio peso. En el fondo, lo que estaba en marcha era la ambición de un sector preponderante de los militares por el mando, y por ello dieron lo que se llamó un «golpe frío». Es decir, sin armas, sin resistencia, sin heridos ni enfrentamientos. El partido político que llevó a Gallegos a la Presidencia, AD, no tenía cómo enfrentar a los hombres armados. Concluía así un período de tres años en el que dos fuerzas convivieron enfrentándose subrepticiamente: las militares, que dieron el golpe el 18 de octubre de 1945, y las civiles (AD), que también participaron del mismo hecho. Se imponían, otra vez, las tendencias militaristas en contra de las civilistas, dándose la extraña paradoja de ser el comandante Delgado Chalbaud un militar civilista. En este sentido, y en otros, el hijo de Román Delgado Chalbaud será un personaje trágico de nuestra historia.

Cuando Delgado Chalbaud, Pérez Jiménez y Llovera Páez tocaron a la puerta de la oficina de Gallegos, el 19 de noviembre de 1948, con un pliego de peticiones inaceptables que mancillaban la soberanía y la dignidad de un presidente electo por voluntad popular, Gallegos les dijo, según refirió Isaac J. Pardo:

> Quiero recordarles que de acuerdo con la Constitución que he jurado cumplir y defender, los dos únicos poderes ante los cuales tengo que rendir cuenta de los actos de gobierno son, en primer término, el Congreso Nacional, y luego el Poder Judicial, si es que contra mi persona es incoado juicio en la forma legal [...] Pero de acuerdo con la Constitución que ustedes también han jurado respetar, defender y hacer respetar, no puedo ni debo aceptar imposiciones ni rendir cuenta de mis actos ante ese otro organismo llamado las Fuerzas Armadas Nacionales...

Ante semejante autoridad moral y pedagógica, los uniformados que incurrían en delito iniciaron sus deliberaciones. Para Pérez Jiménez no había conflicto: buscaba el poder desde hacía años, pero para el comandante Delgado fue un drama, uno más en su vida de dilemas hamletianos. Cualquiera que lea los alegatos de la Junta Militar que derriba a Gallegos y abole la Constitución de 1947 comprende que se trata de un golpe sin justificación alguna, como no sea la ambición personal de Pérez Jiménez y las ambigüedades inveteradas de Delgado Chalbaud. Ambas, amparadas en la acusación de sectarismo hacia AD y desconociendo los avances democráticos de la Constitución recién sancionada: la que hizo de las mujeres sujetos políticos actuantes y restableció la elección directa de la Constitución de 1858.

DIEZ AÑOS EN EL EXILIO

El comandante Delgado, ante su «mala conciencia», refiere el biógrafo de Gallegos Juan Liscano, envía a Celis Paredes a conversar con el presidente preso en busca de un avenimiento. Este le pregunta si quiere regresar a su casa de Los Palos Grandes y el maestro le responde: «Dígale a su Comandante que hasta el 19 de abril de 1953 (fecha en la que concluía el período para el que fue electo), en Venezuela no hay sino dos sitios para mí: el palacio presidencial o la cárcel». El 5 de diciembre de 1948 iniciaba un exilio de 10 años. Primero Cuba y luego México.

En México, en 1950, murió el epicentro sentimental de su vida: doña Teotiste, y el 2 de marzo de 1958 en que Gallegos regresó a Venezuela, traía consigo los restos embalsamados de su mujer, para ser sepultados en su tierra. Entonces, una multitud bajó a recibirlo: era el emblema de la dignidad venezolana, la civilización frente a la barbarie, el héroe civil ante la vertiente militar traidora. Un demócrata. Diez años de exilio no habían vencido la reciedumbre del «viejo Gallegos». Su *auctoritas* no tenía parangón en Venezuela. A la magnitud arquetipal de su obra literaria, se sumaba la conciencia cristalina de un intelectual que no transigió con la estulticia.

Sin la menor duda, su conducta es emblema de un carácter nacional que sobrevive en la Venezuela de hoy, tan habitada como entonces por la vileza y lo sublime, por el delito y la honradez. El «viejo Gallegos» siempre estuvo del lado de los buenos, por eso es prócer civil del siglo xx, así como Vargas lo fue del xix. Observemos ahora aspectos singulares de su novela más leída.

DOÑA BÁRBARA

En el colofón de la primera edición de *Doña Bárbara* puede leerse 15 de febrero de 1929. La editorial Araluce, de Barcelona, la publica a cuenta del autor, ya que según Ramón de Araluce: «Su novela es muy buena, pero usted en España es un desconocido y el libro no lo va a comprar nadie». La segunda edición, de 1930, es de la misma editorial y por cuenta de ella, cuando ya era un hecho que se trataba de un éxito editorial inesperado. Solo entonces, el maestro Gallegos dejó de afrontar con su bolsillo la edición de su libro. El mismo año se publica por primera vez en Venezuela y lo hace la editorial Élite, de Guruceaga, quien era pariente del novelista. Desde entonces y hasta nuestros días son innumerables las ediciones y las traducciones de la *opera magna* del gran escritor.

La intrahistoria de la narración es un relato paralelo y asombroso. Gallegos estaba escribiendo una novela ambientada en el llano venezolano que se titularía *La casa de los Cedeño*, pero que luego trocó por *La Coronela*, y es por ello que se traslada en la Semana Santa de 1927 a San Fernando de Apure, a trabajar *in situ*. Él mismo relata en el prólogo de la edición de *Doña Bárbara*, publicada por el Fondo de Cultura Económica de México, en 1954, con motivo de los 25 años de su aparición, de dónde salieron los personajes de su novela. Dice, aludiendo a Pirandello: «A mí se me acercaron los míos en un lugar de la margen derecha de Apure, una tarde de abril». Se los va presentando un señor Rodríguez quien, naturalmente, ignora que eso está haciendo. Aunque nuestro autor no lo dice expresamente, el episodio ha debido ser como una revelación.

Tiempo después, Andrés Eloy Blanco llegó a asegurar que el personaje de Doña Bárbara estaba inspirado en Francisca Vásquez de Carrillo y que la imaginación de Gallegos fue bastante más allá de lo que ofrecía esta señora de carne y hueso, de quien expresamente el autor se negó siempre a revelar su identidad. En cualquier caso, lo cierto es que para febrero de 1928 el novelista decide detener la hechura de los primeros pliegos de *La Coronela* en las prensas de Guruceaga porque está insatisfecho con el resultado. Aborta el proyecto, ordena romper lo impreso y se va a Europa con el manuscrito. Su esposa, doña Teotiste, va a operarse una rodilla con un especialista en Italia. Decepcionado con su trabajo, intenta lanzar por la borda las hojas sueltas de su novela fallida, pero doña Teotiste lo persuade de que no lo haga y, finalmente, opta por guardar el cartapacio, en lo que probablemente haya sido una navegación tormentosa. La estadía en Bolonia iba a tomar tiempo, ya que la recuperación de la operación de su mujer lo requería. Allí, sin ofuscaciones, se avino con lo que tenía escrito, lo corrigió hasta el cansancio durante los meses boloñeses de junio, julio y agosto y se lo llevó a Barcelona concluido. Allí se publicó, como vimos, en febrero de 1929, con el título afortunado con que se reconoce este clásico de la literatura hispanoamericana.

Esto último que relatamos hemos podido hacerlo gracias a los trabajos de Juan Liscano, Efraín Subero y José López Rueda, quienes dedicaron mucho tiempo al estudio de la obra gallegiana. En relación con la novela, propiamente, recuerdo que su lectura me subyugó desde el principio, que de ella salí hacia *La Trepadora* y *Canaima*, que no había llegado a los veinte cuando las leí, estimulado por el fervor de mi madre y mi abuela, que eran tan gallegianas como luego fueron garcíamarquianas.

BIBLIOGRAFÍA

Arcila Farías, Eduardo. *MOP. Centenario del Ministerio de Obras Públicas*. Caracas, Ministerio de Obras Públicas, 1974.

Brewer-Carías, Allan R. *Instituciones políticas y constitucionales*. Caracas, UCAB, 1982.

_____. *Historia Constitucional de Venezuela*. Caracas, Editorial Alfa, 2008.

_____. *Las Constituciones de Venezuela*. Caracas, Academia de Ciencias Políticas y Sociales, 2008.

Bruni Celli, Marco Tulio. *Primeros programas políticos: del Plan de Barranquilla a la candidatura simbólica de Rómulo Gallegos 1931-1941*. Caracas, Ediciones Centauro, 1980.

Caldera, Rafael. *De Carabobo a Puntofijo-Los causahabientes*. Caracas, Editorial Libros Marcados, 2008.

Carrera Damas, Germán. *Una nación llamada Venezuela*. Caracas, Monte Ávila Editores Latinoamericana, 1997.

_____. *Emergencia de un líder. Rómulo Betancourt y el plan de Barranquilla*. Caracas, Fundación Rómulo Betancourt, Serie Cuadernos de Ideas Políticas, 2008.

_____. *La primera república liberal democrática 1945-1948*. Caracas, Fundación Rómulo Betancourt, Serie Cuadernos de Ideas Políticas, 2008.

Castillo d Imperio, Ocarina. *Carlos Delgado Chalbaud (1909-1950)*. Caracas, Biblioteca Biográfica Venezolana, n.º 33, *El Nacional-*Banco del Caribe, 2006.

Castro Leiva, Luis. *Ese octubre nuestro de todos los días*. Caracas, Fundación CELARG, 1996.

_____. *El dilema octubrista 1945-1987*. Caracas, Cuadernos Lagoven, 1988.

CATALÁ, José Agustín. *El golpe militar de 1948 y su secuela trágica*. Caracas, Ediciones El Centauro, 1991.
_____. *El golpe contra el presidente Gallegos*. Caracas, Ediciones Centauro, 1982.
CONSALVI, Simón Alberto. *Auge y caída de Rómulo Gallegos*. Caracas, Monte Ávila Editores, 1991.
_____. *El precio de la historia y otros textos*. Caracas, Editorial Comala, 2001.
_____. *Reflexiones sobre la historia de Venezuela*. Caracas, Editorial Comala, 2002.
_____. *Juan Vicente Gómez (1857-1935)*. Caracas, Biblioteca Biográfica Venezolana, n.º 59, *El Nacional*-Banco del Caribe, 2007.
_____. *Rómulo Gallegos (1884-1969)*. Caracas, Biblioteca Biográfica Venezolana, n.º 41, *El Nacional*-Banco del Caribe, 2006.
_____. *Manuel Pérez Guerrero: el 18 de octubre, el 24 de noviembre 1945/1948. Un documento que (no) hizo historia, pero es historia*. Caracas, Fundación Rómulo Betancourt, 1998.
DUNHAM, Lowel. *Rómulo Gallegos. Vida y Obra*. México, Ediciones De Andrea, 1957.
GALLEGOS, Rómulo. *Una posición en la vida*. México, Ediciones Humanismo, 1954.
_____. *Rómulo Gallegos parlamentario (dos tomos)*. Caracas, Ediciones Centauro, 1981.
IRWIN, Domingo y Frederique LANGE. *Militares y poder en Venezuela*. Caracas, UCAB-UPEL, 2005.
LISCANO, Juan. *Rómulo Gallegos y su tiempo*. Caracas, Biblioteca de Cultura Universitaria, UCV, 1961.
LÓPEZ MAYA, Margarita. «Las conspiraciones del expresidente López Contreras durante el trienio 1945-1948». Caracas, *Cuadernos del Cendes*, año 12, n.º 29/30 Mayo-Diciembre de 1995.
_____. *EE. UU. en Venezuela 1945-1948 (revelaciones de los archivos estadounidenses)*. Caracas, UCV, 1996.
LÓPEZ RUEDA, José. *Rómulo Gallegos y España*. Caracas, Monte Ávila Editores, 1987.

Mondolfi Gudat, Edgardo. *General de armas tomar. La actividad conspirativa de Eleazar López Contreras durante el trienio (1945-1948)*. Caracas, Academia Nacional de la Historia, 2009.

Pardo, Isaac J. *A la caída de las hojas*. Caracas, Monte Ávila Editores Latinoamericana, 1998.

Primera Garcés, Maye. *Diógenes Escalante (1879-1964)*. Caracas, Biblioteca Biográfica Venezolana, n.º 58, *El Nacional*-Banco del Caribe, 2007.

Remmer, Karen. *Military rule in Latin America*. USA, Westview Press, Boulder, Colorado, 1991.

Rivas, Ramón. *Acción Democrática en la Historia Contemporánea de Venezuela 1929-1991*. Cinco tomos. Mérida (Vzla), Universidad Popular Alberto Carnevali, 1991.

Rodríguez, Valmore. *Bayonetas sobre Venezuela*. México, Edición de Autor, 1950.

Sabin Howard, Harrison. *Rómulo Gallegos y la revolución burguesa de Venezuela*. Caracas, Monte Ávila Editores, 1984.

Stambouli, Andrés. *La política extraviada –Una historia de Medina a Chávez*. Caracas, Fundación para la Cultura Urbana, 2002.

_____. *Crisis política: 1945-1958*. Caracas, Editorial Ateneo de Caracas, 1980.

Subero, Efraín. *Gallegos, materiales para el estudio de su vida y de su obra*. Caracas, Ediciones Centauro, 1980.

Suárez Figueroa, Naudy. *El joven Rómulo Betancourt- De la Semana del Estudiante al Plan de Barranquilla (1928-1931)*. Caracas, Fundación Rómulo Betancourt, Serie Cuadernos de Ideas Políticas, 2008.

_____. *Programas políticos venezolanos de la primera mitad del siglo XX*. Caracas, UCAB, 1977.

Trinkunas, Harold A. *Crafting civilian control of the military in Venezuela*. USA, The University of North Carolina Press, 2005.

Varios Autores. *Pensamiento político del siglo XX*. Caracas, Ediciones del Congreso Nacional, 1985.

Varios Autores. *Diccionario de Historia de Venezuela*. Caracas, Fundación Polar, 1997.

VALERO, Jorge. *¿Cómo llegó Acción Democrática al poder en 1945?* Caracas, Fondo Editorial Tropykos, 1993.

VELÁSQUEZ, Ramón J. «Aspectos de la evolución política de Venezuela en el último medio siglo». *Venezuela moderna 1926-1976*. Caracas, Fundación Eugenio Mendoza, 1976.

YORIS-VILLASANA, Corina. *18 de octubre de 1945. Legitimidad y ruptura del hilo constitucional*. Caracas, Academia Nacional de la Historia, 2004.

Archivos documentales

Documentos oficiales relativos al movimiento militar del 24 de noviembre de 1948. Oficina Nacional de Información y Publicaciones, Caracas, 1949.

Documentos que hicieron historia (1810-1989). Ediciones de la Presidencia de la República, Caracas, 1989.

ARMANDO REVERÓN: LA EPIFANÍA DE LA LUZ

El hombre que espera el nacimiento de su hijo, el diez de mayo de 1889, es un caraqueño arruinado y acosado por los fantasmas. La mujer que da a luz en la parroquia de Santa Rosalía de Caracas sospecha que este será su único hijo. Y así fue. Armando Julio Reverón Travieso es hijo de dos ciudades. Julio Reverón Garmendia, su padre, desciende de una familia tan respetable como la de Dolores Travieso Montilla, la madre, valenciana de acendrado abolengo.

Siendo un niño muy pequeño su madre lo lleva a vivir a Valencia con una familia de toda su confianza. Los Rodríguez Zocca lo reciben como un hijo y, de hecho, Josefina, apenas tres años mayor que Armando, es tenida por este como su hermana. Es en aquel hogar, centrado por los pilares del catolicismo, donde transcurren los primeros años del futuro pintor.

En un período lo encontramos inscrito en el colegio de los hermanos de La Salle, en Caracas, y en otro en el colegio Cajigal del doctor Zuloaga, en Valencia. Pero es en esta ciudad donde ocurre, quizás, uno de los hechos capitales para su futura psicología de pintor: conoce el taller del padre de Arturo Michelena: el también pintor Juan Antonio Michelena. No contaba diez años cuando esto acontece. Entusiasmado, comienza a copiar los óleos de los grandes maestros europeos. Por este tiempo, a los nueve años del hijo de Dolores Travieso, muere el pintor valenciano Arturo Michelena. Estamos en el año de 1898 y está feneciendo el siglo XIX.

Cuatro años después ocurre otro hecho significativo en la vida de Armando. Cae enfermo de fiebre tifoidea y luego, según Alfredo Boulton, su carácter se torna «triste, melancólico, irascible e insociable». Al lado del lecho de enfermo ha estado, entregada, su hermana de leche Josefina. Años después, cuando el doctor Báez Finol lo trataba en el sanatorio, pensó que esta fiebre ha podido ser causa o consecuencia de sus trastornos psicológicos. En todo caso, el adolescente que era Armando Julio sufre una suerte de regresión a su primera infancia: jugaba con muñecas, las acariciaba, cuando no tomaba el papel y el lápiz para el dibujo.

Al recuperarse de la fiebre concluye su vida entre dos ciudades y se queda en Caracas con sus padres. Queda en el pasado su vida con los Rodríguez Zocca en Valencia, pero la relación con Josefina ya nadie podrá borrarla. Quién sabe cuántas de las conductas del adulto van a estar modeladas por el amor de esta hermana circunstancial. Al instalarse en Caracas se va recreando un vínculo que se creía perdido: la relación madre e hijo inicia su fortalecimiento.

LOS AÑOS DE FORMACIÓN

Aunque en sus años valencianos ya había acometido sus primeros lienzos, en rigor, su educación formal se inicia el año de 1908. Contaba con diecinueve años y, como vemos, tardíamente ingresa en la Academia de Bellas Artes de Caracas. El 23 de junio es aceptado por el director de la Academia, el pintor Antonio Herrera Toro, y a partir de entonces comienza a formalizarse una vocación. Los motivos de sus obras, son, como era de esperarse, naturalezas muertas y alegorías religiosas. Entre sus compañeros se cuentan Manuel Cabré y Rafael Monasterios. Pero es quizás César Prieto, un compañero de casa de vecindad, el que más lo entusiasma, el que más aviva el sueño de ser pintor.

Al año siguiente de su entrada a los estudios formales se produce una huelga de estudiantes contra las rigideces de Herrera Toro. Temporalmente cerrada la institución, Armando viaja a Valencia a visitar a su familia adoptiva. Allí, sin proponérselo, comienza a pintar al aire libre, sale de los muros estrictos de la academia y descubre un caudal de posibilidades. De esta temporada en la ciudad de los Michelena es su obra *Josefina en el jardín* (1909). Tiene veinte años, usa corbata y se hace la carrera en el medio de la cabeza, su pelo es liso y ya anuncia la convulsión creadora en la mirada.

Concluida la huelga regresa a Caracas y continúa sus estudios. Pinta su primer *Autorretrato* (1910). Haría muchos a lo largo de su vida y no es fácil convencerse de que el modelo inicial sea el mismo de los últimos tiempos. Parece mentira que el joven con un cigarrillo en los labios y un sombrero negro sea el mismo hombre barbado junto a sus muñecas.

Al año siguiente concluye sus estudios en la academia y es distinguido con calificaciones sobresalientes por un jurado integrado por Herrera Toro, Brandt y Álvarez García. Su obra *La playa del mercado* (1911) es calificada por el crítico Juan Calzadilla como la primera de importancia en su incipiente producción de entonces. Otra mudanza ha ocurrido en su vida, pero esta vez es solo unas cuadras más allá en la Caracas de principios de siglos. Este nuevo sitio le depara una nueva amistad, la del músico Juan Bautista Plaza, quien comparte la pensión en cuyo patio Armando ha improvisado un taller.

SU PRIMERA EXPOSICIÓN

Entusiasmado con sus distinciones académicas decide, junto a su compañero Rafael Monasterios, montar una exposición de lo realizado hasta la fecha. Logran que les presten las paredes de la Escuela de Música y Declamación de Caracas y allí instalan sus naturalezas muertas. Al Reverón de entonces, de veintidós años, lo quema la necesidad de ser reconocido, la necesidad de que conozcan su trabajo.

Ya para entonces Enrique Planchart ha incursionado en la crítica plástica, Rómulo Gallegos ha comenzado a editar la revista *Alborada* y José Antonio Ramos Sucre ardía de curiosidad frente a los libros. En estos años se gestan tanto el Círculo de Bellas Artes como la generación poética de 1918. Los integrantes de estos hitos de nuestra historia cultural ya están ejercitando sus facultades sin saber que en el futuro muy cercano van a ser protagonistas.

En las obras expuestas nadie vio lo que el futuro depararía. Era imposible intuir que aquellas piezas de un joven principiante iban a ser la prehistoria de su trayectoria deslumbrante. Tampoco Reverón sabía hasta dónde podía llegar si atendía al dictado de sus voces interiores.

VIAJE A EUROPA

Gracias a la intercesión del maestro Herrera Toro, Reverón consigue una beca de la municipalidad de Caracas para irse a continuar sus estudios en Europa. Escoge la Escuela de Artes y Oficios de Barcelona, en España. Ya está allá su compañero Rafael Monasterios. Corre el año de 1911 y el hijo de Julio Reverón toma clases de dibujo y colorido, de composición y de paisaje libre.

Al año siguiente regresa a Venezuela con el objeto de resolver asuntos relativos a su manutención en España. Pinta aquí un célebre retrato: el de *Enrique Planchart* (1912), y regresa esta vez a Madrid a la Academia de San Fernando. Este mismo año sus compañeros caraqueños crean el Círculo de Bellas Artes, pero no será hasta su regreso de Europa cuando Armando se incorpore al grupo. Allá en Madrid, junto a sus condiscípulos, emprende viaje a Segovia para conocer al maestro Ignacio Zuloaga y frecuentar su taller. Pero no solo el arte de este pintor lo cautiva. Velásquez, el Greco y, especialmente, Goya toman su interés. Según Boulton, su paso por España fue más formativo en el orden emocional que en el propiamente académico, pero esto es discutible. En todo caso, es desde España desde donde envía la obra *Gitana* al Primer Salón Exposición Anual del Círculo de Bellas Artes. Y concluye, a finales de 1913, el curso en la academia madrileña.

Al año siguiente está en París y aunque no siguió estudios formales, quizás fue más provechosa que la temporada española. No puede saberse a ciencia cierta, pero la obra futura de Reverón se vincula con facilidad con las obras que admiró en París: Degas, Cézanne y tantos otros que la capital de Francia le hizo familiares. Reverón no descansa; en los alrededores de París (Chantilly) y al aire libre, trabaja el pintor. En la urbe del Sena traba amistad con un poeta y coterráneo singular: Salustio González Rincones, quien también, con los años, logró acabar una obra singularísima. Quizás alguna vez fue junto a Reverón al

Museo del Louvre, donde se sabe que el pintor gastaba tardes enteras tratando de desentrañar los secretos de los maestros. Mientras educaba su mirada en París, el maestro Herrera Toro fallece en Caracas. Monasterios regresa a Venezuela y Reverón viaja de nuevo a España. La Primera Guerra Mundial va a estallar y nuestro pintor, ya de veintiséis años, emprende el viaje de regreso al país, la «Vuelta a la patria» de Pérez Bonalde.

CON EL CÍRCULO DE BELLAS ARTES

Regresa a Caracas y se integra de inmediato a las actividades del Círculo. Es elocuente. Habla de sus años en España y se fascina con el recuerdo de las obras de Goya y con sus lecturas de Quevedo y de Cervantes. Se anima a recitar versos y a diseñar escenografías. Lo entusiasman Lope de Vega y Calderón de la Barca. De la madre patria trae aún más robusta su afición por el toreo. Es espectador frecuente de las corridas y algunas veces dibuja al carboncillo los encierros, antes de la fiesta brava. Su pasión taurina es tal que le propone a sus compañeros del Círculo hacer una corrida para recoger fondos. Con su amigo Monasterios y Báez Seijas, Reverón forma el cartel de una tarde de toros en el viejo Circo Metropolitano. La recaudación fue un fracaso, pero los pintores tomaron el capote y enfrentaron a las bestias. Al afán de los diestros se suma la alegría de Leo, Cabré y Monsanto desde el tendido de sombra.

Las actividades del Círculo representaron una suerte de apertura para sus integrantes. Las naturalezas muertas del período académico quedan ya en el pasado y nace, fervorosamente, el interés por el paisaje. Para este año, 1916, el pintor rumano Samys Mützner fija su residencia en Margarita, pero antes había pintado en Caracas con su visión impresionista que influyó en los jóvenes del Círculo.

En el año 1917 ocurre su último viaje a Valencia. Visita a su hermana de leche Josefina en el lecho de enferma, poco antes de morir. Con apenas treinta años fallece y quién sabe cómo y cuánto habrá afectado el alma de Reverón esta pérdida. Es un año fundamental: muere la hermana queridísima, el Círculo se va apagando y nuestro pintor se refugia en La Guaira. Inestable física y emocionalmente, encuentra albergue en un colegio que dirigía un amigo. Para sobrevivir da clases particulares a los hijos de las familias del litoral. No pinta nada de importancia y su vida parece sumida en un hueco anímico. Su carácter locuaz se vuelve silencioso. Es un hombre hermético y deprimido que ignora que pronto ocurrirá un renacer de sus fuerzas.

JUANITA Y FERDINANDOV ENTRAN EN ESCENA

En los días del carnaval de 1918 Reverón conoce a Juanita Ríos. El día del encuentro ella estaba disfrazada de dominó y él de muerto. Juanita comienza por ser la modelo de sus cuadros y pronto se vuelve su mujer y compañera hasta el fin de sus días.

Procedente de Moscú había llegado a Venezuela un acuarelista singular. Nicolás Ferdinandov se llamaba aquel hombre de ideas maravillosas. Lo entusiasmaba el plan de hacer una galería flotante. Es decir, quería ir navegando por los mares del mundo mostrando sus obras. Le subyugaba el paisaje submarino y con frecuencia se sumergía con un traje de escafandra a esculcar el fondo del mar. Era esotérico y algo místico aquel personaje que se movía por la geografía nacional. Establecido en Punta de Mulatos en el litoral, recibió la visita de Reverón y Juanita. De esta temporada surgen los primeros desnudos que el pintor hizo de su modelo. Pero de esta relación van tejiéndose afinidades importantes: el azul de ambas paletas no se queda quieto. Los propósitos decorativistas y *art nouveau* de Ferdinandov y sus acuarelas dialogaban con el azul profundo que Reverón trabajaba desde su regreso de España. Quizás, aún más importante que la retroalimentación pictórica que se produce entre ambos, sea lo que Ferdinandov provocó en la psicología reveroniana: apertura a otras posibilidades de vida, entrega absoluta a su propia pasión creadora.

Nuestro pintor contrae la gripe española y la supera con un método extrañísimo: corre por el malecón a toda velocidad y luego se sumerge en una bañera con agua a temperatura ambiente. Pero la amenaza de otras enfermedades lo lleva al desasosiego y decide venirse a Caracas, con Juanita, e instalarse en casa de su madre. De estos meses procede una obra ampliamente elogiada, *Retrato de Juanita*, que recuerda su experiencia española. Recrea a las majas de Goya que tanto admiró en Madrid. Al año siguiente el pintor, su modelo y compañera, y su amigo Ferdinandov se aposentan en El Valle, a pintar paisajes. Regresa a Caracas Emilio Boggio, después de vivir cuarenta y dos años en Francia. Su obra, junto con la de Mützner y Ferdinandov, es la que más influye en los jóvenes del Círculo de Bellas Artes. Reverón, por supuesto, no está exento de estas influencias que, lejos de invadir su estilo, contribuyen a configurar su discurso de madurez. Sin saberlo, Reverón da pasos hacia su primer período de importancia.

LOS AÑOS AZULES

El primer crítico que estudió a fondo la obra de Reverón fue Alfredo Boulton y fijó tres períodos: el azul, el blanco y el sepia. Los años azules van forjándose desde su regreso de Europa y se nutren de las imágenes de los maestros españoles, de Ferdinandov y, obviamente, de las propias inclinaciones del pintor.

El año de 1919 es la fecha que calza en una obra valiosísima: *La cueva*. También de este año es la exposición que organizó Ferdinandov con las obras, otra vez, de Rafael Monasterios y Armando Reverón. Económicamente la muestra fue un fracaso, pero Reverón no flaquea en su empeño y ejecuta una obra definitoria del período azul: *Procesión de la Virgen del Valle*. Corre el año de 1920 y el impresionismo de Boggio y Mützner también se hace sentir en este período. *Figura bajo un uvero* recoge no solo una técnica pictórica sino un clima, una atmósfera poética, fantástica.

La benéfica compañía de Ferdinandov sigue fecundando el espíritu del artista. Bajan a Macuto con frecuencia y se radican, por temporadas, en el lugar llamado «Las quince letras». Comienza a darle vueltas el deseo de establecerse para siempre en el litoral. El paisaje marino se hace frecuente en su obra y el desnudo ocupa sus obsesiones. Sin embargo, la pieza *Fiesta en Caraballeda* es de este tiempo; aún el período blanco está por aparecer. Este año transcurre en febril movilidad entre Maiquetía, Macuto y El Valle, en Caracas, siempre con Juanita y Ferdinandov. El crítico Enrique Planchart halla en sus desnudos una noticia de orden sexual y afirma: «… se enfrenta al más profundo misterio de la vida: el misterio sexual. Tanto en su voluntad de arte, como ha de serlo siempre el artista, expresa sin pecado, en una serie de desnudos de mujer, el filtro de las flores sexuales».

LA CONSTRUCCIÓN DEL CASTILLETE

Esta quizás sea una de las decisiones más importantes de su vida. Quedarse en Macuto y comenzar a levantar el caney en el terreno que le regala su madre es ponerle fin a la errancia. Ahora Reverón tiene un sitio. Esto ha de ser básico para el desarrollo de su obra por venir. Es el dueño de un reino donde gobierna a su real saber y entender. Allí estará siempre Juanita, comprensiva y amorosa testigo del mundo alterno que está por crearse.

El terreno es cuadrado y no pasa de setecientos metros cuadrados. Ha debido ser un lecho de río hace muchísimos años, a juzgar por las rocas inmensas que lo accidentan inevitablemente. Las penurias de Reverón no le permiten levantar su morada de una sola vez. La construcción ocurre paulatinamente, por más que las necesidades del pintor sean mínimas. Este universo que comienza a alzarse será en el que nuestro pintor oficie sus ritos. Será poblado por sus muñecas, a quienes reprende y perdona por sus pecados, como un sacerdote omnipotente. Será habitado por la agilidad de los monos Panchos que fueron sus fieles compañeros. Reverón, cuando murió el primer Pancho, no se dio por enterado e inmediatamente buscó otro igual al que, sin corte alguno, siguió llamando Pancho y tratándolo como si fuera el mismo que había muerto. El Castillete será el reino donde tendrán sentido sus objetos: el piano, las máscaras, la pajarera. Allí posará satisfecho para los fotógrafos Victoriano de los Ríos, Domingo Lucca y Alfredo Boulton. Allí recibirá durante treinta años a sus amigos, a los curiosos que se acercan a ver al «loco» que vive como un ermitaño. Allí irá avanzando en su viaje interior, en su introspección, que le lleva a tener una relación intermitente con la realidad. Allí recibirá la visita de sus fantasmas y sentirá cómo unos demonios lo dejan postrado, inútil a ratos para darle salida a su juego creador. Allí, al cabo de muchos años, dirá: «Estoy en Macuto pintando desde hace muchos años. He logrado encontrar la simplicidad y la caricia de la sencillez. He conseguido hacerme familiar a la luz».

Es en el Castillete donde Reverón le abre la puerta al fuego creador que lleva por dentro. Es allí donde su trabajo con la luz se desarrolla, obsesivamente, como si al buscarla encontrara también la forma de calmar la inquina de sus demonios. Es allí donde descubre sus facultades histriónicas y se hace poseedor de un secreto: el juego como práctica liberadora, como convocatoria de la felicidad. Oigámoslo:

> … la vida es el gran teatro. Nosotros, ustedes, periodistas y fotógrafos, somos los personajes que representamos en la escena de la vida. Y en esta escena todos nos movemos bajo el cono de la luz que hay que llevar a la pintura. Luz en el teatro, luz en el lienzo, luz en el cine, porque en el cine como en la pintura, lo fundamental es la luz.

Como si fueran dos fuerzas contrarias, Reverón es afable con los visitantes, pero no por ello deja de levantar su muro. Busca hacer de su espacio algo muy distinto al mundo exterior. Estos años que van de 1921 a 1925 son de transición en varios sentidos. A la par que va construyendo el Castillete, decrece su producción artística y todo esto coincide con una edad fundamental: la mitad de la vida. Está más que estudiada la llamada «crisis de la edad media» que ocurre alrededor de los treinta y cinco años donde, según los estudios psicológicos más recientes, el hombre pone en cuestión lo que ha sido su vida. Además vislumbra, por primera vez, lo que ya no es posible realizar y, por otra parte, calibra lo que es factible emprender. En este epicentro está Reverón: comienza a alzar su fortaleza para aislarse del mundo y hallar su propia voz, bajo su ímpetu creador. De la crisis de la mitad de la vida surge, cuando se supera, un espíritu renovado; es una suerte de renacimiento el que puede ocurrir. En la historia de Reverón ocurrió, felizmente.

El 7 de marzo de 1925 fallece en Curazao, víctima de una neumonía, Nicolás Ferdinandov. Por una extraña coincidencia muere justo cuando nuestro pintor está al final de su crisis. Con él se van los años azules y una de las figuras capitales para comprender el desarrollo reveroniano. Otra etapa comienza; tiene treinta y seis años.

EL PERÍODO BLANCO

La opinión unánime de la crítica es que este es el período más significativo de la obra de Reverón. Juan Calzadilla afirma: «A esta época, que podemos iniciar hacia 1925 y que concluye, más o menos en 1933 (ya que sus límites no son absolutamente precisos) corresponde su contribución más significativa a la pintura». Es decir, entre los treinta y seis y los cuarenta y cuatro años. Todo se hace propio, único. Desde la preparación de los instrumentos de pintura hasta el tratamiento de los colores y la manera de enfrentar el lienzo. De esta faena maravillosa, Alfredo Boulton tomó una secuencia fotográfica del trance en el que Reverón se sumía cuando pintaba el retrato de *Luisa Phelps*. Y también el mismo Boulton dejó escrita una descripción del proceso, en el final de la etapa blanca:

> A partir de esta época, comenzó su obra a liberarse y afloró entonces la expresión de su verdadero temperamento. Proceso gradual, en ascenso, hasta ver plenamente reflejado en su estilo el peculiar mecanismo plástico que respondía a los gestos, al nerviosismo de la pincelada, del punto, del rasgo con los que construía libérrimamente la imagen al ir colocando los colores sobre el lienzo.

Y más adelante explica la mecánica propiamente corporal:

> Era una gesticulación que sugería reminiscencias de tipo erótico y como ancestral ante la presencia del toro, tan constante en algunos pintores ibéricos, y que en el ímpetu con que Reverón embestía el lienzo pudieran significar una velada intención de tipo sexual. En aquellos momentos el artista se aislaba de todo contacto exterior: no tocaba metales, tapaba sus oídos con grandes tacos de algodón o pelotas de estambre, y dividía su cuerpo en dos zonas, ciñéndose cruelmente la cintura. Luego, mediante un ritual lleno de gestos y

de ruidos, como entrando en trance ante el lienzo, entornaba los ojos, bufaba y simulaba los gestos de pintar hasta que el ritmo del cuerpo y las gesticulaciones hubiesen adquirido suficiente ímpetu y velocidad. Entonces, con actitudes de espasmo, era cuando embestía la tela como si fuese el animal que rasgaba el trapo rojo de la muleta. A veces, en esas embestidas, lograba perforar la obra.

He transcrito extensamente la narración de Boulton porque es elocuente y procede de un testigo excepcional. Además, nos revela la profundidad con la que Reverón asumía su oficio. Era más una convulsión interior ardiente que un cálculo frío. Estaba en juego su interioridad, en tal maridaje con su cuerpo que, después de aquellas batallas ha debido quedar exhausto. Este es el hombre que, enceguecido por la luz del sol, en una costa del Caribe acomete su gran obra. De este período son las obras *Luz tras mi enramada* (1926), *Cocoteros en la playa* (1926), *Rancho con árboles* (1927), *Rancho en Macuto* (1927), *Ranchos* (1931), *El árbol* (1931), *Uveros en un paisaje* (1931), *Rostro de mujer* (1932), *Autorretrato* (1933). Como vemos, tanto el paisaje como la figura centraron su atención, pero, en rigor, el período blanco es más una etapa paisajística que de otra naturaleza.

Estos años son, también, aquellos en los que surge todo el trámite mágico entre Reverón y sus obras. Son los años del rito shamánico ancestral. Hacia el final del período blanco la luz ya ha inundado todo el espacio de la tela. Estamos en 1932 y el pintor concluye una obra particularmente hermosa: *Las hijas del sol* se llama y alude, simbólicamente, a la paternidad del astro-rey y a la verdad que la luz preserva y escatima: «La pintura es la verdad; pero la luz ciega, vuelve loco, atormenta, porque uno no puede ver la luz».

El final del período blanco coincide (¿casualidad?) con una crisis de orden psicológico. Como ha podido intuirse a lo largo de estas páginas, Reverón se asoma al abismo del trastorno psicológico, pero esta crisis no será tan severa como las que le esperan a nuestro pintor. El año 1935 va a morir el dictador Juan Vicente Gómez; a partir de 1936, Venezuela comienza a ser otra. Nace el grupo de poetas *Viernes* y se inicia, con dificultades, la modernización del país. El capítulo más autoritario y castrante de la historia política venezolana concluye con la muerte del tirano. Nuestro pintor va a superar su episodio psicótico y renacerá con nuevos bríos.

EL PERÍODO SEPIA

La primera vez que la obra reveroniana se expone fuera de Venezuela es en el año 1934, gracias a las diligencias de Luisa Phelps en París. La recepción, por parte de la crítica, no fue demasiado entusiasta. El mismo año Alfredo Boulton organiza una muestra del pintor en el Ateneo de Caracas. Desde hace casi quince años Reverón no expone sus obras, sin embargo la venta no fue todo lo exitosa que se esperaba.

Al año siguiente el cineasta Édgar Anzola inicia el rodaje de la primera película que se hizo sobre Reverón. Después vendrían las cintas de Roberto Lucca y la conocidísima de Margot Benacerraf. Al contrario de lo que podría pensarse, al pintor le fascina el hecho de ser filmado y se presta para cualquier toma propuesta, incluso en un pasaje de la película se ve a Reverón por el centro de Caracas con sus obras en la cabeza, rumbo a una transacción comercial de sus piezas.

El año de 1938 se inaugura el Museo de Bellas Artes. Es obra del gran arquitecto venezolano Carlos Raúl Villanueva y en la primera exposición que se organiza se expone una obra de Reverón: *Desnudo*. Este tema, y en gran formato, va a ser de los que ocupan al pintor en estos años. De hecho, una de sus obras más celebradas, *La maja criolla,* es del año 39, tiempo en el que Mariano Picón Salas publica un ensayo luminoso sobre la obra del artista. No es arbitrario fijar este texto, de un autor ya muy respetado, como el primero que llama la atención sobre la importancia de su obra. Pero la obra que aludimos antes no es una isla en su producción; por el contrario, es una de las tantas majas que conforman lo que podría tenerse por una serie. Lo singular de esta indagación es que va más allá del trabajo anterior con Juanita como modelo. Las majas son, en gran medida, mujeres arquetípicas, mujeres oníricas, mujeres que le deben sus formas corporales a las mareas del subconciente reveroniano. Está encerrado en el Castillete y, como quien hace un viaje interior, trabaja la figura femenina obsesivamente, hasta que una nueva caída de naturaleza psicológica coincide con el fin del tema de la maja.

Al recuperarse, quiere huir del encierro y sale del Castillete a pintar el puerto de La Guaira. Las faenas portuarias lo fascinan y los cielos se le van tornando tormentosos. En verdad, las marinas portuarias de Reverón son, por decir lo menos, dramáticas, apasionadas. El blanco, que ya había sido paulatinamente sustituido por la tonalidad sepia, ahora es también invadido por el negro, el verde oscuro, el amarillo ocre, el azul. De estos años son *El puerto de La Guaira* (1940), *Paisaje de La Guaira* (1941), *Marina* (1942), pero junto al encanto que le provoca el puerto, su salida del encierro femenino también implica el paisaje sin puerto. De entonces son: *Cocoteros en la playa* (1939), *Paisaje con uvero* (1940) y, también, un hermosísimo *Paisaje blanco* (1940), así como *El playón* (1942) o *Amanecer desde punta brisa* (1943). Las obras de estos años le han arrancado a varios críticos el calificativo de turneriano, y es cierto: recuerdan a los cielos del gran pintor inglés.

El año de 1942 trae para el pintor una noticia infausta: muere su madre. Un año antes había alquilado una casa cerca del Castillete para vivir cerca de su hijo. El pintor asiste al lecho de la enferma y escucha el último suspiro. Como es de esperarse, este hecho afecta profundamente al artista, pero, más allá de la depresión, no se tradujo en un nuevo episodio psicótico de inmediato. Sigue saliendo a pintar tanto al puerto de La Guaira como a los paisajes marinos. *La corporación del puerto de La Guaira* (1943) y *Marina* (1944) dan fe de su disposición para el trabajo creador. Una de las obras más conmovedoras del maestro es del año 1944; *Cocotero* se titula y esplende por su limpieza y su fuerza, con la mayor economía de medios.

En marzo de 1945 nuestro pintor sube a Caracas a visitar a sus entrañables amigos Manuel Cabré y Antonio Edmundo Monsanto y estos, al percatarse del desequilibrio mental del pintor, hablan con el doctor Báez Finol, quien dirigía un sanatorio en Catia. Por primera vez es internado y el galeno puede hacer un diagnóstico bastante preciso de sus males psicológicos. Años después, en 1955, el doctor Báez Finol dio una conferencia en el Museo de Bellas Artes sobre el cuadro clínico del pintor. Otro psiquiatra, Moisés Feldman, que estudió su caso tiempo después, valoraba los diagnósticos de Báez Finol.

Al renacer del hueco profundo al que lo ha sometido la crisis, Reverón continúa su trabajo. Se produce un cambio en su técnica pictórica: los trazos se vuelven más dibujísticos, más detallados, aunque el período sepia aún, según Boulton, no concluye. Estamos en el año 1947 y el hombre delgado que enfrentaba al lienzo como quien lidia un toro le da paso a un adulto más robusto, de movimientos más sosegados. Esto se traduce en sus obras *Figura con abanico* (1947), *Tres mujeres* (1947), *Desnudo acostado* (1947), que anteceden la aparición de los autorretratos y de las muñecas. El Castillete de 1948 está ya casi totalmente habitado por el mundo alterno que el pintor se ha hecho. Las muñecas tienen nombre y hasta historias que el propio Reverón les inventa. Resurge, también, toda la imaginería religiosa que le ha sido propia. El pintor no escatima en artificios para sus muñecas: las maquilla, las viste, las coloca frente a la máquina de coser, forman parte del escenario real y ficticio de su vida.

De estas escenas, el poeta Vicente Gerbasi recuerda:

> Reverón, ese día dijo: «Ah mira Vicente, estoy haciendo algo muy especial, quiero mostrártelo». Nos llevó a un rancho que había hecho. En la puerta del rancho había una jaula con un canario de cartón pintado de amarillo y comentó: «ese es mi canario» y comenzó a silbar como el canario. Luego entramos al rancho a ver lo que estaba haciendo. Había una escalera hecha con alambres que iba a una mezzanina, todo esto hecho por él mismo. Debajo había una señora (una muñeca) cosiendo en una máquina, hecha por él mismo. Al lado, a la izquierda, había un altar con una virgen y unos candelabros todos hechos con papel celofán. Había una vitrina con unas copas del mismo papel con un fondo de vino pintado. Entonces ordenó: «Vamos a ponernos en fila». Colocó a los niños en escalera de chiquitos a grandes, a mí me situó adelante diciendo: «A ti te pongo adelante porque tú eres monseñor Pellín en esta ocasión, y ahora vamos a caminar hacia la Virgen de Coromoto», y él también brindó con nosotros. Después, inmediatamente llamó: «Marqués de los Olivares», había arriba un señor vestido de frac con pumpá, un muñeco muy bien vestido, hecho por él y una señora vestida de española muy bella. Dijo: «Buenos días señor marqués de los Olivares,

buenos días señora marquesa de los Olivares, les presento al poeta Vicente Gerbasi, a su familia, a sus amigos». Entonces él mismo contestaba: «Buenos días, señor Gerbasi», y con voz de mujer decía: «Buenos días, señor Gerbasi». Luego explicó: «esto va a formar parte de una película que estoy haciendo sobre mí mismo, porque en las películas que han hecho sobre mí, allí no estoy yo, yo voy a estar en la película que voy hacer sobre mí mismo». A mí me pareció maravilloso todo aquello, fabuloso.

He citado en extenso toda esta historia por su valor revelador, porque por intermedio de un gran poeta nos llegan luces sobre el histrionismo de Reverón, sobre su concepción lúdica. Este universo interior es el que lo acompañaría en la serie de autorretratos que hará en 1948. Siete en total y siempre al lado de sus muñecas.

Tiene cuarenta y nueve años y se ve a sí mismo rodeado de las mujeres de trapo que ha fabricado para su compañía. Está a las puertas de otro desarreglo mental y busca, desesperadamente, fijar su rostro con el telón de fondo de sus muñecas. Se mira en el espejo. ¿Acaso intuye que se fragmentará muy pronto? ¿Acaso oye crecer dentro de sí mismo una multitud de voces que lo aturden y lo apartan de su centro?

Este mismo año llega a Venezuela un fotógrafo procedente de las islas Canarias. Victoriano de los Ríos se llama y realiza el trabajo fotográfico más exhaustivo que sobre el pintor se hizo. Al siguiente año muestra sus fotos en el Centro Venezolano Americano, pero no por ello deja de tomar fotografías de Reverón hasta el final de sus días. Estas tomas recogen el universo del pintor en los años en que decide enseñar a dibujar a Juanita. ¿Por qué no lo había hecho antes? ¿Por qué no había aflorado antes el maestro que inicia a su discípula? No podemos saberlo, pero el período sepia ha terminado.

LA LUZ SE APAGA

A medida que crece el interés público por Reverón, paradójicamente decrece la impronta de su obra. El «loco de Macuto» ya es considerado como un pintor de gran valía, pero sus facultades mentales comienzan a mermar. Simbólicamente, comienza a usar materiales como soporte de sus obras. En cambio se organiza la primera retrospectiva de su obra en el Centro Venezolano Americano. Cincuenta y cinco piezas componen la muestra, que es acogida por la crítica y la prensa con grandes elogios. Pero esto tiene sin cuidado a Reverón.

En 1949 Roberto J. Lucca edita su documental sobre Reverón y Margot Benacerraf filma su película en el año 1951, justo antes de que la salud mental del pintor se vea seriamente afectada. El año 1952 marca el comienzo del fin: comienza las obras y las abandona sin terminarlas, su estado físico se deteriora alarmantemente. Juanita se preocupa por la manera como pasa los días el maestro. No sale del caney y acostado emprende largos soliloquios sobre los temas más disímiles y en medio de agudas obsesiones. Recibe el Premio Nacional de Pintura y, como es lógico, le importa un rábano, dice: «Ignoro todo eso de los premios ni me interesa tampoco. Yo solo me intereso por mi castillo y por mis pinturas. Estoy preparando algunas y quiero que resulten extraordinarias».

Estamos en 1953 y el remolino del desequilibrio no cesa de tumbarlo todo a su paso. Juanita llora desconcertada con la irrealidad de Armando y no sabe qué hacer frente al caos. Una vez más sus entrañables amigos Manuel Cabré y Armando Planchart lo llevan al sanatorio San Jorge del doctor Báez Finol. Ingresa el 24 de octubre y para las navidades se ha repuesto considerablemente y reinicia su pintura en el sanatorio.

Sus compañeros de clínica son los sujetos de sus obras, así como los enfermeros y la señora Báez Finol. Dibuja febrilmente, como en sus buenos tiempos. Ha rescatado su propia agilidad, su espíritu eléctrico. El ángel del entusiasmo le ha vuelto al cuerpo y al alma. Incluso ciertos destellos blancos de su mejor época han vuelto al papel sobre el que trabaja. Su mejoría es notable y el doctor Báez Finol estima que puede regresar al Castillete muy pronto. Antes, el mismo galeno le propone a los amigos del pintor que se organice una muestra de sus obras en el Museo de Bellas Artes. Todos, entusiasmados, se esmeran en los preparativos de la exhibición. Incluso, el propio Reverón va hasta el museo a colaborar con los arreglos de la muestra. Pero nunca se sabe cuándo la parca toca a la puerta y el 18 de septiembre de 1954 a las 6:45 de la tarde fallece Armando Julio Reverón Travieso, víctima de una embolia cerebral. La luz más intensa que ha conocido la pintura venezolana se apaga. Como un eclipse fue su muerte: tapó la luz por unos minutos y surgió, después, la obra insólita que no ha dejado de crecer.

EL JUICIO FINAL

Sobre la obra y la vida de Armando Reverón está casi todo dicho. Desde el lúcido texto de nuestro gran ensayista, Mariano Picón Salas, hasta la no menos lúcida interpretación de Luis Pérez Oramas. Entre una y otra median alrededor de cincuenta años de lecturas de la obra reveroniana. Las aproximaciones y periodizaciones de su albacea y crítico más fiel: Alfredo Boulton; las penetraciones en su universo pictórico de Juan Calzadilla; las inteligentísimas relaciones erótico-religiosas que fijó Juan Liscano; la importancia de Juanita como tema y espacio que vislumbró Marta Traba; la ubicación en el mundo de las escuelas pictóricas que precisó Miguel Otero Silva y, en fin, la innumerable cantidad de interpretaciones que ha provocado la obra del pintor de Macuto no la ha producido ningún otro pintor venezolano. En el mundo de las letras, tan solo José Antonio Ramos Sucre ha suscitado caudal parecido de aproximaciones críticas.

Reverón es, sin la menor duda, el más grande de los pintores venezolanos y buena parte de la crítica que se ha ocupado de su obra se propuso explicar por qué ha de considerársele así. Pero además de su obra, su trayecto vital ha despertado una enorme curiosidad y, en consecuencia, está totalmente documentado y auscultado. La personalidad del pintor ha fascinado a los psiquiatras (Feldman, Rísquez, Rasquin) a partir de los informes del doctor Báez Finol, que lo trató en el sanatorio cuantas veces sufrió un desarreglo severo. Interesantísimas conjeturas han urdido los psiquiatras a partir de la lectura de su universo simbólico, su vida de ermitaño en el caney de la playa, sus obsesiones femeninas y tantas otras noticias que la vida de Reverón brindó como un banquete abundante.

Pero antes del interés de los galenos, ya había sido presa de las cámaras de los fotógrafos (de los Ríos, Boulton, Lucca) y de los cineastas

(Anzola, Lucca, Benacerraf) y, desde siempre, amigo de los escritores y, por supuesto, compañero de viaje de los pintores de su tiempo. Eso sí: todos convocados en los espacios de su reino. Allí donde el único sacerdote era él: un hombre de barba en pantalones cortos que, para pintar, se apretaba la cintura con un mecate, buscando separar las alturas del espíritu de las bajezas de la carne. Allí oficiaba aquel pintor que, iluminado, buscaba la luz, aquel artista del que Picón Salas afirmaba en 1940: «aunque no lo parezca es uno de los venezolanos más importantes que en este momento viven». Y para entonces vivían muchos infatuados por la quincallería del poder. Ocurría como con aquella pregunta que se hacen los franceses: ¿quién se acuerda del nombre del cardenal que vivía mientras Voltaire escribía? Nadie o casi nadie. El ensayista comprendió que aquello que Reverón hacía sobre el papel o la arpillera o el lienzo lo sobreviviría con creces. Así ocurrió.

Los más persistentes acompañantes de la obra reveroniana han sido Alfredo Boulton y Juan Calzadilla. Y para riqueza de la crítica han defendido posiciones encontradas y, raras veces, han coincidido. El primer antagonismo y, muy probablemente, la base desde donde han crecido los otros, se refiere al papel de la enfermedad en la obra de Reverón. Para Boulton, el pintor creaba cuando estaba sano y sus desarreglos mentales no eran otra cosa que eso: severos accidentes que lo sacaban del camino. A un año de la muerte del pintor, Boulton afirmaba:

> El último año lo pasó entre el sanatorio y períodos de casi absoluta inacción. Hizo algunos, muy pocos, ejercicios al carboncillo; rápidos apuntes de diferentes motivos. No se había llegado a restablecer completamente su equilibrio mental. Once meses estuvo bajo el cuido admirable y absolutamente desinteresado del psiquiatra. Había mejorado mucho. Hacia el final su aspecto físico volvió a recobrar cierta gallardía. El tratamiento médico permitió pensar que pronto volvería a pintar y las pocas cosas que hizo demostraron que lo haría de manera extraordinaria.

En las múltiples aproximaciones que su biógrafo y crítico emprendió no abandonó la tesis que subyace en las líneas anteriores: la obra y la enfermedad se excluían la una a la otra.

Por el contrario, Calzadilla no aceptaba el deslinde. Oigámoslo:

> Fue esta clase de ayuda la que nos aportó un médico honesto, enamorado de su profesión, quien con una base psicoanalítica y de manera empírica y sabia, dictaminó, a pesar que trataba de probar lo contrario, que Reverón no solo no estaba enfermo, sino que lo que en él atribuía la sociedad a locura, no eran sino los signos de un mensaje que sustentaba y, por decirlo así, legitimaba con su persona una experiencia integral de arte. Claro que Báez Finol no lo dijo de esta manera, pero de su experiencia con Reverón podría deducirse que si una persona atacada por una crisis producida por la esquizofrenia puede salir de este trance con varias sesiones de terapia comunicacional, entonces lo que anda mal, en sentido figurado, no es el individuo, sino la sociedad. El fantasma de la locura se hubiera esfumado trasladando el modelo terapéutico, aplicado en la clínica, al ambiente donde el artista había levantado su morada. La enfermedad de Reverón, en otras palabras, residía en los otros.

Como vemos, para Calzadilla la enfermedad de Reverón podía no ser tal y, más bien, residir en los otros, en la sociedad. Al ponerla en duda y aceptar que más que una patología es algo consustancial a su naturaleza, Calzadilla la incorpora como parte fundamental de la obra reveroniana. Incluso, en un momento comprende el hábitat del pintor como el centro indispensable para su precario equilibrio. Mientras Boulton tiende a fijarse en la obra plástica con fervor incisivo, Calzadilla le abre la puerta a los factores personales y sociales que formaban el contexto de Reverón. La luz que tanto buscaba el pintor debe estar en regiones equidistantes a ambas posturas. No puede comprenderse una obra aislándola de su marco histórico, pero atender en exceso al contexto puede hacernos olvidar el sistema que la propia obra propone.

Felizmente la obra creadora del maestro de Macuto ha sido abundantemente comentada. La totalidad, si es que esto puede tan siquiera vislumbrarse, está en el conjunto de la crítica. Con su proverbial lucidez Marta Traba aportó lo suyo: «Los espacios de Reverón son, sin duda, Macuto y Juanita: no pintará sino variaciones del mismo tema». Luego Traba emprende una relación fascinante: Ingmar Bergman y Armando Reverón. Ambos tomados por la mujer como nuez de sus vidas. En Bergman la mujer es nudo, es conflicto. En Reverón la mujer es lago, recodo, protección. Más adelante la inteligencia de Marta Traba nos deja un regalo:

> En esta complacencia por verlas, recorrerlas con la luz, redondearlas con una pincelada afectuosa y jamás ni ávida ni crítica, reconozco al hombre delicado cuyo conflicto no radica nunca en resolver la relación entre hombre y mujer, sino la relación entre los seres humanos [...]. Como en todos los delicados, los fronterizos entre salud y enfermedad, la sexualidad manifiesta en las obras de Reverón es ambigua y más dolorosa que victoriosa.

Esto decía la crítica el año de 1974. Ponía el dedo en la llaga: la mujer (la madre) es el espacio sobre el que el pintor traza su alfabeto de conflictos. La mujer-madre (representada por Juanita Ríos desde el carnaval en que se conocieron hasta el día de su muerte); la cosmogonía religiosa con sus prescripciones sobre el bien y el mal, lo puro y lo impuro y, como apuntaba Calzadilla, la instauración del Castillete como hábitat sobre el que se erige su precario equilibrio son, por lo menos, tres de las bases sobre las que se levanta el hombre que llevó a cabo una obra inmortal.

Veinte años después del ensayo de Marta Traba, Juan Liscano publica su libro *El erotismo creador de Armando Reverón*. En él, el poeta culmina lo que en 1964 había sido esbozado en un ensayo al cumplir Reverón diez años de muerto. Sigámoslo:

> Casi nunca Reverón, en su etapa sepia o blanca, pintó varones. El único varón era él mismo. Existen innumerables autorretratos suyos. En cambio las mujeres colman sus composiciones hasta poder afirmar que la fémina y el paisaje fueron los temas de su vida.

El aporte de Liscano es sumamente valioso para comprender la obra de Reverón. Liscano va más allá de la mujer como tema y espacio, indaga más allá de lo evidente y afirma:

La obra de Reverón, en gran parte expresa profundo erotismo visual, sensorial, con fijación carnal en la mujer. Esa atracción por las formas femeninas y los acercamientos vagamente lésbicos se advierten ya en los primeros cuadros que iniciaban su etapa de liberación.

En suma, Liscano encuentra en la obra reveroniana la huella de un erotismo complejo y sellado por la relación con la madre y el padre. No puede olvidarse que ambos entregan al niño Armando Julio al cuidado de la familia Rodríguez Zocca en Valencia. La vida entera de Reverón va a estar signada por las fuerzas de lo erótico en tensión con lo sagrado, la sexualidad en negociación con lo sublime. La mujer, como es obvio, es la pieza central de la vida emocional de Reverón. Eso fue Juanita. Pero al paisaje y la fémina se suma un universo riquísimo que el creador urdió. Me refiero a los objetos que el pintor confeccionaba para hacerse compañía en su reino, en su círculo de elección. No solo aludo a las muñecas que evidentemente formaban filas en sus habitaciones eróticas, sino que pienso en la pajarera, el teléfono, el piano y tantas otras piezas de su sistema vital-objetual.

José Balza le dedicó un largo ensayo a este aspecto de su obra. *Análogo, simultáneo* se titula el libro que lo contiene. Allí podemos leer:

> Qué decir, cómo mirar, qué fondo encontrar precisamente en la piel o en el lenguaje iniciático de esas piezas maestras, de ese engranaje para un mundo paralelo al nuestro? Nada; mucho: tal vez solo la fuerza de su extensión simultánea: quizá el enlace entre ellos y las otras vidas de Reverón; posiblemente el nudo que ata a una realidad con otra y que las vuelve (y se vuelve) indescifrable.

De «piezas maestras» las califica Balza y no le falta razón. En gran medida enriquecen su obra sobre soportes convencionales. Son parte de su obra, como lo es el Castillete y su relación con los monos Panchos que sostuvo durante años. En verdad, la vida de Reverón y su universo constituyen un acto creador, una instalación. Son el fruto de lo que un altísimo creador hace con la realidad, con el mundo. Los objetos son, también su obra.

Sobre la ubicación en el mapa histórico de la pintura se cuenta con varias opiniones. Una de Pascual Navarro fechada en el año de 1945: «Armando Reverón es un impresionista por lo ambiental, por lo pictórico y por la luminosidad, pero por el arreglo, ordenación, selección y composición de los elementos pertenece a la concepción de los pintores del barroco clásico».

Antes, en el mismo texto, Navarro la emprende contra quienes tildan despectivamente a Reverón como un simple impresionista. Lo que enardece a Navarro es que solo se le considere como tal y no se comprenda que iba más allá de las fórmulas de esa escuela pictórica. Diez años después Miguel Otero Silva afirma: «Hemos calificado antes la orientación pictórica determinante en Reverón como impresionista, o 'airelibrista', o 'atmosferista' o 'luminosista' que cualquiera de estas últimas palabras define mejor la escuela que el mote de 'impresionista' tan arbitrariamente adjudicado». Más adelante concluye diciendo: «el último y el más sincero entre los impresionistas de gran garra».

Además del sello impresionista de su obra, la crítica está de acuerdo en la enorme importancia que tuvo el conocimiento de la obra de Goya para Reverón. El primer encuentro ocurre en su viaje a Europa donde se planta frente a las creaciones del maestro. También lo hizo frente a otro maestro clave de la modernidad: Velásquez. Quizás el punto final a estas disquisiciones lo puso Luis Pérez Oramas con su ensayo esclarecedor: «Armando Reverón y el arte moderno» del año 1992. Allí el crítico afirma:

> Todo comienza, una vez más, con el impresionismo. Impresionismo que aparece tardío en Venezuela al llegar Emilio Boggio, venezolano exilado en Francia, amigo de Monet y de Henri Martin, testigo entre candilejas de la enorme renovación estética que tenía lugar en Europa desde finales del siglo XIX. Sucede, sin embargo, que Camille Pisarro ya había confrontado su pintura con esas mismas costas que Reverón llevará más tarde hasta el extremo del agotamiento pictórico, hasta el extremo moderno de la desagregación. La coincidencia –o el accidente– tiene fuerza de emblema: en las mismas costas caribeñas de Venezuela habrán coincidido ambos, el primer impresionista y el último, el impresionismo naciente de Pisarro y el impresionismo

vesperal de Reverón, impresionismo extremo puesto que alcanza un punto de retorno a partir del cual deja de ser impresionismo, a partir del cual traspasa las postrimerías formales del impresionismo para convertirse en otro arte, en un arte de la opacidad, del soporte, del gesto, del objeto y, potencialmente, de la instalación en la que Reverón hará su medio, su mundo, y resumirá sus referencias definitivas: muñecones, pajareras, máscaras, mantillas enormes que ilustran el tramado de sus telas encarnando el descubrimiento –infalible signo de lo moderno– de un soporte y de un campo pictóricos concebidos como tramados.

En este mismo texto coincide en el asombro que a la crítica le provoca la modernidad de Reverón. Mientras en Europa daban pasos conscientes hacia adelante los pintores, aquí, en la costa del Caribe, sin saberlo, un pintor adelantaba operaciones similares a las de los artistas europeos. Pérez Oramas es prolijo en anotar estas similitudes y logra trazar un mapa del contexto donde acaece la obra reveroniana.

Reverón fue un gran seductor. Probablemente sin proponérselo mordimos sus anzuelos. No solo llevó a cabo la obra plástica más aplaudida y de mayor resonancia universal que se haya adelantado en Venezuela, sino que fue en el sentido exacto del término un personaje. El caudaloso río de la crítica sobre su obra es fruto de ella misma, pero el no menos caudaloso río del testimonio periodístico es más fruto de la curiosidad que de su obra. Muchos se acercaban al Castillete a presenciar cómo vivía un hombre que había renunciado a la vida «civilizada» para encontrarse a sí mismo tras un muro de piedras.

Una suerte de voz interior seguramente le dictaba una estrategia para llegar adonde llegó. Como los santos o los místicos, Reverón fue deshaciéndose de sus vestiduras, se abandonó a sí mismo, hasta lanzó al suelo sus instrumentos para pintar con las manos. Su operación no podía ser la de un académico que mide sus pasos; la suya fue la de un iluminado al que la intuición puso en el camino.

Al decidir seguir el dictado de su voz interior ya estaba resteado con sus obsesiones: la luz, el cuadro, el paisaje, Juanita, sus objetos. Pero al ir dejándolo todo para que el mundo fuese el espacio de la tela, se dieron los pasos necesarios para una batalla. Al pedirle a su mono

Pancho que enfrentara la tabla con el pincel con toda la fuerza posible, Reverón no hacía otra cosa que pedírselo a sí mismo. Pancho era su espejo. La hechura del cuadro, como ocurre con la fiesta brava, era una situación límite: el toro o el torero, la vida o la muerte. Al hacerse un torniquete para aislar las partes bajas de las sublimes y dividir su cuerpo en dos por la cintura, lo que hacía el guerrero Reverón era prepararse para la batalla. Y, como con los toros, cada faena es distinta y supone poner en juego unas estrategias adecuadas a cada toro amenazante. Unas veces vencía Reverón y otras el caos. Sus entradas al sanatorio ocurrían cuando un tumulto de voces se solapaban unas con otras y le giraban instrucciones que terminaban por dejarlo fuera de combate. Reverón luchaba por apaciguar la turba que le bullía dentro, pero no siempre lo lograba. El Reverón que alcanzaba sus mejores obras era el que respondía al rectorado de su voz interior más auténtica. En el fondo, la fascinación que el pintor instaura en todos los que conocen su obra y su vida es la que producen aquellos elegidos que lo han abandonado todo por seguir, enamorados, un destino. En tal sentido, Reverón es una suerte de conciencia nacional, de ángel de la guarda que nos señala el camino más difícil: renunciar a todo, ser nada para poder llegar a serlo todo, casi todo. El pintor convocaba a diario la experiencia de la nada, de la supresión del mundo. Mientras alzaba su mundo, borraba el otro. Abolía la mundanidad y construía sobre la nada la búsqueda de su negación más rotunda: la luz. Pero la luz lleva dentro de sí el germen de su propia negación: el blanco, el enceguecimiento. Así, sus obras son el fruto de lo que la luz deja ver cuando amaina su fuerza. Sus obras son lo que se vislumbra entre enceguecido, maravillado y acicateado por el destello.

Hasta aquí hemos asistido al teatro donde los actores de la crítica dicen sus parlamentos. Convendría oír al pintor, aunque este solo puede ser juzgado por lo que pinta. Sin embargo, muchas veces hallamos la perla que faltaba en el sitio menos indicado. Puede ser, por qué no, que el mismo Reverón nos revele algo con sus palabras, aunque estas no hayan sido las herramientas de su obra. Alguna vez dijo: «La pintura es la verdad; pero la luz ciega, vuelve loco, atormenta, porque uno no puede ver la luz». En esta sentencia se encierra buena parte del trabajo reveroniano: la batalla con el sol, que comienza siendo a muerte, y el trato con la luz, que termina por ser uno de los *leitmotivs* de la hazaña de Reverón.

También dijo algo de una aplastante claridad, que casi parece una perogrullada, pero nada más lejos de esto. Afirmó: «Cuando uno pone una cosa en el cuadro sin conocer la cosa, el cuadro se pierde». Simplemente el pintor, con toda la autenticidad que lo asistía, revelaba su piedra angular: no se puede mentir al pintar. Si no se conocen las cosas, estas no entran en el cuadro, se pierden. Si pongo en juego un objeto que no es mío, que me es extraño, el juego o el objeto se excluyen, se repelen. Extrapolable a todas las manifestaciones del arte, la enseñanza de Reverón es como para levantar un edificio a partir de ella. Una vez más, sin proponérselo, el maestro nos lega una joya: su vida, su obra, sus batallas con la luz y haber experimentado el vacío para luego poblarlo.

BIBLIOGRAFÍA

ARRÁIZ LUCCA, Rafael. «Reverón en Nueva York» (conversación con Vicente Gerbasi). *Conversaciones bajo techo*. Caracas, editorial Pomaire, 1994.

BÁEZ FINOL, J. A. «Los psiquiatras». *Armando Reverón: 10 ensayos*. Caracas, Gráficas La Bodoniana, 1974.

BALZA, José. *Análogo, simultáneo*. Caracas, Galería de Arte Nacional, 1983.

BOULTON, Alfredo. *La obra de Armando Reverón*. Caracas, Ediciones de la Fundación Neumann, 1966.

CALZADILLA, Juan. *Armando Reverón*. Caracas, Ernesto Armitano editor, 1979.

DA ANTONIO, Francisco. *Textos sobre arte (Venezuela 1682-1982)*. Caracas, Monte Ávila Editores, 1982.

LISCANO, Juan. *El erotismo creador de Armando Reverón*. Caracas, Galería de Arte Nacional, 1994.

NAVARRO, Pascual. «El solitario de Macuto». *El Nacional*, Caracas, 26 de enero de 1947.

OTERO SILVA, Miguel. «Reverón fue el más sabio y el más cuerdo de nuestros pintores». *El Nacional*, Caracas, 29 de julio de 1955.

PALENZUELA, Juan Carlos. *Reverón. La mirada lúcida*. Caracas, Banco de Venezuela, 2007.

PÉREZ ORAMAS, Luis. «Armando Reverón y el arte moderno». *Reverón*. Catálogo de la Exposición en el Museo Nacional de Arte Reina Sofía. Madrid, 1992.

PICÓN SALAS, Mariano. *Las formas y las visiones*. San José de Costa Rica, Galería de Arte Nacional, s.f.

RASQUIN, Carlos. «Reverón desde un sueño». Caracas, revista *Imagen*, n.º 100-8, 1985.

TRABA, Marta. «Reverón descansa en Juanita». *El Papel Literario de El Nacional*, Caracas 22 de septiembre de 1974.

ZAPOZHNIKOV, Konstantin. *El hombre del país de las nieves azules*. Caracas, Cromotip, Agencia de Prensa Novosti, 1986.

CARLOS RAÚL VILLANUEVA, PIONERO

El interés que profesamos por la obra arquitectónica no nace en nosotros como consecuencia de una frustración profesional. Nunca pretendimos ser arquitectos, pero no podemos negar que fuimos educados para mirar con atención; después de todo, la mirada es la semilla del poema. Tampoco podemos negar que los espacios (y el clima) inciden en nuestro estado de ánimo, y que de tanto dar vueltas por el mundo la arquitectura es ya uno de los ingredientes de nuestra curiosidad. Cuando estamos en un espacio torpemente diseñado imaginamos al arquitecto chapucero que lo perpetró, pero cuando una mano sensible ha organizado el ambiente, pues se respira mejor, y hasta los diálogos fluyen con cierta armonía, y nos animamos a levantar la copa por quien concibió aquel recinto hecho a la medida del hombre.

La arquitectura, como se sabe, es una disciplina recientemente ofrecida por los centros de educación superior venezolanos: la Facultad de Arquitectura y Urbanismo de la UCV se creó, apenas, en 1941. Quienes primero hicieron arquitectura con vocación pública entre nosotros fueron los ingenieros. Es el caso de Olegario Meneses, que diseñó la parte sur de la vieja Universidad Central de Venezuela y el tristemente desaparecido Cementerio de Los Hijos de Dios, que fue fuente de inspiración para el pintor Nicolás Ferdinandov y para el fotógrafo Alfredo Boulton, entre otros. En Valencia, Alberto Lutowski concibió el mercado de la ciudad. En Caracas, el Palacio Federal Legislativo es obra de Luciano Urdaneta; y las iglesias de Santa Ana, Santa Teresa y el templo masónico son obra de Juan Hurtado Manrique. Ya al final del siglo XIX que hemos relacionado, Antonio Malaussena diseña el Circo Metropolitano de Caracas y Alejandro Chataing el Teatro Nacional, la Academia Militar de La Planicie, la Biblioteca Nacional, el Nuevo Circo de Caracas y el Hotel Miramar, en Macuto.

En las primeras décadas del siglo XX regresan al país (o llegan por primera vez) algunos venezolanos que han estudiado arquitectura en Europa o Norteamérica. Son los primeros que siguen cursos de educación superior en la especialidad. Entre ellos estaban Carlos Guinand Sandoz, Gustavo Wallis, un vasco que se quedó entre nosotros: Manuel Mujica Millán, y el joven Carlos Raúl Villanueva.

Villanueva era nieto del médico, historiador y rector de la Universidad Central de Venezuela, Laureano Villanueva (1840-1912), e hijo del diplomático venezolano, Carlos Antonio Villanueva, quien había casado con una francesa, Paulina Astoul. Carlos Raúl nace en Londres el 30 de mayo de 1900, mientras su padre es cónsul de la República ante el Imperio británico, pero su infancia, adolescencia y juventud transcurren en el país natal de su madre. Estudia bachillerato en el Lyceé Condorcet de París y arquitectura en la École des Beaux Arts de la misma ciudad, de donde egresó en 1928. De modo que cuando decide establecerse en el país natal de su padre, en 1929, ya casi tiene treinta años. Viene por primera vez en 1928, por pocos días, y luego viaja a los Estados Unidos para trabajar en la firma de arquitectos Guilbert y Betelle, para luego volver a Venezuela a comienzos de 1929.

Varias veces nos hemos preguntado por qué navega hasta estos paisajes si su situación laboral en Francia es promisoria (es asistente de Roger-Leopold Humemel y luego el horizonte que se le abre en el país del norte no es despreciable), pero no hallamos respuesta. En cualquier caso, si algo puede celebrar la arquitectura venezolana es esa extraña decisión de Villanueva, sobre todo si tomamos en cuenta que Venezuela no constituía para él ni siquiera un recuerdo de infancia. Quizás por eso mismo se quedó entre nosotros: porque el país fue más un descubrimiento que una recuperación.

El crítico de la arquitectura venezolana William Niño Araque, en su ensayo «Villanueva. Momentos de lo moderno», en el libro *Carlos Raúl Villanueva. Un moderno en Sudamérica*, Galería de Arte Nacional, 1999, establece una periodización de la obra del maestro compuesta por cuatro momentos. Período ecléctico (1929-1938), período racionalista (1939-1949), período moderno (1950-1958) y período minimalista (1959-1970). A su vez, dentro del período moderno advierte un fuerte acento de compromiso social. Esta periodización organiza sus años laborales en Venezuela en su totalidad, pero a los efectos de este ensayo no la seguiremos, ya que nos proponemos relacionar sus obras fundamentales sin atender a ella.

UNA SECUENCIA ASOMBROSA DE OBRAS

El primer intento de Villanueva por radicarse en Venezuela y trabajar como arquitecto fue fallido, pero el segundo no, y la clave estuvo en que trabó amistad con Florencio y Gonzalo Gómez, hijos del dictador, quienes lo presentaron a este y el general andino ordenó su incorporación al MOP (Ministerio de Obras Públicas). Además, le fueron asignados de inmediato varios encargos: la refacción del Hotel Jardín de Maracay (1929-1930) y la construcción de la plaza Bolívar de Maracay, la más grande del país, entre 1930 y 1935. Así comenzó la vida profesional venezolana de Villanueva.

Luego, en el mismo 1935 comenzó la construcción del Museo de Bellas Artes de Caracas, la primera obra significativa que diseñó en la capital, a la que le siguió el Museo de Ciencias Naturales, en 1936, ya durante el gobierno del general Eleazar López Contreras. A partir de 1939 se concibe en el MOP, donde trabajaba Villanueva, el plan de edificaciones escolares y a él le fue encargado el diseño de la Escuela Gran Colombia, que fue un hito en su obra arquitectónica. Así mismo, su participación en el esquema general de las edificaciones educativas fue fundamental. Luego, durante el gobierno de Isaías Medina Angarita le fue encargado el diseño de la urbanización El Silencio, construida entre 1941 y 1945.

Entre 1948 y 1958, Villanueva participa en el diseño de varias ciudades construidas por el Banco Obrero y el MOP. Nos referimos a la urbanización Rafael Urdaneta, en Maracaibo; la urbanización Carlos Delgado Chalbaud (El Valle) y la Francisco de Miranda (Casalta), así como la gigantesca del «2 de diciembre», conocida luego como «el 23 de Enero». De menor dimensión, pero significativa, fue la ciudad vacacional Los Caracas, en donde Villanueva proyectó parte de las viviendas. Estas obras las adelantaba en paralelo a su *opera maxima* de la Ciudad Universitaria de Caracas, que de seguidas revisaremos.

LA CIUDAD UNIVERSITARIA

El encargo del proyecto de diseño de la Ciudad Universitaria de Caracas tiene lugar en 1943 y desde entonces, y hasta el momento de su muerte, el 16 de agosto de 1975, Villanueva tiene entre manos un edificio del conjunto que queda pendiente. De modo que la Ciudad Universitaria de Caracas ocupa un espacio privilegiado de su obra desde sus 43 años hasta los 75 de su fallecimiento. Puede decirse, sin que ello vaya en desmedro de sus otros aportes, que esta obra es la principal de su conjunto creador.

De acuerdo con lo afirmado por Ildefonso Leal en su libro *Historia de la UCV,* el más entusiasta propulsor de la creación de la Ciudad Universitaria fue el rector Antonio José Castillo, quien logró entusiasmar, también, al presidente de la República, el general Isaías Medina Angarita, quien firmó el decreto que puso en marcha la obra, el 2 de octubre de 1943. También es justo señalar que las 203,53 hectáreas del sitio escogido, la vieja Hacienda de los Ibarra, no fueron las que inicialmente se habían soñado como sede. Antes, según refiere Leal, se pensó en terrenos aledaños al parque El Pinar en El Paraíso; después, en una zona cercana al Panteón Nacional; luego, en terrenos en la falda del Ávila y, finalmente, llegó a escogerse la Hacienda Sosa, en El Valle; pero, gracias a la intervención del doctor Armando Vegas, se seleccionó la Hacienda Ibarra, espacio que ya el gobierno nacional había expropiado con la intención inicial de construir un conjunto de viviendas. Vegas defendió ante Medina Angarita la conveniencia del sitio finalmente escogido, Medina accedió y, como se sabe, fue el más fervoroso impulsor de la obra.

Lo primero que se construye de la Ciudad Universitaria es el Hospital Universitario, en 1945 y, felizmente, el proyecto encuentra respaldo de continuidad durante el trienio adeco (1945-1948) y los gobiernos militares de Carlos Delgado Chalbaud y de Marcos Pérez Jiménez. Y es, precisamente, durante el ejercicio de este último cuando

Villanueva acomete la etapa que, según los críticos, es la más significativa del conjunto arquitectónico. Me refiero a la etapa que incluye el famosísimo proyecto de Síntesis de las Artes, a partir de 1952, cuando diseña, y se comienzan a ejecutar, el Aula Magna, la Plaza Cubierta, la Biblioteca Central, el edificio del Rectorado, la Sala de Conciertos y el Paraninfo.

El arquitecto Enrique Larrañaga, en su ensayo: «La Ciudad Universitaria y el pensamiento arquitectónico en Venezuela» en el libro *Obras de arte de la Ciudad Universitaria*, Monte Ávila Editores, 1991, afirma:

> Sin duda, el momento más intenso de esa depuración estructural y esa euforia compositiva de Villanueva está en los espacios de la Plaza Cubierta, que representan uno de los grandes momentos de la modernidad arquitectónica del siglo XX y, seguramente, lo más significativo del trabajo del arquitecto.

Y Niño Araque, en el ensayo ya citado señala:

> La Plaza Cubierta es parte del itinerario de los monumentos culminantes de la arquitectura moderna, es la clave de un pensamiento espacial fundamentado en la idea de la síntesis como el desafío tendencial, referido a la abstracción de las formas, interpretada en un momento muy preciso por un reducido número de artistas internacionales: traspasar el umbral de la plaza marca el inicio de una experiencia abierta a los ojos y la piel.

Luego, en el mismo texto, Niño señala que la realización plena del proyecto de Síntesis de las Artes se da en el Aula Magna, y no le falta razón.

Pero sería injusto señalar solamente la materialización de un anhelo integracionista entre la arquitectura y el arte como el logro máximo. En verdad, en la Ciudad Universitaria se expresa la particular destreza de Villanueva para comprender el espacio en vinculación con el clima. Quizás por el hecho de haberse educado en Europa y haber llegado al país siendo un profesional, pudo calibrar con exactitud las resonancias del trópico, los matices de la luz caribeña y todas aquellas condiciones del ambiente que fueron presupuesto de una gran libertad expresiva. ¿La formación europea no fue en el caso de Villanueva un puente para poder comprender las circunstancias del trópico? ¿El hecho de ser una suerte de venezolano de raigambre extranjera no permitió, acaso, que su visión de los espacios estuviese signada por una distancia comprensiva?

Sí, creo que sí, creo que la condición de ciudadano entre dos mundos, paradójicamente, fue la que articuló su radical interpretación del espacio tropical. Y ello se expresó en el proyecto de Síntesis de las Artes que, necesariamente, solo hubiera podido emprenderlo un creador con amplitudes cosmopolitas, que sabe insertar lo propio en un contexto universal. Allí está el secreto, allí está la razón por la que la obra de Calder se aviene perfectamente al espacio en el que está; allí está el secreto por el que no hay ninguna disonancia, ninguna extrañeza en la Ciudad Universitaria. Nada está fuera de lugar, todo es pertinente, todo está allí como si no hubiera podido estar de otra manera, en un perfecto ensamblaje. Solo desde una perspectiva global, que incluye la arquitectura, las artes y lo urbano, puede ser comprendida la excepcionalidad de la Ciudad Universitaria de Caracas, y la maravilla que encarna como expresión de la modernidad.

En el año celebratorio del centenario del nacimiento de Villanueva (2000) el Comité Mundial de Patrimonio de la UNESCO, reunido en Australia en su vigésima cuarta reunión anual, declaró a la Ciudad Universitaria como Patrimonio Mundial de la Humanidad. En la declaración se la concibe como: «una obra maestra de la arquitectura y del arte moderno, reconocida por sus valores paradigmáticos y singulares». Al hacerlo, la UNESCO reconoce la obra de Villanueva y contribuye con la divulgación y el conocimiento de su trabajo en el ámbito planetario. También, como es lógico, propone el reconocimiento tácito de la obra del maestro como una de las principales de la arquitectura hispanoamericana, junto con las ya consagradas de Lucio Costa, Oscar Niemeyer, Luis Barragán y Rogelio Salmona.

CODA

Muy pocos arquitectos en el mundo han tenido la oportunidad que tuvo Villanueva de contribuir masivamente con la arquitectura y el urbanismo de su país. En Latinoamérica, tan solo Niemeyer supera a Villanueva en la magnitud de su obra pública. Pero el venezolano no solo diseñó obras públicas: la lista de casas que concibió junto con su suegro, el constructor Juan Bautista Arismendi, es voluminosa y notable. Igualmente, su labor docente fue prolongada y sumamente valorada por sus alumnos, aunque nunca se propuso crear una escuela de seguidores. Felizmente, un proyecto así no se avenía con su espíritu liberal, que propendía a dejar que cada quien hallara su camino al margen de cualquier forma de ortodoxia.

No cabe la menor duda de que fue clave de su maestría su sensibilidad artística. La relación con el arte hizo de la arquitectura de Villanueva una obra cuyo epicentro fue el hombre. Esto es evidente y, sobre todo, se hace palpable cuando vemos la obra de otros arquitectos, técnicamente resuelta, pero sin el influjo humanista que imantaba el trabajo de Villanueva. En este sentido puede hablarse de una perfecta conjunción en su obra entre la ciencia y el arte. De allí que señalemos con énfasis una característica difícil de hallar en los creadores: su plenitud, su globalidad, una riqueza proveniente de la posibilidad de ver los hechos desde distintos ángulos, formándose combinatorias luminosas de singular significación.

Por último, ¿el hecho de que gobiernos autoritarios hayan respaldado su trabajo invalida su obra? No, en lo más mínimo; sobre todo si tomamos en cuenta que su obra no es emblema ideológico del militarismo dictatorial sino todo lo contrario, de la libertad. Nadie podrá hallar ecos fascistas en sus edificios por más que se lo proponga. Cómo lidiaba Villanueva en su fuero interno con el hecho de trabajar para gobiernos que violaban los derechos humanos sistemáticamente, esa es harina de otro costal. En todo caso, él no sentía que trabajaba para un gobierno determinado sino para el Estado venezolano.

BIBLIOGRAFÍA

GALERÍA DE ARTE NACIONAL. *Carlos Raúl Villanueva, un moderno en Sudamérica*. Caracas, GAN, 1999.

LARRAÑAGA, Enrique. «La Ciudad Universitaria y el pensamiento arquitectónico en Venezuela». *Obras de arte de la Ciudad Universitaria*. Caracas, Monte Ávila Editores, 1991.

LEAL, Ildefonso. *Historia de la UCV*. Caracas, UCV, 1981.

MOHOLY-NAGY, Sibyl. *Carlos Raúl Villanueva y la arquitectura de Venezuela*. Caracas, UCV, 1964.

PÉREZ RANCEL, Juan José. *Carlos Raúl Villanueva*. Caracas, Biblioteca Biográfica Venezolana, n.º 108, *El Nacional*-Fundación Banco del Caribe, 2009.

VILLANUEVA, Carlos Raúl. *Caracas en tres tiempos*. Caracas, Ediciones del Cuatricentenario del Caracas, 1966.

VILLANUEVA, Paulina. *Carlos Raúl Villanueva*. Caracas, Alfadil Ediciones, 2000.

MARIANO PICÓN SALAS: ERRANCIA, ESCRITURA Y VOCACIÓN FUNDACIONAL

Comencemos por establecer una simple organización en la vida del merideño Mariano Federico Picón Salas, nacido el 26 de enero de 1901. La primera etapa de su periplo transcurre en Mérida y va desde su nacimiento hasta los 22 años, en 1923. En ella se gradúa de bachiller y comienza a estudiar Derecho en la Universidad de Los Andes. Se traslada a Caracas en 1919 y también estudia Derecho sin llegar a concluir la carrera. Regresa a Mérida en 1922 y al año siguiente comienza la segunda etapa de su vida: la chilena. Se forma en Santiago entre 1923 y 1936. Allí se gradúa de profesor de estado en Historia y Geografía en el Instituto Pedagógico de la Universidad de Chile y luego se doctora en Filosofía y Letras en la misma universidad. Contrae matrimonio con Isabel Cento y nace su única hija, Delia, en 1937. La tercera y más dilatada etapa de su vida es la de la errancia, entre 1936 y 1965. Vive en Praga, Washington, Nueva York, San Francisco, Bogotá, México, Los Ángeles, Puerto Rico, Río de Janeiro y París. En Caracas pasa unos meses de 1936 y luego entre 1938 y 1943; después entre 1944 y 1947. Regresa a la capital y está en ella entre 1951 y 1958. Luego está entre 1963 y el 1 de enero de 1965, día de su muerte. En muchos de estos destinos estuvo como funcionario diplomático menor o como embajador; en otros como profesor. La mayoría de sus libros fueron escritos en esta errancia por el mundo. De los 63 años que vivió, 26 los pasó en el extranjero, prácticamente la mitad de su vida.

Revisemos algunas de sus obras y luego su labor de fundador de instituciones. Su trabajo comprende sus autobiografías (*Viaje al amanecer,* 1943 y *Regreso de tres mundos,* 1959), sus textos narrativos (*Buscando el camino,* 1920, *Mundo imaginario,* 1927, *Odisea de tierra firme,* 1931, *Registro de huéspedes,* 1934, y *Los tratos de la noche,* 1955); sus libros de viajes (*Páginas de Chile y Perú,* 1953, *Gusto de México,* 1952); sus ensayos sobre *Europa y América* (1947), sus biografías, su estudio de Hispanoamérica y sus libros de ensayos. Respetemos el criterio del autor, cuando no seleccionó de su obra títulos anteriores a 1933. Entonces, cuando prologó sus *Obras Selectas* afirmó: «De mi obra literaria he suprimido para esta compilación las páginas anteriores a 1933. Aun las de esa fecha resultan para mi gusto de hoy exageradamente verbosas y no desprovistas de pedantería juvenil» (Picón Salas, 1962: ix). Vayamos al grano de nuestra pesquisa.

CINCO BIOGRAFÍAS

Cinco biografías salieron de la pluma de Picón Salas. Una tan breve como la vida del biografiado, *Para un retrato de Alberto Adriani,* escrita y publicada en Praga en 1936. La extraordinaria biografía de *Miranda* (1946); la sucinta de *Pedro Claver, el santo de los esclavos* (1950), otra brevísima sobre *Simón Rodríguez 1771-1854* (1953) y un estudio de época centrado en la figura de un tachirense: *Los días de Cipriano Castro (*1953).

La de Adriani exalta la vida de su compañero de juventud en Mérida, destaca sus señaladas virtudes de estudioso de la economía política y, también, lamenta fraternalmente su inesperada muerte. La de Simón Rodríguez es muy breve, pensada para estudiantes de bachillerato, pero no por ello exenta de observaciones muy valiosas sobre el excéntrico Rodríguez, personaje, por lo demás, que ha seducido a lo largo de los años a no pocos escritores proclives a las mieles de la utopía. La biografía de Miranda es ya de otro tenor.

Para nuestro gusto se trata de la mejor que se ha escrito sobre Miranda, entre otras razones porque es fruto de una investigación a fondo que supuso miles de páginas de lecturas por parte del biógrafo y, además, está tejida sin apartarse del espíritu de suprema aventura que imantó la vida del caraqueño universal. En ella ya esplende lo que será característico de las mejores páginas de Picón: la prosa cuidada, de ensayista literario que ama el idioma, y la rigurosidad en la investigación. Picón no se deja llevar por el canto de sirenas de la escritura barroca, no pierde tiempo, no se distrae con hechos accesorios, va a la nuez sin olvidar que está escribiendo, que la factura estética es central, tanto como lo que se dice.

¿Cuánto tiempo le tomó escribir la obra? Sus biógrafos, Simón Alberto Consalvi y Gregory Zambrano deslizan que muy poco. Esa fue la impronta de la década de los años cuarenta en la vida de Picón. Tomemos en cuenta que *Formación y proceso de la literatura venezolana* (1940), *Viaje al amanecer* (1943), *De la conquista a la independencia* (1944), *Miranda* (1946) y *Comprensión de Venezuela* (1949) son de esta década, sin la menor duda la más fructífera de su existencia y en la que se concentran casi todos sus mejores trabajos. Se sabe, por ejemplo, que el primero citado fue escrito en tres meses de febril afán, decantando años de lecturas de literatura venezolana, como si lo que saliera de su pluma fuese una síntesis de ideas metabolizadas durante años. Todo indica que los otros textos surgieron así, de la combinatoria de concentración exclusiva en lo que se escribe, fervor, nervio de escritor y criba de una cultura previa que fue macerándose para luego precipitarse en la escritura.

Pedro Claver, el santo de los esclavos es fruto del paso de Picón Salas por Colombia en condición de embajador de Venezuela. El personaje lo sedujo y pudo investigarlo a la par de sus funciones en Bogotá. Tuvo acceso a documentos en la Biblioteca Nacional de Colombia, en su sección de libros raros, y emprendió la escritura reconstructiva y analítica de unos años catalanes y sevillanos de principios del siglo XVII para recalar en Cartagena de Indias de la mano del futuro santo Claver, para luego subir a Bogotá, acompañar al novicio en su formación en Tunja, hasta regresar a Cartagena, donde ocurrirá la epopeya apostólica del jesuita. Allí morirá en 1654, no sin antes realizar milagros y convertirse en el protector de los esclavos, en el dulce mitigador de sus tormentos. Preciosa biografía y reconstrucción de su tiempo, conmovedora por la humanidad de Claver, su bondad y humildad puntual, suerte de Bartolomé de las Casas del siglo XVII, magistralmente retratado por Picón. Una joya.

La quinta y última biografía, *Los días de Cipriano Castro. Historia venezolana del 1900*, es la más completa, la más extensa, para la que pudo trabajar con la documentación que organizó Manuel Landaeta Rosales, como el propio Picón reconoce al final del estudio. Para esta biografía tuvo acceso a cartas inéditas y, además, el lector nota que, junto al seguimiento de la peripecia vital de Castro, el autor está estudiando la época que le tocó vivir. En este sentido podemos afirmar que se trata de una historia política de Venezuela de entre siglos. Se estudia la segunda mitad del XIX y los comienzos del XX y, como ocurre con la obra historiográfica de Picón, está tan sabrosamente escrita que se lee como una novela de aventuras, sin poder abandonar la lectura, como en vilo por la fascinación.

HISPANOAMÉRICA Y VENEZUELA

Veamos ahora sus libros de ensayos y su estudio magistral sobre la Hispanoamérica colonial. *Cinco discursos sobre pasado y presente de la nación venezolana* (1941) recoge un texto sobre la guerra, no referido a Venezuela, y cuatro ensayos de tema nacional. El primero: «1941» es un elogio sin medida de la presidencia de López Contreras y su habilidad para pasar de la dictadura a la distención civil. No están en él sus mayores aportes. Lo contrario ocurre en los tres restantes. «Proceso al pensamiento venezolano» aborda el tema de la dicotomía civilidad-militarismo y exalta la figura de Andrés Bello, examina la figura polémica de Guzmán Blanco, se detiene en Cecilio Acosta y lo ensalza, discute con la obra de Pedro Manuel Arcaya y se decanta a favor de Laureano Vallenilla Lanz. Luego, saluda a *Doña Bárbara* como emblema del conflicto civilización y barbarie. El tono general es de una notable lucidez crítica, nada complaciente y, por demás, luminosa.

En «Antítesis y tesis de nuestra historia» parte de Augusto Mijares y *La interpretación pesimista de la sociología hispanoamericana* para señalar las virtudes de la venezolanidad. Es un texto notable. Con agudeza apunta el cambio sociológico que trajo la guerra de independencia y va hilando hasta desembocar en una característica nacional: el igualitarismo. Entonces decía:

De todos los mitos políticos y sociales que han agitado al mundo moderno a partir de la Revolución Francesa, ninguno como el mito de la Igualdad conmovió y fascinó más a nuestro pueblo venezolano. Desde cierto punto de vista nuestro proceso histórico –a partir de la Independencia– es la lucha por la nivelación igualitaria. Igualdad más que libertad (Picón Salas, 1988: 100).

Pero va más allá y lleva su línea argumental todavía más lejos. Recordemos que este ensayo fue escrito en 1939. Afirma:

> Psicológicamente, al menos, el venezolano ha logrado –como pocos pueblos de América– una homogeneidad democrática [...] Quizá ninguna nación del Continente haya vivido como nosotros un más precoz y tumultuoso proceso de fusión [...] No existen entre nosotros diferencias ni distancias que obturen e impidan toda comunicación entre el indio, el blanco, el mestizo (Picón Salas, 1988: 101).

Es evidente que las percepciones de la realidad venezolana por parte de nuestro autor se nutren de su experiencia chilena y checa. Vivir en otro país del continente tantos años y en Europa, ya para entonces le había dado un punto de vista más rico a Picón Salas. Tenía cómo comparar. Esto va a profundizarse en los años por venir, cuando la errancia por el mundo se hace su signo.

En «Notas sobre el problema de nuestra cultura» el merideño se detiene en el tema de la educación. Entonces vuelve sobre los ejemplos de Bello, Acosta y Rodríguez y teje y teje sobre la médula pedagógica de nuestras posibilidades de desarrollarnos. Estos tres ensayos los incluyó el autor cuantas veces antologizó su obra. Los estimó siempre.

De la conquista a la independencia. Tres siglos de historia cultural hispanoamericana (1944) fue escrito en Nueva York, en la Universidad de Columbia y publicado por el Fondo de Cultura Económica de México. Sigue siendo una de las mejores historias del período colonial hispanoamericano que pueden leerse. Goza de la particularidad ya señala en el subtítulo: es una historia cultural que, naturalmente, no deja de lado la política ni la sociología, si es que este término se hubiese avenido con la gramática del merideño. Es un estudio, no un conjunto de ensayos, y fue escrito de acuerdo con el mejor método de Picón: de un solo envión, sin parar, concentrado exclusivamente en el trabajo. ¿Es necesario repetir que su escritura es seductora, impecable, hermosa? No hay necesidad. Tampoco se requiere apuntar que el tejido de la obra es de una erudición luminosa, propia del lector infatigable que era su autor.

La ecuanimidad se impone en sus valoraciones, de tal modo que va complejizando la visión, naturalmente muy lejos de cualquier maniqueísmo. Dice: «Ni los conquistadores españoles fueron siempre esos posesos de la destrucción que pinta la leyenda negra, ni tampoco los santos o caballeros de una cruzada espiritual que describe la no menos ingenua leyenda blanca» (Picón Salas, 1994: 56). No son pocas las veces que el autor busca retratar con exactitud la psicología del conquistador español: ni medievalista ni renacentista sino un carácter fronterizo, concluye. No elude la polémica de la leyenda negra y blanca; tampoco el análisis del barroco, ni deja de trazar el perfil de los creadores que despuntan en aquel amanecer de la civilización mestiza hispanoamericana. En verdad, este estudio forma parte de la panoplia de sus obras mayores y, sin duda, es la coronación de sus estudios hispanoamericanos. También, es justo decirlo, debe ser de las primeras historias culturales del período colonial hispanoamericano. Mientras casi nadie estaba formado para adentrase en la selva de la historia cultural: a Picón le sobraban bastimentos. Volvamos a Venezuela.

Dos textos se encuentran en el tiempo como una suerte de continuidad de la reflexión venezolanista piconsaliana. Nos referimos a *Comprensión de Venezuela*, prologado en Bogotá en 1948 y publicado en Caracas en 1949, y *Suma de Venezuela*, compendio que organizó y prologó el propio Picón, y fue publicado en 1966, cuando ya su autor había muerto. Este segundo comprende al primero, más los ensayos que son propiamente del segundo. En *Comprensión de Venezuela* se recogen tres de los cinco discursos antes revisados y se añaden dos textos sobre Caracas, el texto que le da título al libro y el discurso de Incorporación a la Academia Nacional de la Historia, fechado en 1947.

En el ensayo «Comprensión de Venezuela» nuestro autor se coloca en el mirador desde donde se avizora el panorama y reincide en la tesis de la guerra de independencia como un crisol que tendió a la unificación del país. Boxea en la sombra contra las tesis positivistas al desestimar la determinación fatal de la geografía y va dibujando el rostro de una civilización del calor, la venezolana. Ve en el horizonte inmediato la desaparición del regionalismo desintegrador y celebra la llegada de inmigrantes europeos a aquel país despoblado de 1949, con apenas cinco millones de habitantes.

En su discurso de incorporación «Rumbo y problemática de nuestra historia» entrega con emoción el elogio de su antecesor, Pedro Emilio Coll, y luego desarrolla su tesis: aboga por un enfoque multidisciplinario de la historia y por colocar el acento en la historia cultural, más que en la política o en la procera, ya agotada esta última hasta en su gota final. También llama enfáticamente a atender a la historia indígena, tarea abordada para entonces pero mayoritariamente pendiente. Concluye afirmando que no ha sido la historia nacional el territorio más frecuente de sus trabajos y se ofrece para llevar al seno de la corporación que lo eligió la temperatura de sus perplejidades.

Los otros textos de *Comprensión de Venezuela* se cuecen en la caldera de la poesía nacional y el desarrollo de la capital. Son literarios y antropológicos, con algo de psicología social en el caso de los retratos urbanos. Todos ellos más otros posteriores los recoge don Mariano en *Suma de Venezuela* (1966), la selección que concluyó y prologó, pero que salió de la imprenta al año siguiente a su muerte. El primer texto de la muestra antológica es «Aventura venezolana»: un apretado resumen de la vida política nacional entre 1811 y 1961. Agudo resumen que también vale por las ausencias: pasa de 1944 a 1952. No menciona siquiera el 18 de octubre de 1945 ni el trienio adeco de Betancourt y Gallegos; tampoco a Delgado Chalbaud. ¿Por qué? Imposible atribuirlo a un olvido, de modo que su silencio lo interpretamos como una manera de decirle al lector que el tema es espinoso y no tiene posición sobre él o, también, que su valoración es negativa y prefiere no emitir sentencia. En ambos casos, la ausencia es tan notoria que sería imperdonable no señalarla, lo que ha podido ser el cometido tácito del autor: no la nombro, la destaco por encima de todas las demás.

El segundo texto es «Vísperas venezolanas». En él, Picón se basa en la *Gazeta de Caracas* para reconstruir los años previos al 19 de abril de 1810. Es un buen ejemplo de investigación documental. El tercer trabajo es «La independencia venezolana». No escatima elogios a Bolívar y contribuye al el mito con decisión. Es un texto breve. En los otros textos trabaja a Sanz, vuelve sobre Rodríguez, revisa al viejo Guzmán, consigna una nota sobre el marqués de Casa León de Mario Briceño Iragorry, se detiene en los perfiles venezolanos de Felipe Tejera y polemiza con Úslar Pietri sobre la importancia de la tradición en la historia venezolana. Hasta aquí *Suma de Venezuela*. Veamos ahora un texto que quedó olvidado en el camino.

Nos referimos a *Andrés Bello y la historia*. Un texto introductorio al tomo XXIII de las *Obras Completas* de Bello, escrito en 1956 que, inexplicablemente, don Mariano no recogió en ninguno de sus libros de ensayos. Felizmente, Simón Alberto Consalvi lo rescató y lo publicó solo, en las ediciones del Libro Breve de la Academia Nacional de la Historia, en el 2004. Picón examina con detalle la biblioteca de Bello, tasada para la venta por el historiador chileno Diego Barros Arana después de la muerte de don Andrés. Advierte en especial los textos de historia y constata el interés del caraqueño por ella; relaciona las polémicas entre historiadores chilenos y Bello, y demuestra la pertinencia de las observaciones del maestro y su propio conocimiento sobre el tema. Concluye con un párrafo que merece ser citado:

> Unió como ningún otro letrado la vieja tradición colonial española con todos los nuevos impulsos que desde la Revolución y el Romanticismo empezaron a configurar el alma moderna. Abrió al trato intelectual de otras naciones y otras culturas el entonces cerrado mundo hispanoamericano con la misma decisión que los héroes de la Independencia lo abrían al trato político. Su seria erudición, su sosiego, su don de análisis, su ponderado y rico juicio, sabían canalizar el frenesí. Toda su obra parece así un compromiso necesario entre la tradición y la modernidad (Picón Salas, 2004: 62).

FUNDADOR DE INSTITUCIONES CULTURALES

Por último, no podemos pasar por alto el papel fundacional que desempeñó Picón Salas en la Venezuela cultural. Fueron cuatro las empresas culturales creadas por él; la primera, desde su posición de superintendente de Educación Nacional (1936). Entusiasma al ministro de Educación, Caracciolo Parra-Pérez, para fundar el Instituto Pedagógico Nacional. Entonces, Picón gestiona la venida al país de la misión pedagógica chilena, que llega en dos tandas, y se crea la institución. Luego, en 1938, es designado director de Cultura y Bellas Artes del Ministerio de Educación y crea la *Revista Nacional de Cultura*, segunda empresa. En 1946 funda la Facultad de Filosofía y Letras de la Universidad Central de Venezuela, de la cual es su primer decano (tercera institución). En 1964, durante el gobierno de Raúl Leoni, diseña el Instituto Nacional de Cultura y Bellas Artes (INCIBA), pero la muerte lo sorprendió antes de ser su primer presidente. Cuarta institución creada por Picón.

Picón Salas no fue solo un historiador formado en las aulas donde se educaban los profesores de bachillerato en Chile, con doctorado en Filosofía y Letras, sino un escritor, un estilista, podría decirse, de tan cuidado que era en él el uso del lenguaje. En el área de historia sus aportes abrazan tres cuerpos: el de la historia cultural, el de la historia política y el de la historia literaria. Tres ejemplos de esto son *De la conquista a la independencia, Los días de Cipriano Castro y Formación y proceso de la literatura venezolana*, pero en los tres casos el autor pone en marcha sus tesis multidisciplinarias y los tres cuerpos se juntan, se dan la mano, dialogan. La riqueza de la formación de nuestro autor hacía imposible que se concentrara en un solo sesgo olvidando (y empobreciendo) sus otros saberes. Felizmente fue así. En verdad, no podía ser de otra forma: Mariano Picón Salas fue un humanista, como lo fueron Bello, Baralt y Alvarado, entre otros.

BIBLIOGRAFÍA

Consalvi, Simón Alberto. *Profecía de la palabra. Vida y obra de Mariano Picón Salas*. Caracas, editorial Ex Libris, 1996.

Picón Salas, Mariano. *Cinco discursos sobre pasado y presente de la nación venezolana*. Caracas, editorial La Torre, 1941.

_____. *De la conquista a la independencia. Tres siglos de historia cultural hispanoamericana*. México, Fondo de Cultura Económica, 1994.

_____. *Miranda*. Caracas, Ministerio de Educación, colección Vigilia, 1966.

_____. *Pedro Claver, el santo de los esclavos*. Caracas, Monte Ávila Editores, 1972.

_____. *Comprensión de Venezuela*. Caracas, Monte Ávila Editores, 1976.

_____. *Los días de Cipriano Castro*. Caracas, editorial Garrido, 1953.

_____. *Simón Rodríguez (1771-1854)*. Caracas, Fundación Eugenio Mendoza, 1953.

_____. *Obras Selectas*. Madrid, Ediciones Edime, 1962.

_____. *Suma de Venezuela*. Caracas, Monte Ávila Editores, Biblioteca Mariano Picón Salas, 1988.

_____. *Andrés Bello y la historia*. Caracas, Academia Nacional de la Historia, Libro Breve, 2004.

ZAMBRANO, Gregory. *Mariano Picón Salas (1901-1965)*, n.º 88. Caracas, Biblioteca Biográfica Venezolana, *El Nacional* y Fundación Banco del Caribe, 2008.

ANTONIO ARRÁIZ: VIGENCIA, OBRA Y PERSONAJE

El 27 de marzo de 1903 veía la luz en Barquisimeto el hijo del doctor Juan Arráiz y de Concepción Mujica. Pertenecía a una familia enraizada en el estado Lara desde los tiempos de la fundación de Carora y Barquisimeto, procedentes de la puebla de Arráiz (Navarra), que en euskera no quiere decir otra cosa que «La roca», toponímico al que nuestro escritor rendirá honor, probablemente sin saber que eso significaba su apellido, durante toda su vida.

Los Arráiz Mujica se mudan a Caracas en 1911, y Antonio y sus hermanos estudian en el legendario Colegio Alemán, para luego cursar el bachillerato en el Liceo Andrés Bello. A los dieciséis años toma una decisión extrañísima para su época: se embarca en La Guaira rumbo a Nueva York: quiere ser actor de cine o, en su defecto, aviador. Ni un sueño ni otro se hizo realidad. Tres años después regresa a su país, después de haber lavado platos en restaurantes de Manhattan, y haber sido caletero en los puertos de la isla. Eso sí, aprendió una lengua a la que ya no dejó de amar, y leyó a Whitman en estado de embeleso. Su vida había cambiado para siempre.

NUEVA YORK: IDA Y VUELTA

Pero el fracaso, como suele ocurrir, le dio otros tesoros: en Manhattan se dedicó a oficios humildes. Limpió alfombras, fue empleado de una empresa que exportaba telas, cargó cajas en un astillero, fue obrero en una fábrica de galletas, hasta que finalmente el desempleo lo doblegó sobre el banco de una plaza. Siendo casi un indigente se tropezó con él un amigo de su padre que le facilitó ayuda. Mientras padecía el rigor de la intemperie, escribía a casa diciendo que había triunfado, que era rico. Dos años después de estas aventuras novelescas regresa al país, en 1922. Va a cumplir, apenas, diecinueve años, pero habla inglés. Ya entonces, según Úslar Pietri: «Había leído a Homero, a Buffalo Bill y algo de Walt Whitman». Lo mismo cree su biógrafo más agudo, Juan Liscano: «Si Whitman pudo conmoverlo, también lo hizo Homero». El punto es central, porque de no haber leído en estos años neoyorquinos a Whitman, la poesía que va a escribir sería inexplicable.

Comienza a trabajar en una empresa distribuidora de películas en Caracas y se esmera en la publicidad del séptimo arte. Entonces, traba amistad con el poeta Luis Enrique Mármol y comparte dos pasiones aparentemente dispares: la poesía y la esgrima. Acomete sus primeros poemas y termina por recogerlos en un libro memorable: *Áspero* (1924), un poemario que la crítica unánimemente considera el inicio de la vanguardia poética en Venezuela. Desenfadado, aborda temas que la poesía nuestra jamás había trabajado. Un hito. Versos libres; temas antipoéticos; tratamiento igualmente antipoético, bárbaro, como se dijo entonces; y sobre todo la novedad, la insurgencia, el desenfado que alejó a Arráiz a kilómetros de la preceptiva romántica, a kilómetros del modernismo retórico, e hizo de su obra una extraña y desconcertante pieza que sus contemporáneos terminaron por asumir como un emblema. Así lo afirma Arturo Úslar Pietri en el prólogo a la segunda edición de *Áspero*: «Pocos libros como este han tenido una importancia mayor en la orientación de la conciencia de un grupo de hombres que a su vez han influido en la orientación de la conciencia colectiva».

En el poemario esplende una vocación americanista, pero también lo hace un desdén por las formas poéticas de su tiempo. Lo suyo es la palabra directa, sin metáforas, dura, seca, que corre hacia su referente a toda velocidad. No está presente la experimentación lúdica típica de la vanguardia; no está presente el ideograma, ni la nueva conciencia espacial, pero sí lo está la urgencia renovadora, el viril espíritu afirmativo, la solaridad whitmaniana, ya lo dijo Picón Salas: «El libro más desnudamente dedicado al sol que haya producido la nueva poesía venezolana se llama *Áspero* de Antonio Arráiz».

CÁRCEL Y POESÍA

En 1928, sin ser estudiante, se suma con sus versos a las celebraciones de la Semana del Estudiante convocada por la Federación de Estudiantes de Venezuela presidida por Raúl Leoni. A partir de abril es hecho preso. Entonces conoce los rigores de La Rotunda y la cárcel de las Tres Torres en Barquisimeto. Después de siete años de prisión, flaco, con los tobillos maltrechos por el peso de los grillos, en 1935, sale de la cárcel con dos idiomas nuevos en su haber (francés y alemán) y centenares de páginas escritas subrepticiamente. De hecho, el poemario *Parsimonia* (1932) salió por los caminos verdes y llegó a Buenos Aires, donde fue publicado. En estas cárceles se gestó una novela estremecedora: *Puros hombres* (1938), que recoge la experiencia del encierro con un realismo que para algunos lectores se hace difícil soportar. Junto con *Memorias de un venezolano de la decadencia* de José Rafael Pocaterra constituye uno de los fundamentales testimonios literarios del infierno de la tiranía. Al salir de la cárcel se va a Colombia y luego a Ecuador, y regresa a Venezuela en abril de 1936.

En este segundo poemario, *Parsimonia*, están algunos de sus textos venezolanistas más celebrados, como aquel en el que humaniza al país y le confiesa un amor más allá de su posible perfidia:

> Quiero estarme en ti, junto a ti, sobre ti, Venezuela,
> pese aún a ti misma.

Si en *Áspero* se expresa la crispación, en *Parsimonia*, como el mismo vocablo lo indica, se accede a espacios reflexivos menos signados por la urgencia, pero no por ello menos dolorosos. Lo que sí es cierto es que la presión que hace de *Áspero* un cuerpo compacto se difumina en *Parsimonia*, ya que este libro es más amplio, más misceláneo.

A partir de abril de 1936, cuando el general López Contreras busca abrir las puertas de la nación, Arráiz incursiona en la política y llega a ejercer algunos cargos públicos de significación, como el de director del Instituto Técnico de Inmigración y Colonización, diseñado expresamente para resolver un problema acuciante en Venezuela desde los tiempos coloniales: la despoblación. Paralelamente, va publicando su obra. *Puros hombres*, en 1938. Luego, en 1939, publica el que va a ser su último poemario: *Cinco sinfonías*. De él, su biógrafo Liscano afirma, refiriéndose a la quinta sinfonía de este libro: «Es uno de los poemas más hermosos de la lírica venezolana, en razón de su poderoso impulso vital, de su respiración máscula, y en razón de su torrencial riqueza de lenguaje». En él termina de expresarse algo que Arráiz viene trabajando desde el comienzo: la relación estrecha entre la tierra y la mujer; más aún: la confusión que expresa entre la feminidad de la tierra y la terredad de la mujer, toda ella en medio de la expresión de un amor posesivo viril, cercano al frenesí y, en contraposición, también al desengaño.

LA FUNDACIÓN DE *EL NACIONAL*

Le sigue su ensayo sobre el *Culto bolivariano* (1940) y se inicia el trabajo a cuatro manos, con Luis Eduardo Egui, de textos para la escuela primaria y secundaria. Lo que aportaron ambos al mundo de la enseñanza es asombroso. Su segunda novela, *Dámaso Velásquez* (1943), es entregada a los lectores el mismo año en que es nombrado director de un nuevo periódico: *El Nacional*. Durante seis años estuvo al frente de él, transfiriéndole su impronta de trabajo y seriedad, su sentido de la justicia y su generosidad. En 1945, el Ministerio de Educación edita su obra más popular: *Tío Tigre y Tío Conejo*, conjunto de fábulas tejidas a partir de dos personajes arquetipales de la venezolanidad.

Su obra narrativa, además de la novela ya citada, comprende las novelas *Dámaso Velásquez* (1943) y *Todos iban desorientados* (1951), así como los libros de cuentos *Tío Tigre y Tío Conejo* (1945) y *El diablo que perdió el alma* (1954). De estas cuatro obras la que ha corrido con el mayor favor de los lectores es *Tío Tigre y Tío Conejo*, donde el autor recrea las historias propias de la sabiduría popular venezolana, asentando aún más la condición arquetipal de estos personajes dicotómicos y ejemplarizantes. Aquí Arráiz lleva la clásica fábula moral a las cotas más acabadas que se han dado entre nosotros. Desde hace décadas este libro es un clásico de la venezolanidad.

En el campo del ensayo el que cultivó fue el histórico (no así el literario), siempre desde la perspectiva y la urgencia venezolanista que caracteriza todo su trabajo. Además del ya citado *Culto bolivariano* (1940), *Geografía Física de Venezuela* (1941), *Vida ejemplar del Gran Mariscal de Ayacucho* (1948) y *Los días de la ira* (1991) son textos no solo documentados con rigor investigativo, sino escritos con fervor y nervio. En paralelo con su obra literaria, corrió su trabajo al alimón con el profesor Luis Eduardo Egui como autor de libros de textos para la escuela primaria. *Mi primer libro de Venezuela* (1948), *Mi segundo libro de Venezuela* (1955), *Mi tercer libro de Venezuela* (1949), *Geografía de Venezuela* (1958), *Historia de Venezuela* (1958), *Geografía general para secundaria y normal* (1951) y *Geografía económica de Venezuela* (1956).

EL EXILIO VOLUNTARIO

En enero de 1949, después del golpe a Gallegos de noviembre de 1948, en el colmo de la desilusión venezolanista, abandona la dirección de *El Nacional* y regresa a la Nueva York de sus años juveniles. El golpe de Estado al presidente Rómulo Gallegos fue la gota que rebasó el vaso. Se fue, buscaba otros aires. El autoritarismo vernáculo, de expresión militarista, hacía de su país un mundo cerrado. En Manhattan va a dirigir el Boletín en español de la Organización de las Naciones Unidas. Si con Josefina Parra Penzini tuvo a sus cuatro hijos venezolanos (Beatriz, Álvaro, Eulalia y Antonio) con su nueva esposa norteamericana, Celina Garden Herbert, no tendrá descendencia. Vivían en Wesport, cerca del bosque, y de aquellos parajes surgieron unos poemas largos, bellísimos, que aludimos antes. Murió de un infarto el 16 de septiembre de 1962, cuando apenas contaba con 59 años.

La poesía, el cuento, la novela, el ensayo, el texto para la enseñanza formal y el artículo periodístico fueron acometidos por Arráiz con la misma intensidad venezolanista. Severo consigo mismo, exigente con sus frutos, dejó una obra de tanta utilidad como belleza. El tema de la vigencia de los personajes históricos está ligado a la importancia de la obra que adelantaron en vida. El punto se hace más difícil de dilucidar cuando la realización de los sueños se ha dado en distintos terrenos, como es el caso del barquisimetano Antonio Arráiz, que se dedicó al periodismo durante casi toda su vida profesional y a la literatura, siempre.

Paralelo también a esta obra enorme, en su bibliografía figuran cerca de 900 artículos periodísticos entre 1919 y 1962. Arráiz no descansó ni un minuto, y su trayectoria periodística encontró un momento estelar cuando los Otero (Henrique y su hijo Miguel) le propusieron la dirección de *El Nacional*. Quienes conocen la pequeña historia (seguramente la más significativa) afirman que el buen pie con que nació el periódico tuvo que ver con la vitalidad que producía la sinergia de Otero y Arráiz, dueto que trabajó en conjunto hasta 1949, como vimos antes.

En pocos escritores venezolanos del siglo XX la peripecia vital y la obra hacen dupla de manera tan interesante como en Arráiz. De allí que esté fuera de duda el carácter de personaje que reviste su parábola existencial. En lo político es obvio que entregó sus cartuchos por la democracia, y por ello estuvo cerca del espíritu que durante el gobierno de Medina Angarita cundió en el país, pero tampoco puede afirmarse que fue un medinista. En verdad, su personalidad, incluso su seriedad un tanto severa, hacía difícil que militara en un partido político de manera permanente. Era un escritor, con preocupaciones pedagógicas por la niñez, y con una pasión periodística a toda prueba.

Áspero, en la poesía, *Puros hombres*, en la novela carcelaria y testimonial, *Tío Tigre y Tío Conejo*, en la cuentística de inspiración legendaria, y *Los días de la ira*, en el ensayo histórico, son aportes insoslayables a la hora de recordar su obra literaria. La fundación de *El Nacional* es un capítulo inolvidable y su obra de pedagogo a distancia, materializada en los textos escolares, también lo es. En cuanto a lo que la conducta de un hombre representa como ejemplo y proyecto, pues su actitud de ecologista adelantado, su austeridad personal y su afición por los deportes, en particular el futbol y el ciclismo, vienen a completar la singularidad que representa su personalidad.

Arráiz moría en la misma tierra en la que había bebido sus primeras aguas poéticas. Cerraba su propio círculo: había quedado enamorado desde joven del espíritu libertario y democrático de la nación nueva, y fue aquel espíritu el que le hizo cantar el himno nacional de Venezuela frente a los soldados que le torturaban en 1928; fue el mismo que le llevó a amar a la patria como lo haría un romántico del siglo XIX. De hecho, la vida y la obra de este poeta barquisimetano es la parábola de un neorromántico, un entregado a su pasión, un duro; de allí que sea cierto lo que la crítica ha observado y reiteramos ahora: el romanticismo y la vanguardia fueron movimientos afines, al menos en lo humano que entraba en juego, aunque los procedimientos y las operaciones hayan sido todo lo distintas que las épocas determinaban.

BIBLIOGRAFÍA

Arráiz, Antonio. *Suma poética*. Caracas, INCIBA, 1966. Selección y prólogo Juan Liscano.

___. *Puros hombres*. Caracas, Cooperativa de Artes Gráficas, 1938.

___. *Dámaso Velásquez*. Buenos Aires, Ediciones Progreso y Cultura, 1943.

___. *Tío Tigre y Tío Conejo*. Caracas, Monte Ávila Editores, 1990.

___. *Los días de la ira*. Valencia, Vadell Hermanos, 1991.

Arráiz Lucca, Rafael. *El coro de las voces solitarias. Una historia de la poesía venezolana*. Caracas, Editorial Eclepsidra/ Colección Fuegos bajo el agua, 2004 (segunda edición).

___. *Puertas adentro*. Caracas, Editorial Comala.com, Colección Ensayo, 2007.

___. *Úslarianas*. Caracas, Universidad Metropolitana-Celaup, 2007.

___. *Literatura venezolana del siglo XX*. Caracas, Editorial Alfa, Biblioteca Rafael Arráiz Lucca, 2009.

Liscano, Juan. *Panorama de la literatura venezolana actual*. Caracas, Alfadil Ediciones, 1995.

___. *Lecturas de poetas y poesía*. Caracas, Academia Nacional de la Historia. El Libro menor, 1985.

Márquez Rodríguez, Alexis. *Antonio Arráiz*. Caracas, Biblioteca Biográfica Venezolana, n.º 85, *El Nacional*-Fundación Banco del Caribe, 2008.

RAÚL LEONI Y LA JUSTICIA HISTÓRICA

El examen de la figura histórica de Raúl Leoni apenas está comenzando. Es una deuda pendiente para quienes siguen con fervor el curso de nuestro desarrollo político. Con extrema facilidad algunos historiadores han despachado su obra sin mayores comentarios. Los más ligeros, incluso, pasan por encima de ella y la calibran como una extensión del gobierno de Rómulo Betancourt. Nada más injusto. Ofrezco un ejemplo nacional y otro extranjero de estas severidades críticas.

El historiador Manuel Caballero en su libro *La gestación de Chávez* titula el capítulo dedicado al quinquenio de Leoni como «Los años grises». En el texto alude a la manera como Luis Herrera Campíns calificaba entonces a su gobierno: «incoloro, inodoro e insípido», y él mismo se suma a ese juicio, aunque matizándolo: «Con todo y su grisura, se percibía que durante el gobierno de Leoni la situación económica y social había mejorado». El ejemplo foráneo lo hallo en un libro que sobrepasa las catorce ediciones: la *Historia contemporánea de América Latina* del historiador argentino, profesor en Berkeley, Tulio Halperin Dongui. En este texto, el profesor incurre en un error que desdice mucho de sus pesquisas: llama a Leoni, Luis Leoni, y despacha al expresidente con el siguiente microrretrato: «fidelísimo secuaz de Betancourt». Podría seguir enumerando despachos sumarios padecidos por Leoni y, también, escuchar el silencio ante su obra y significación. Se ha escrito muy poco sobre él y en ello, ciertamente, pesa la difícil condición que sobrellevó con entereza este hombre sensato: le tocó ser el segundo de a bordo de una empresa histórica que se inicia en 1928 y, para él, concluye con su muerte en Nueva York el 5 de julio de 1972.

Era hijo de un inmigrante corso llamado Clemente Leoni y de Carmen Otero Fernández, y nació en El Manteco el 26 de abril de 1905. Una vez concluido el bachillerato, hizo el viaje que solían hacer los jóvenes venezolanos que buscaban un horizonte más amplio: se vino a Caracas a estudiar Derecho en la Universidad Central de Venezuela, y los hechos míticos de la Semana del Estudiante de 1928 lo encuentran al frente de la Federación de Estudiantes de Venezuela. Estuvo preso en el Castillo de Puerto Cabello y luego salió al exilio, a Colombia, donde tres años después va a participar en la concepción y redacción del famoso Plan de Barranquilla, así como en la constitución de ARDI (Agrupación Revolucionaria de Izquierda), siempre junto a su entrañable amigo Rómulo Betancourt, mientras ambos trabajaban en la frutería que don Clemente Leoni, también aventado al exilio por razones políticas, había establecido en Barranquilla.

EL HOMBRE DE LA ORGANIZACIÓN

Ya en aquellos primeros años en que soñaban con la creación de una institucionalidad moderna para Venezuela, fueron configurándose las aptitudes de cada quien. Si Betancourt era elocuente y ambicioso, Leoni era callado y prudente. Si Betancourt exponía con fervor, Leoni formulaba la pregunta inteligente que sembraba la duda. Si Betancourt se preparaba para colmar los ambientes con su discurso nasal y subyugante, Leoni afinaba sus cualidades para el encuentro cuerpo a cuerpo, cálido y amistoso. Mientras Betancourt disertaba en voz alta sobre el escenario con su inteligencia característica, Leoni tejía acuerdos en la antesala del teatro, tomaba señas, tendía lazos de amistad y respeto profundos. Digámoslo de una vez: el líder político menos elocuente que hemos tenido en Venezuela en los 44 años de democracia ha sido Leoni. Él mismo se lo reconocía a su primo Miguel Otero Silva, en una entrevista que este le hiciera en La Casona pocos días antes de entregarle la presidencia a Rafael Caldera:

> La verdad es que yo nunca he tenido dotes oratorias, como Jóvito Villaba, como Rómulo Betancourt, como Andrés Eloy Blanco,

como Carlos Irazábal, como Isidro Valles, como tú mismo, que eran quienes hablaban en los mítines de masas en 1936. Yo, en cambio, era un organizador, un motor de iniciativas, un productor de análisis políticos.

Luego, en la misma entrevista, el propio Leoni termina de hacer su revelador autorretrato, dice:

> La verdad es que nunca he tenido pretensiones de hombre superior, ni he dragoneado de genio. Más aún, me he considerado siempre un hombre del común, un venezolano medio, a quien la historia ha llamado a cumplir posiciones destacadas.

Resulta asombroso que en nuestro país, prácticamente devorado por el mito del héroe, alguien que está entregando la Presidencia de la República, se vea a sí mismo de esta manera. Solo un hombre verdaderamente superior, como se va revelando con el paso del tiempo Leoni, puede valorarse así. Cualquier otro tonto, al que la historia termina por olvidarlo en el rincón de las anécdotas, hubiera dicho alguna frase célebre, buscando el mármol o el bronce. No, el esposo de Menca Fernández era diferente.

Entre 1936 y 1938 participa en la formación de ORVE, para luego salir de nuevo al exilio. En Bogotá culmina sus estudios de Derecho, y después regresa a Caracas a vivir en la clandestinidad, integrando la nómina del PDN (Partido Democrático Nacional), y luego, desde su fundación en 1941, siendo pieza central del comando de Acción Democrática. En 1945 integra la Junta Revolucionaria de Gobierno que asume el poder a partir del derrocamiento de Isaías Medina Angarita. En ese gobierno ejerce el Ministerio del Trabajo y traba los lazos que van a ser fundamentales en 1963 para su escogencia como candidato a la presidencia. El derrocamiento de Gallegos el 24 de noviembre de 1948 lo encuentra en el mismo cargo, y se ve de nuevo en el trance del exilio. Antes permanece ocho meses en la Cárcel Modelo, reducto adonde su madre va a visitarlo con frecuencia. En aquellas visitas la madre se hace acompañar de una prima llamada Menca, de quien el «hosco» Raúl se enamora, y con quien se casa, ya en Washington. La pareja ignora que el exilio que se inicia será de diez años los cuales, en su mayoría, van a ser vividos en Costa Rica.

La vuelta a la patria en 1958 es historia cercana. En 1959 es nombrado presidente del Congreso de la República, en su condición de senador por el estado Bolívar, electo en las planchas de AD. Cumple el encargo hasta marzo de 1962, fecha en la que se abre paso, con el apoyo del Buró Sindical del partido, hacia la candidatura que lo convertirá, por obra de los votos, en presidente de la República en 1964.

EL PRESIDENTE SERENO

Las diferencias entre el gobierno de Betancourt y el de Leoni son varias y bastante más sustanciales de lo que cierta historiografía irresponsable niega. Si Betancourt gobierna con los firmantes del Pacto de Puntofijo, y luego con Copei como socio solitario, una vez abandonado el gobierno por URD, a partir de la posición de Betancourt en relación con Cuba y la consecuente renuncia del canciller Arcaya, Leoni no forma gobierno con Copei. La llamada Amplia Base la constituye con URD y con el uslarismo, agrupado en el FND (Frente Nacional Democrático), alianza que Betancourt digirió con dificultad desde su autoexilio en Berna, ya que Úslar era para el fundador de AD tan anatemático como lo era para Úslar el propio Betancourt. Pero esta alianza, vista a la distancia, tenía un significado que el propio Leoni buscaba con denuedo: la sanación de las heridas del 18 de octubre. Sentar en la misma mesa de gobierno al uslarismo era tender un puente con adversarios históricos. La alianza con URD también suponía una suerte de reconciliación con un partido con el que se había firmado el Pacto de Puntofijo y, además, no había formado parte de las fuerzas que dieron el golpe del 18 de octubre de 1945. Cosa distinta ocurría con Copei que, sin haber sido fundado para la fecha, su líder histórico refrendó el golpe de Estado del 18 de octubre con su participación como procurador general de la República.

En lo que viene, también, el proyecto de Betancourt y el de Leoni eran distintos. El primero siempre quiso de socio, en el esquema bipartidista, a Copei, y el segundo buscaba otros compañeros de viaje. Quizás cierto conservadurismo de Copei no se avenía con fluidez al espíritu de Leoni. Sin embargo, sin proponérselo les hizo un favor a los copeyanos: tanto URD como el uslarismo languidecieron como movimientos políticos en su gobierno, y a Copei terminaron de crecerle los pantalones en la oposición. Pero esta posición de Leoni no solo produjo un cambio significativo en el cuadro político, sino que durante su gobierno se gestó la más grande división de AD, al momento de escoger su sucesor, y el uslarismo, junto con URD, FDP y el diario *El Nacional*, lanzaron candidato propio. Se presentó un resultado electoral dividido en cuatro partes casi iguales: Caldera, Barrios, Burelli y Prieto. El propio Leoni, probablemente sin proponérselo, como ya dije, al excluir a Copei había contribuido con su crecimiento, dándose así el primer paso en el camino del bipartidismo, que se deshizo por obra del propio Caldera, y otros factores en juego, en las elecciones de 1993.

Durante el gobierno de Leoni el movimiento guerrillero sufrió sus mayores derrotas y, de hecho, la corriente que luego desemboca en la pacificación de Caldera tiene su fuente aquí. Las obras de infraestructura que se adelantaron durante este período son fundamentales, sobre todo en la construcción de carreteras y en la creación de la industria del aluminio y el comienzo de la edificación de la central hidroeléctrica de Guri.

También, en el quinquenio de Leoni el venezolano tuvo la sensación de que el principal asunto del presidente de la República era hacer un buen gobierno y que la legitimidad de su obra pasaba porque los ciudadanos sintieran que el gobierno era de todos, que no se gobernaba para una parcela, que la unidad nacional no era una pirueta retórica. A todo este clima moderno, de discreción civilizada contribuía decididamente la personalidad integradora del hijo de Clemente Leoni, el mismo que llegó a afirmar que tan solo por un voto de diferencia le hubiera entregado la presidencia al ganador de la contienda. La apuesta por la democracia, obviamente, no era retórica, sino que anidaba naturalmente en su espíritu: cercano a la mansedumbre y al diálogo, pero ajeno a la indeterminación.

Estoy seguro de que cuando los venezolanos avancemos en nuestra andadura y seamos capaces de ver hacia atrás y valorar a personajes distintos al héroe, entonces allí nos estará esperando la figura histórica de Leoni. Creo, por cierto, que dada la hora actual, cuando el mito del hombre providencial ya no puede traernos mayores desgracias, es muy probable que estos hombres discretos y eficaces comiencen a llamarnos la atención.

BIBLIOGRAFÍA

Archivo familia Leoni-Fernández. *Cartas, documentos originales.*
ARRÁIZ LUCCA, Rafael. *Raúl Leoni.* Caracas, Biblioteca Biográfica Venezolana n.º 5, *El Nacional*-Fundación Banco del Caribe, 2005.
CABALLERO, Manuel. *Las crisis de la Venezuela contemporánea.* Caracas, Monte Ávila Editores Latinoamericana, 1998.
_____. *La gestación de Hugo Chávez.* Madrid, Los Libros de la Catarata, 2000.
_____. *Rómulo Betancourt, político de nación.* Caracas, Alfadil-Fondo de Cultura Económica, 2004.
LEONI, Raúl. *Discurso del doctor Raúl Leoni, Presidente de la Cámara del Senado, en el acto de instalación de la Cámara. Congreso Nacional, Caracas, 1959. Folleto publicado por la Presidencia de la República con motivo de su toma de posesión.* Caracas, 1964.
_____. *Primer mensaje del presidente Leoni.* Caracas, Publicaciones de la Secretaría General de la Presidencia de la República, 1964.
_____. *Mensaje especial presentado por el ciudadano Presidente de la República, Dr. Raúl Leoni, al Congreso Nacional.* Caracas, 11 de mayo de 1964.
OTERO SILVA, Miguel. *Escritos periodísticos.* Caracas, Los Libros de *El Nacional*, 1998, Selección y prólogo Jesús Sanoja Hernández.
VARIOS AUTORES. *Leoni, una condición humana.* Caracas, Avilarte, 1972.
VARIOS AUTORES. *Presencia de Raúl Leoni en la historia de la Democracia venezolana.* Caracas, Edición homenaje del Congreso de la República, 1986.

ARTURO ÚSLAR PIETRI Y LA HISTORIA VENEZOLANA

He escrito mucho sobre la vida y la obra de Úslar. En esta oportunidad remito a los lectores a mi biografía del personaje (*Arturo Úslar Pietri o la hipérbole del equilibrio*) y me concentro en un tema de particular interés para la civilidad: la historia nacional en la obra de un escritor.

Sin haber sido propiamente un historiador, Úslar Pietri trabajó con la sustancia de la historia venezolana e hispanoamericana en sus obras literarias de ficción, así como en sus ensayos de interpretación de la realidad. Pasemos revista a este itinerario intelectual, y hagámoslo genéricamente. Antes, ofrezcamos un mínimo esquema de su tránsito vital.

Nació y murió en Caracas, el 16 de mayo de 1906 y el 26 de febrero de 2001, respectivamente. Vivió 94 años. Se graduó de abogado en la Universidad Central de Venezuela, pero se dedicó al servicio público, a la literatura, a la televisión, a la publicidad, al periodismo, a la docencia universitaria. Vivió en París en dos oportunidades, entre 1929 y 1934; y entre 1975 y 1979. En Nueva York transcurrió su exilio político, entre 1945 y 1950.

Fue agregado civil de la Embajada de Venezuela en Francia, presidente de la Corte Suprema de Justicia del estado Aragua, jefe de la sección de Economía del Ministerio de Hacienda, director de Información de la Cancillería, director del Instituto de Inmigración y Colonización, ministro de Educación, secretario general de la Presidencia de la República, ministro de Hacienda, ministro de Relaciones Interiores, senador, candidato a la Presidencia de la República, embajador de Venezuela ante la Unesco. Como periodista, se desempeñó como redactor del diario *Ahora* y fue columnista durante 50 años de *El Nacional* («Pizarrón»), diario del que fue director. Sostuvo durante más de treinta años un programa pedagógico en televisión (*Valores humanos*). Fue profesor en la Universidad Central de Venezuela, donde fundó la Cátedra Libre de Economía que dio origen a la Facultad de Economía; y en la Universidad de Columbia, en Nueva York. Fue creativo de la publicidad ARS, donde no pocos lemas y campañas se debieron a su ingenio. Como vemos, una vida pletórica de tareas que desempeñó a la par de su tarea de escritor, que es la que nos ocupa. Volvamos a ella.

Si bien la totalidad de sus relatos ocurren en ámbitos de la Venezuela rural, apenas uno trabaja un tema propiamente histórico. Nos referimos a «Fuego fatuo», un cuento que forma parte de su segundo libro de relatos, *Red* (1936), y que tiene por personaje a Lope de Aguirre, conocido popularmente como «El Tirano Aguirre». Este personaje sanguinario, en rebelión contra la Corona española, es el primer mito venezolano de la etapa postcolombina de nuestra historia. A Úslar lo sedujo desde muy joven y, como veremos luego, le consagró su segunda novela: *El camino de El Dorado* (1947). Aunque en sus cuentos puede escucharse el eco de las guerras de independencia o federal, a algunos integrantes de montoneras alzando la voz y puede olerse el olor a pólvora, la verdad es que el único relato en el que hallaremos una referencia específica a un personaje histórico y su peripecia, es este de Aguirre.

En sus tres poemarios (*Manoa*, 1972; *Escritura*, 1979; *El hombre que voy siendo*, 1986) tan solo hallaremos un poema que se centra en los hechos de un personaje de nuestra historia. Se trata de un texto sobre Américo Vespucio. Entre sus cinco obras de teatro publicadas, recogidas en dos libros, una de ellas se titula *La fuga de Miranda. Tema y letra para una cantata* (1960). Trabaja la prisión de Miranda en el arsenal de La Carraca y su muerte, además de la hipotética fuga del Generalísimo de esta cárcel. Es una pieza breve. Con el resto de su obra teatral ocurre lo mismo que con la cuentística: se escucha el eco de la Venezuela rural histórica. De sus seis libros de crónicas de viajes, uno recoge sus andanzas por el país; se titula *Tierra venezolana* (1953) y, si bien hay alusiones a hechos históricos en estas crónicas, no es la historia el epicentro, sino la experiencia viajera.

LAS NOVELAS

En sus novelas y ensayos sí vamos a hallar abundante sustancia histórica venezolanista e hispanoamericanista. De sus siete novelas, seis trabajan episodios y personajes de la historia política venezolana. La última que escribió, *La visita en el tiempo* (1990), tiene al peninsular Juan de Austria en el ojo del huracán. Como sabemos, en *Las lanzas coloradas* (1931) se gira en torno a la guerra de independencia; en *El camino de El Dorado* (1947) se le sigue la pista a la peripecia delirante de Lope de Aguirre. Se concentra en la última y dramática etapa de la vida del vasco, entre 1537 y 1561, período en que inicia su epopeya en Perú y culmina al caer muerto en Barquisimeto, por mano de Diego García de Paredes. *Un retrato en la geografía* (1962) y *Estación de máscaras* (1962) formaban parte de una trilogía que no concluyó, intitulada *Laberinto de fortuna*. La acogida de la crítica a estas dos novelas fue severa o helada y el autor se desanimó por completo para escribir la novela que faltaba. Ambas versan sobre la vida política venezolana entre la muerte de Gómez en 1935 y el 23 de enero de 1958. *Oficio de difuntos* (1976) tiene al general Gómez en el centro de la escena, mientras *La isla de Robinson* (1981) sigue los pasos del excéntrico Simón Rodríguez.

Como vemos, el período de conquista es trabajado con Aguirre, el final del período colonial y el de independencia con *Las lanzas coloradas* y Rodríguez, y el siglo XX con las dos de la trilogía inconclusa y *Oficio de difuntos*. No escribió novelas con personajes del siglo XIX pleno, salvo al final de la vida de Rodríguez. Es evidente que toda la obra novelística calza perfectamente en los parámetros de la llamada novela histórica, aunque el propio Úslar no pensaba que estas ficciones fueran exactamente novelas. Al menos así lo afirmó en entrevistas sostenidas conmigo, recogidas en el libro *Arturo Úslar Pietri: ajuste de cuentas* (2001). Allí señala: «En general, las novelas mías no son novelas. En realidad, son reconstrucciones históricas...» (Arráiz Lucca, 2007: 46). Por supuesto, lo que Úslar quiere apuntar es que sus novelas se sustentan sobre la realidad histórica, punto de partida para la ficción. En otras palabras: el autor apela a la imaginación ficticia para darles vida a los personajes y los hechos, pero tanto unos como otros existieron. Cualquiera puede preguntarse: ¿por qué no trabajó estos períodos y estos personajes como historiador? Pues porque no lo era, simplemente. Era un narrador y un ensayista, que eventualmente escribió obras de teatro y poemas.

No cabe la menor duda de que la historia política de Venezuela fue la sustancia temática primordial de la obra novelística de Úslar. Más aún, ahora que vamos a revisar su obra ensayística (la más abundante de su producción), podríamos llegar a afirmar que el eje temático de su obra es la historia política nacional y su consecuencia natural: la historia política hispanoamericana de los períodos colonial y republicano.

LOS ENSAYOS

La obra ensayística de nuestro autor se compone de 31 títulos y, salvo en dos de ellos (*Breve historia de la novela hispanoamericana*, 1955, y *Giotto y compañía*, 1987) en los otros 29 la historia está presente, tanto en su vertiente hispanoamericana como nacional. *Sumario de economía venezolana para alivio de estudiantes* (1945) recoge sus conferencias sobre temas económicos, para entonces muy poco trabajados en el país. En *Letras y hombres de Venezuela* (1948) se hallan sus primeros ensayos sobre las figuras históricas de Bolívar, Rodríguez, Bello, Vargas, Juan Vicente González, Acosta, Arístides Rojas, Pérez Bonalde y Teresa de la Parra. Como vemos, personajes de los dos ámbitos que llamaron su atención durante toda su vida: el poder y la literatura. En *De una a otra Venezuela* (1949) recoge sus artículos de 1947 y 1948: todos giran en torno a la vida política nacional.

En *Las nubes* (1951) se reúnen ensayos de diverso aliento, desde los breves artículos publicados en su columna «Pizarrón» del diario *El Nacional* entre 1949 y 1950, hasta algunos más dilatados. El libro señala el nacimiento de un universo temático que no abandonará nuestro autor hasta su último libro de ensayos: la naturaleza de lo hispanoamericano, la sustancia de la que estamos hechos los habitantes de esta zona del mundo. En *Las nubes*, por primera vez, el Úslar ensayista aborda el tema de manera sistemática, dedicándole la primera sección del libro.

En *Apuntes para retratos* recoge semblanzas sobre las figuras de Bolívar, Simón Rodríguez, Miranda, José Tomás Boves, su abuelo: el general Juan Pietri, Alberto Adriani, Henri Pittier, Diego Nucete Sardi, su padre: Arturo Úslar Santamaría, Nijinsky, Churchill, Nehru y, finalmente, Roosevelt. Como vemos, la figura de Simón Rodríguez se repite; ya había sido tratada en *Letras y hombres de Venezuela* y sería abordada de un todo en la novela, ya citada, que luego lo tuvo por protagonista. Del conjunto destacan, por su sentimentalidad, el largo ensayo sobre la vida y obra de Adriani, a quien había conocido de cerca en los tiempos en que este lo invitó a formar parte de la nómina del Ministerio de Hacienda, y el conmovedor artículo escrito con motivo de la muerte de su padre. En este libro, como en *Letras y hombres de Venezuela*, se hacía patente su interés, y en algunos casos devoción, por la historia y las letras venezolanas, dibujando perfiles que suponían una generosa entrega al estudio de la vida y la obra de estos hombres.

En *Del hacer y deshacer de Venezuela* (1962) recoge algunos de sus textos escritos entre 1954 y 1961, muchos de ellos fruto de la solicitud de una conferencia, algún prólogo o el discurso de incorporación a la Academia Nacional de la Historia. La mayoría versan sobre temas históricos nacionales, siempre comprendiendo lo nacional en una perspectiva hispana. Es un libro de ensayos importante: define todavía más el campo de investigación en el que se mueve el ensayista de largo aliento, no el articulista.

De 1967 es *Oraciones para despertar*, al que luego en dos ediciones sucesivas, en 1981 y 1998, le agrega otras disertaciones de tema venezolano. Luego, con motivo de cuatricentenario de la fundación de Caracas, el Concejo Municipal adelanta un programa de ediciones; entre ellas figura un libro de nuestro autor: *Las vacas gordas y las vacas flacas*, publicado en 1968. En él se recoge una selección de artículos de su columna «Pizarrón» y otros ensayos y discursos, en su mayoría de tema nacional.

En busca del nuevo mundo (1969) es editado en el Fondo de Cultura Económica de México y contiene sus reflexiones sobre el tema hispanoamericano en los años, para entonces, recientes. El crisol del mestizaje, los primeros viajeros de indias, la generación libertadora, la influencia determinante de España, los poetas de América y de la península son algunos de los temas del libro al que, en la coda, añade tres visiones viajeras sobre Holanda, Sicilia y Caracas. En este libro se lee:

> Desde el siglo XVIII, por lo menos, la preocupación dominante en la mente de los hispanoamericanos ha sido la de la propia identidad. Todos los que han dirigido su mirada, con alguna detención, al panorama de esos pueblos han coincidido, en alguna forma, en señalar ese rasgo. Se ha llegado a hablar de una angustia ontológica del criollo, buscándose a sí mismo sin tregua... (Úslar Pietri, 1969: 9).

Fantasmas de dos mundos (1979) fue íntegramente escrito en París entre 1975 y 1978, cuando el autor se desempeñaba como embajador de Venezuela ante la Unesco, durante el primer gobierno de Carlos Andrés Pérez, y no trabaja temas históricos venezolanos, más sí hispanoamericanos. En cambio, en *Fachas, fechas y fichas* (1982) sí vuelve sobre sus temas nacionales. En el conjunto destacan los ensayos de materia bolivariana y rodrigueana, a la vez que vuelve sobre una de sus recurrencias temáticas: El Dorado. Se detiene en aspectos vinculados con el futuro del mundo hispanoamericano y el destino de la lengua española, mientras acomete un curioso texto de matices autobiográficos en el que recuerda la publicación de su primer libro, con motivo de los cincuenta años de su aparición.

Con motivo del Bicentenario del Natalicio de Simón Bolívar, Úslar publica *Bolívar hoy*, que sigue y completa la edición de 1972: *Bolivariana*. Allí afirma, refiriéndose al Libertador:

> Desde el primer momento de su acción se distinguió por la claridad y la audacia de su pensamiento. Si no hubiera hecho otra cosa que escribir las ideas y apreciaciones que nos dejó sobre el mundo americano, figuraría, sin duda, entre los más originales pensadores de su tiempo. Tenía además un don excepcional de escritor. La prosa de sus cartas y discursos está entre las mejores que se escribieron en su hora. Nadie tuvo como él el don de la expresión enérgica, penetrante y significativa. Su lenguaje refleja como un espejo fiel su temperamento y sus angustias. Se expresa con síntesis y contrastes

fulgurantes. No valen menos sus palabras que sus grandes hechos (Úslar Pietri, 1996: 493).

Godos, insurgentes y visionarios (1986) es un libro enteramente dedicado al tema hispanoamericano, en el que incluye tanto ensayos como transcripciones editadas de conferencias dictadas en Bogotá y México. Los textos representan otra vuelta de tuerca en la indagación que fue central en su vida intelectual: qué es Hispanoamérica, de dónde venimos y hacia dónde vamos como comunidad histórica. Bolívar y Rodríguez, de nuevo, atraviesan sus páginas. Allí están como suerte de dos alas de la totalidad nacional: las armas y la voluntad política (Bolívar), la educación y la formación de republicanos para el trabajo (Rodríguez).

Efraín Subero fue el encargado de la organización de una antología de su obra venezolanista. Se titula *Medio milenio de Venezuela* (1986), obra que luego es reeditada por Monte Ávila Editores. Allí se congregan sus visiones sobre la conquista, la gesta independentista, los personajes centrales y colaterales del período republicano inmediato y los mitos nacionales: el petróleo, el mesianismo, el peso del azar, la improvisación y demás simplificaciones de una realidad compleja, nunca suficientemente comprendida. En la introducción firmada por el autor se encuentran varias afirmaciones sumamente valiosas. Entre ellas esta, de una claridad meridiana:

> El primer equívoco surgió del hecho de haber llamado Nuevo Mundo al continente americano. Lo que hubo en realidad fue el encuentro, por primera vez, entre los europeos y los americanos, pero ambos eran tan viejos como el hombre y representaban dos vertientes de la misma familia, la de los mongoloides y la de los caucasoides (Úslar Pietri, 1991: 17).

Más adelante, en la misma introducción, el autor entrega un párrafo de singular importancia para comprender sus propósitos de escritor. Dice, refiriéndose al tema de la identidad latinoamericana:

> Este ha sido un tema constante y obsesivo en mi obra de escritor. Toda ella puede considerarse como la expresión de una búsqueda

de esa realidad, a veces subyacente y borrosa, y de esa identidad frecuentemente contradictoria y elusiva. Llegar a saber lo que somos, partiendo del cómo somos y del cómo hemos pretendido ser, no es tarea fácil. Sin embargo, al final de ella podría estar la respuesta definitiva que concilie nuestras profundas contradicciones y apacigüe nuestra angustia existencial (Úslar Pietri, 1991: 18).

Podría añadirse que esta búsqueda Úslariana del ser latinoamericano se fraguó en dos ámbitos, el nacional y el continental, pero que en ambos primó el mismo fervor por el hallazgo de la sustancia, y la combinatoria, hispanoamericana.

En noviembre de 1992, Úslar publica un libro de gran significación política e histórica que, lamentablemente, no se ha leído con la debida atención. Se titula *Golpe y Estado en Venezuela* (1992) y en él entrega un largo ensayo de análisis político e histórico de la Venezuela del siglo XX, a partir de la fecha más importante de esta centuria: el 18 de octubre de 1945. En el texto Úslar da su versión de los hechos y, sobre todo, su interpretación de los mismos, añadiéndole a lo ya conocido, la lectura que hace de las intentonas del año 1992. Le atribuye al petróleo, como siempre lo hizo, la condición epicéntrica nacional. El valor del ensayo no estriba en que desarrolle alguna posición inédita hasta entonces, sino que por primera vez ofrece un dilatado análisis sobre la historia política contemporánea de Venezuela, cosa que antes había hecho fragmentariamente a través de sus artículos semanales. Además, el ensayo constituye, visto a la distancia, una suerte de testamento político, en la medida en que por única vez, cuando contaba ochenta y seis años, se aventura a tejer un texto analítico, sobre este particular, de largo aliento.

La segunda parte del libro, ciertamente, recoge un conjunto de artículos de su columna «Pizarrón» y, además, un apéndice documental con todas las cartas públicas del llamado grupo «Los notables». Una lectura simple llevaría a pensar que nuestro autor concluía su vida ajustando cuentas con el grupo político que cortó la suya de raíz en 1945, pero esto no es exactamente así. Ninguna alegría le producía a Úslar ver confirmadas sus sospechas en la realidad, ni le agradaba el papel de sepulturero del sistema de partidos instaurado a partir de 1958, entre otras razones porque él también formó parte de ese sistema, sin que por ello endosara sus faltas. Por el contrario, bastantes veces las señaló, mientras se hacía copartícipe de la Venezuela política que emergió del 23 de enero de 1958. Por ello su análisis se remonta al pasado, y busca las causas de la crisis venezolana en nuestra relación con el petróleo y el tamaño que llegó a alcanzar el Estado alimentado por esta fuente que condujo a la creación de un país rentista, en donde la riqueza de la renta la administra el Estado, mientras la nación se sumerge en la pobreza.

En *Del cerro de la plata a los caminos extraviados* (1994) destacan los temas Úslarianos típicos: el mestizaje americano, la generación de la independencia, la venezolanidad, constituyéndose en un libro despedida, en el que su universo ensayístico propio, con sus obsesiones temáticas y sus recurrencias simbólicas, está presente de manera paradigmática. Sin embargo, no estoy seguro de que Úslar haya estructurado el libro con la conciencia de que se trataba de su último título. De haber tenido conciencia de ello, probablemente habría redactado una introducción breve apuntando esa circunstancia. Quizás, no puedo asegurarlo, ya que nuestro autor no fue proclive a rendirle tributo a estos hechos: una extraña humildad lo hacía conducirse levemente en estos parajes de despedidas o clausuras de períodos.

Otros libros suyos son propiamente antológicos: *La otra América* (1974) y *La creación del nuevo mundo* (1992). En verdad, muchos de sus libros de ensayos lo son, en el sentido de que combinan ensayos de libros anteriores con inéditos. Por ello con frecuencia hallamos textos ya leídos con otros de reciente factura. Por otra parte, él mismo hizo una antología temática del tema petrolero, se titula *Venezuela en el petróleo* (1984) y va desde el editorial del diario *Ahora*, «Sembrar el petróleo», hasta 1983. Son textos de política económica sobre la historia nacional.

Entre las selecciones hechas por críticos de su obra, la de Efraín Subero antes mencionada es de las más valiosas, *Medio milenio de Venezuela*, ya que la hace un conocedor de su obra y la organiza temáticamente. Lo mismo ocurre con la antología preparada por Gustavo Luis Carrera para el Fondo de Cultura Económica de México, *La invención de América mestiza* (1996), donde se organizan los textos de acuerdo con el ámbito que trabajan: universal, hispano, americano y venezolano, combinando todos los géneros. Por mi parte, publiqué una antología cronológica de su obra, *Arturo Úslar Pietri. Antología cronológica* (2005), recogiendo todos los géneros.

Entre los libros colectivos que reúnen trabajos sobre la obra Úslariana, se distinguen cinco: *El valor humano de Arturo Úslar Pietri* (1984), edición dirigida por Tomás Polanco Alcántara; *Todo Úslar* (2001), edición coordinada por Mauricio García Araujo; *Los nombres de Arturo Úslar Pietri* (2006), edición coordinada por Mariano Nava Contreras; *Arturo Úslar Pietri. Humanismo y americanismo. Memoria de las VII Jornadas de Historia y Religión de la UCAB*, edición coordinada por Tomás Straka; y *Arturo Úslar Pietri. Valoración múltiple* (2012), edición coordinada por Rafael Arráiz Lucca y Edgardo Mondolfi Gudat.

Hemos llegado al final de este breve viaje. Es evidente que la historia política, tanto hispanoamericana como nacional, fue el epicentro de la obra novelística, ensayística y periodística de Úslar; no así de su obra cuentística, poética y teatral. No exagera quien afirme que más allá de los géneros, el fervor venezolanista de su obra es el eje y motor de ella, ya sea en su ocurrencia cuentística como en su vertiente histórico-política.

Especial mención debemos hacer del interés de Úslar por el período de Conquista, sobre todo por el imán que representaron dos mitos para él: Aguirre y El Dorado. Curiosamente, otro personaje mitológico de otro tiempo le llamó la atención: Simón Rodríguez. Estas tres recurrencias, más la obsesión por entrar en el laberinto del mestizaje hispanoamericano y verle el rostro a la identidad (un tema muy de su tiempo) dominaron buena parte de sus esfuerzos por revisar la historia.

BIBLIOGRAFÍA

Arráiz Lucca, Rafael. *Arturo Úslar Pietri: ajuste de cuentas*. Caracas, Los Libros de *El Nacional*, Biblioteca Úslar Pietri, 2007.

_____. *Arturo Úslar Pietri. Antología cronológica*. Caracas, Banco Provincial, 2005.

_____. *Arturo Úslar Pietri o la hipérbole del equilibrio*. Caracas, Fundación para la Cultura Urbana, 2005.

Úslar Pietri, Arturo. *Las lanzas coloradas*. Madrid, Editorial Zeus, 1931.

_____. *El camino de El Dorado*. Buenos Aires, Editorial Losada, 1947.

_____. *Un retrato en la geografía*. Buenos Aires, Editorial Losada, 1962.

_____. *Estación de máscaras*. Buenos Aires, Editorial Losada, 1964.

_____. *Oficio de difuntos*. Barcelona, Editorial Seix Barral, 1976.

_____. *La isla de Robinson*. Barcelona, Editorial Seix Barral, 1981.

_____. *La visita en el tiempo*. Bogotá, Editorial Norma, 1990.

_____. *Red*. Caracas, Editorial Élite, 1936.

_____. *Sumario de economía venezolana para alivio de estudiantes*. Caracas, Ediciones del Centro de Estudiantes de Derecho de la UCV, 1945.

_____. *Letras y hombres de Venezuela*. México, Fondo de Cultura Económica, 1948.

_____. *De una a otra Venezuela*. Caracas, Ediciones Mesa Redonda, 1949.

_____. *Las nubes*. Caracas, Ediciones del Ministerio de Educación, 1951.

_____. *Apuntes para retratos*. Caracas, Cuadernos de la Asociación de Escritores de Venezuela, n.º 71, 1952.

_____. *Del hacer y deshacer de Venezuela*. Caracas, Ateneo de Caracas, 1962.

_____. *Oraciones para despertar*. Caracas, Ediciones del Cuatricentenario de Caracas, 1967.

_____. *Las vacas gordas y las vacas flacas*. Caracas, Ediciones del Concejo Municipal del Distrito Federal, 1968.

_____. *En busca del nuevo mundo*. México, Fondo de Cultura Económica, 1969.

_____. *Vista desde un punto*. Caracas, Monte Ávila Editores, 1971.

_____. *Bolivariana*. Caracas, Ediciones Horizonte, 1972.

_____. *La otra América*. Madrid, Alianza Editorial, 1974.

_____. *Viva voz*. Caracas, Ediciones de la C.A. Tabacalera Nacional, 1975.

_____. *Fantasmas de dos mundos*. Barcelona, Editorial Seix Barral, 1979.

_____. *Educar para Venezuela*. Caracas, Gráficas Reunidas, 1981.

_____. *Fachas, fechas y fichas*. Caracas, Ateneo de Caracas, 1982.
_____. *Venezuela en el petróleo*. Caracas, Ediciones Urbina y Fuentes, 1984.
_____. *Medio milenio de Venezuela*. Caracas, Cuadernos Lagoven, 1986.
_____. *Godos, insurgentes y visionarios*. Barcelona, Editorial Seix Barral, 1986.
_____. *Giotto y compañía*. Caracas, Fundación Eugenio Mendoza, 1987.
_____. *Golpe y Estado en Venezuela*. Bogotá, Editorial Norma, 1992.
_____. *La creación del nuevo mundo*. Caracas, Editorial Grijalbo, 1992.
_____. *Del cerro de la plata a los caminos extraviados*. Bogotá, Editorial Norma, 1994.
_____. *Manoa*. Caracas, Editorial Arte, 1972.
_____. *El día de Antero Albán. La tebaida. El Dios invisible. La fuga de Miranda*. Caracas, Ediciones Edime, 1958.
VARIOS AUTORES. *Arturo Úslar Pietri: valoración múltiple*. Caracas, Fundación Banco del Caribe, Universidad Metropolitana, *El Nacional*. Compilación Rafael Arráiz Lucca y Edgardo Mondolfi Gudat, 2012.
_____. *Todo Úslar*. Caracas, Universidad Metropolitana y editorial Panapo. Coordinación Mauricio García Araujo, 2001.
_____. *El valor humano de Arturo Úslar Pietri. Homenaje de la Academia Nacional de la Historia a su numerario*. Caracas, Academia Nacional de la Historia. Edición dirigida por Tomás Polanco Alcántara, 1984.
_____. *Arturo Úslar Pietri. Humanismo y Americanismo*. Caracas, Fundación Konrad Adenauer y UCAB. Coordinación Tomás Straka, 2008.
_____. *Los nombres de Arturo Úslar Pietri. Una valoración multidisciplinaria*. Mérida, Universidad de Los Andes. Coordinación Mariano Nava Contreras, prólogo Rafael Arráiz Lucca, 2006.

RÓMULO BETANCOURT: ANOTACIONES SOBRE SUS HECHOS Y SUS IDEAS

Cuando se pasa revista a la historia política venezolana desde la creación de la República y hasta nuestros días, se advierte claramente que no han sido muchos los hombres de poder que han concebido su tarea más allá de sus intereses personales, en procura de la instauración de un sistema que los trascendiera en el tiempo. Las honrosas excepciones comienzan con Juan Germán Roscio y Francisco Isnardi, quienes al redactar la Constitución Nacional de 1811 sueñan con la instauración de una República Liberal y Federal, de naturaleza civil y con una presidencia rotatoria, un triunvirato, que buscara profundizar la descentralización del poder.

Luego Simón Bolívar, en funciones constituyentistas, nos ofrece dos versiones en pocos años. Una primera: la del Congreso de Angostura, en 1819, cuando afirma en su discurso inaugural del encuentro:

> La continuación de la autoridad en un mismo individuo, frecuentemente ha sido el término de los gobiernos democráticos. Las repetidas elecciones son esenciales en los sistemas populares, porque nada es tan peligroso como dejar permanecer largo tiempo en un mismo ciudadano el poder. El pueblo se acostumbra a obedecerle y él se acostumbra a mandarlo, de donde se origina la usurpación y la tiranía.

La segunda: en la primera Constitución de Bolivia, en 1826, donde propone la presidencia vitalicia, en abierta contradicción con lo expuesto apenas siete años antes. De modo que el pensamiento de

Bolívar en esta materia da para gustos diversos: quizás por ello autócratas como Antonio Guzmán Blanco, Cipriano Castro y Juan Vicente Gómez se sintieran con legitimidad muy cerca del Libertador, así como también hombres de talante democrático como Eleazar López Contreras. En cualquier caso, la idea que Bolívar tenía del poder era sistémica más que caudillista, por más que algunos caudillos hayan creído lo contrario.

La Constitución Nacional de 1830 es fruto de un espíritu de consenso entre centralistas y descentralizadores del poder, entre bolivarianos y paecistas, para fijar el dilema con apellidos reconocibles. Esta carta magna define la naturaleza del Estado en su artículo 6. Allí puede leerse: «El Gobierno de Venezuela es y será siempre republicano, popular, representativo, responsable y alternativo».

Como vemos, las tesis del poder vitalicio bolivarianas no se impusieron entonces, y se consagró la alternabilidad. Este principio, es justo señalarlo, lo respetaron tanto José Antonio Páez como Carlos Soublette, quienes hicieron prevalecer la Constitución de 1830 con denodado empeño. De hecho, después de la Constitución de 1961, será la de 1830 la de mayor vigencia en el tiempo en toda nuestra historia republicana.

Los intentos civilistas de Manuel Felipe de Tovar y Pedro Gual son encomiables, pero fueron sobrepasados por el delirio caudillista, y los también modernizadores de Guzmán Blanco fueron acompañados por su espíritu autocrático y su inocultable megalomanía, impidiéndole trabajar para la instauración de un sistema que fuese más allá de sí mismo. Después, ya en el siglo XX, la hegemonía militar tachirense dio pruebas de su voluntad y amor por el poder, pero cualquiera comprende que no se trataba de un sistema político lo que buscaba estructurar el general Gómez, sino la consagración de una institución armada que fungiera, además, de dedo elector en las sucesiones presidenciales. Ni siquiera Medina Angarita, que dio pruebas de apertura democrática, de libertad de conciencia, y que autorizó la creación de partidos políticos de cualquier tendencia, logró establecer las bases de un sistema democrático, de un sistema político más allá del ejercicio crudo del poder. Diversos testimonios señalan que se sustrajo ante la influencia determinante del Ejército Nacional.

Nadie puede negarle a Rómulo Betancourt el papel principal dentro de su partido, Acción Democrática, así como nadie puede pasar por alto que el líder y su organización buscaban la instauración de una democracia representativa, sobre la base de partidos políticos de masas, división de poderes y, otra vez, alternabilidad en el ejercicio del gobierno. Este fue el proyecto político al que Betancourt consagró su vida y puede afirmarse que fue delineándolo en el tiempo, ya que el enfoque marxista del Plan de Barranquilla (1931) no fue exactamente el que prevaleció cuando alcanzó el poder con la Junta Revolucionaria de Gobierno, el 18 de octubre de 1945, ni el que desarrolló cuando fue electo para el quinquenio 1959-1964. No obstante, ni en los tiempos marxistas del joven Betancourt se avino con comodidad con el internacionalismo soviético, que suponía una claudicación de una de sus banderas más izadas: el nacionalismo democrático. Si bien podemos afirmar que el espíritu democrático anidó en su pensamiento desde la primera juventud, sin ningún tipo de concesiones totalitarias, la mayor evolución la experimentó en sus ideas económicas, acercándose a la socialdemocracia y alejándose de formas dogmáticas de economía centralizada o dirigida.

LA GENERACIÓN DE 1928

La vida política de Betancourt comienza con la Generación de 1928. Conviene que nos detengamos brevemente en ella para comprender el contexto en el que irrumpe en escena el futuro conductor de multitudes.

La Federación de Estudiantes de Venezuela (FEV) se fundó el 15 de marzo de 1927 y su primer presidente fue Jacinto Fombona Pachano, quien fue sucedido en noviembre del mismo año por el estudiante Raúl Leoni. Fue la junta directiva de la federación presidida por Leoni la que organizó, en febrero de 1928, La Semana del Estudiante. Para los actos previstos, el propio Leoni escogió a los oradores, y se sustrajo a sí mismo de la tarea.

Jóvito Villalba discurre ante los restos del Libertador en el Panteón Nacional; Joaquín Gabaldón Márquez ante el busto de José Félix

Ribas en la plaza de La Pastora; Antonio Arráiz, Jacinto Fombona Pachano y Pío Tamayo recitan sus versos en la coronación de la reina de los estudiantes, Beatriz I, y Rómulo Betancourt enciende los ánimos con un discurso interpelante. Al gobierno, ante semejante desafío, no le queda otro camino que apresar a los estudiantes, después de que un conjunto de cadetes se suman a la revuelta, y tornan el hecho en un asunto militar. Muchos son enviados al castillo de Puerto Cabello, junto con una cantidad considerable de alumnos que se entregan a la policía en solidaridad con sus compañeros. El caso es delicado para Gómez: está siendo desafiado por unos estudiantes desarmados. Antes, siempre lo había sido por hombres en armas, para quienes había una respuesta armada. ¿Ahora, cómo enfrentar con las armas del Ejército a unos jovencitos que pronuncian discursos y leen poemas?

La solidaridad con los estudiantes es manifiesta, a tal punto que un pequeño grupo de oficiales del Ejército, de bajo rango, se suma a la protesta e invita a los estudiantes a un alzamiento militar, cosa que intentan, pero infructuosamente, ya que el movimiento es debelado y el general Eleazar López Contreras los hace presos, entre otros a su hijo, el cadete Eleazar López, junto con algunos compañeros de armas. Estos sucesos tienen lugar el 7 de abril, a las puertas del cuartel San Carlos, en Caracas. También hay que recordar que la solidaridad con el movimiento estudiantil no provino solamente de un grupo de militares, sino de la gente común, en la calle, que les manifestaba su respaldo. Esta fue la primera crisis profunda que experimentó el gobierno de Gómez, ya que no se trataba de la expresión de descontento de un sector armado de la sociedad, sino de jóvenes estudiantes que recibían el apoyo de mucha gente inconforme con la vida que se llevaba en Venezuela. El descontento no era de un caudillo y sus huestes, sino de los jóvenes; y la solidaridad de sus familias, lo que hacía de la revuelta un hecho de significación sociológica relevante.

Muchos de los estudiantes lograron escapar y se fueron al exilio; otros no y permanecieron durante siete años en la cárcel de La Rotunda, en las Tres Torres de Barquisimeto, en el castillo de Puerto Cabello. Rómulo Betancourt, Raúl Leoni, Miguel Otero Silva, José Tomás Jiménez Arráiz, entre otros, alcanzaron a llegar a Curazao, y desde allí se movieron hacia otros destinos. El más importante para el orden político futuro fue el grupo que se estableció en Barranquilla, ya que redactó un plan de acción política para Venezuela y que, en su casi totalidad, lo hicieron un proyecto de vida y lo cumplieron.

EL PLAN DE BARRANQUILLA (1931)

Mientras el gobierno del general Gómez sofocaba la rebelión de los estudiantes, estos se preparaban en el exilio y en las cárceles para ser protagonistas de la vida política venezolana de todo el siglo xx. El 22 de marzo de 1931 firman, en la ciudad colombiana de Barranquilla, un documento que ha sido fruto de muchísimas horas de discusiones y trabajo. Se trata de un diagnóstico de las causas de la situación de Venezuela y un plan de acción. La formación de los jóvenes firmantes del plan es marxista y el análisis de la realidad nacional está hecho desde esa perspectiva. Lucha de clases, enfrentamiento con el capital extranjero y sus socios en el territorio nacional, aunque también abogaban por una vida civil que ubicara a los militares en su esfera natural, y dejara de lado el personalismo. También, claman por la libertad de prensa, por la alfabetización, por la autonomía universitaria, por la convocatoria de una Asamblea Nacional Constituyente. Leído el plan con detenimiento, arroja una perspectiva marxista para el análisis de las relaciones económicas, y otra más liberal en la esfera propiamente política, ya que proponían un sistema democrático, con respeto a la pluralidad de pensamiento, y no un régimen de partido único. De tal modo que el documento es, desde el punto de vista de la filosofía política: híbrido.

Las discusiones que produjo el plan entre los dialogantes, la mayoría por cartas, comenzó a producir diferencias de enfoque, matices distintivos. Se abrió un cauce entre los comunistas que seguían las directrices del Partido Comunista Soviético, que se agruparon alrededor del Partido Comunista Venezolano, fundado en 1931, y los futuros fundadores de Acción Democrática (1941), que no seguían líneas de organizaciones extranjeras sino que buscaban un camino nacional. Estos van a fundar en 1931 la organización ARDI (Agrupación Revolucionaria de Izquierda) e intentan un acuerdo táctico con los integrantes del Partido Comunista Venezolano, cosa que se logra hacia 1935, cuando ambos sectores se asocian en el Frente Popular Venezolano. Sin embargo, todos estos trabajos y acuerdos en el exilio experimentarán cambios cuando estos jóvenes regresen al país en 1936.

El 1 de marzo de este año crucial tiene lugar una concentración en el Nuevo Circo de Caracas convocada por ORVE (Organización Venezolana), grupo liderizado por Alberto Adriani y Mariano Picón Salas, al que también se afilia Rómulo Betancourt, quien a lo largo del año va imponiendo su liderazgo en el conjunto. Los izquierdistas más radicales crean el PRP (Partido Revolucionario Progresista), mientras los estudiantes católicos, presididos por Rafael Caldera, Pedro José Lara Peña y Lorenzo Fernández forman la UNE (Unión Nacional Estudiantil), que se distingue de la FEV. A lo largo del año las nuevas fuerzas políticas actuantes buscan crear un partido que las agrupe a todas, obviamente a las que comulgaban con un credo de izquierda, aunque ya la separación de las aguas entre los izquierdistas que seguían al comunismo internacional y los nacionalistas se había dado. Esto ocurrió en los primeros meses de 1936, cuando las discusiones entre unos y otros los habían conducido a trincheras distintas. La organización que se creó se denominó el PDN (Partido Democrático Nacional), y reunía a los de ORVE, PRP, Frente Obrero, Frente Nacional de Trabajadores y Bloque Nacional Democrático de Maracaibo. La junta directiva del partido la presidía Jóvito Villalba, y la integraban Betancourt, Raúl Leoni, Miguel Otero Silva, Antonio Arráiz, Guillermo Meneses, Miguel Acosta Saignes, Gonzalo Barrios y Mercedes Fermín, entre otros. En noviembre, el PDN solicita su legalización, pero no le es concedida por el gobierno.

Luego, para las elecciones municipales de enero de 1937, muchos de los integrantes de estas fuerzas se presentan y ganan, en algunos casos, pero la Corte Federal y de Casación anula las elecciones invocando el inciso 6 del artículo 32 de la Constitución Nacional vigente, el que prohíbe actividades comunistas en Venezuela. Finalmente, en febrero de 1937 el Ejecutivo Nacional declara la ilegalidad de las organizaciones políticas de izquierda, y el 13 de marzo de 1937 dicta un decreto de expulsión del país por un año a 47 dirigentes de «las izquierdas». Concluía así la apertura que López Contreras había iniciado el 18 de diciembre de 1935 y Betancourt salía a su segundo exilio, esta vez en Chile. Regresará a Venezuela en 1940, terminando el gobierno de López Contreras y a un año de la apertura que trajo el gobierno de Isaías Medina Angarita. Otra vuelta de tuerca de las iniciadas por López.

LA FUNDACIÓN DE ACCIÓN DEMOCRÁTICA

La libertad se expresó de tal manera que el gobierno de Isaías Medina Angarita le hizo saber al grupo del PDN, capitaneado por Rómulo Betancourt, que sería legalizado si así lo solicitaba. Es por ello que este conjunto decide fundar un nuevo partido político, y el 13 de septiembre de 1941 hace su aparición pública en el Nuevo Circo de Caracas Acción Democrática (AD), presidida por Rómulo Gallegos y con Rómulo Betancourt en la Secretaría General.

La nueva organización se estructuraba a semejanza del partido fundado por Lenin en la Unión Soviética, pero con diferencias ideológicas significativas. Quienes asistieron a aquel acto ignoraban que la nueva organización sería fundamental para comprender la historia política de la Venezuela contemporánea. Al año siguiente, muchos de sus dirigentes se presentaron como candidatos a las elecciones municipales, pero la mayoría de los escaños los obtuvo el partido oficial, Cívicas Bolivarianas. Meses después, el gobierno de Medina propicia la creación de un partido político distinto al que había creado López Contreras. Es entonces cuando se constituye el Partido Democrático Venezolano (PDV), en donde Arturo Úslar Pietri descollaría como la figura principal. Como vemos, los aires de la libertad democrática se respiraban sin inconvenientes. Solo faltaba que se anunciaran elecciones directas, universales y secretas, en diciembre de 1945, para que el cuadro de libertades fuera completo, pero eso no ocurrió.

GOLPE DE ESTADO CIVIL-MILITAR DEL 18 DE OCTUBRE DE 1945

La joven fuerza política de AD convino con el candidato del presidente Medina Angarita, el doctor Diógenes Escalante, entonces embajador de Venezuela en los Estados Unidos de Norteamérica, en respaldar su candidatura y él se comprometió con la reforma de la Constitución Nacional para convocar elecciones universales, directas y secretas en un plazo perentorio. Antes de este acuerdo verbal, una logia militar llamada Unión Militar Patriótica, encabezada por el joven oficial Marcos Pérez Jiménez, venía trabajando subrepticiamente para derrocar al gobierno de Medina. Sus razones eran más militares que políticas, y se fundamentaban en el resquemor que sentían estos jóvenes oficiales hacia sus superiores, ya que estos estaban formados dentro de la modernidad profesional, mientras sus superiores eran todavía herederos del sistema anterior. Además, los sueldos de los militares eran extremadamente bajos, lo que se sumaba al descontento castrense.

Esta logia se desactivó cuando se llegó al acuerdo secreto entre Escalante, Betancourt y Leoni, en Washington. Por otra parte, el descontento del expresidente López Contreras y sus seguidores era absoluto, ya que el general quería regresar al poder y Medina pensaba que no era conveniente. Este descontento era de tal naturaleza que López Contreras y Medina Angarita ni siquiera se hablaban, y tampoco aceptaban intermediarios de buena fe que compusieran un acuerdo.

Todo lo anterior indica que convivían en el país tres proyectos de poder. Medina Angarita con su candidato Diógenes Escalante, apoyado por AD, sobre la base de un acuerdo de democratización electoral; el expresidente López Contreras y sus deseos de regresar a la Presidencia de la República; y la logia de jóvenes militares que también buscaba el mando. La enfermedad de Escalante descompuso el cuadro, ya que al proponer Medina Angarita a su ministro de Agricultura y Cría, el doctor Ángel Biaggini, en sustitución de Escalante, este no recibió el apoyo de AD, ya que no había acuerdo verbal con él; y por otra parte se activó la logia militar de nuevo, manifestando que buscarían el poder al margen de la candidatura de Biaggini. Esta vez AD optó por acompañar a los jóvenes militares y tuvo lugar el golpe de Estado el 18 de octubre de 1945. Los conjurados contaban con un significativo apoyo dentro de las Fuerzas Armadas, pero si Medina Angarita hubiera querido resistir, había tenido con que hacerlo. Incluso la Policía de Caracas le era fiel, pero optó por entregarse para evitar un derramamiento de sangre. Fue encarcelado, al igual que el expresidente López

Contreras y otros altos funcionarios de su gobierno. A los pocos días fueron todos aventados al destierro.

En los primeros momentos se pensó que habían sido el expresidente López Contreras y sus seguidores dentro de las Fuerzas Armadas quienes habían dado el golpe, pero la sorpresa fue mayúscula cuando se supo que habían sido otros actores. Un pacto entre la joven logia militar y Acción Democrática, que condujo a la constitución de una Junta Revolucionaria de Gobierno el 19 de octubre, integrada por siete miembros y presidida por Rómulo Betancourt. Los miembros eran Raúl Leoni, Luis Beltrán Prieto Figueroa y Gonzalo Barrios por AD, el mayor Carlos Delgado Chalbaud y el capitán Mario Vargas, por parte de las Fuerzas Armadas, y el médico Edmundo Fernández, quien sirvió de enlace entre estos dos grupos.

Se necesitaron tres años para que las diferencias entre AD y los militares de la fórmula que dio el golpe de Estado se hicieran notorias. Cuando otro golpe de Estado derrocó al presidente Rómulo Gallegos, en noviembre de 1948, y el mismo fue comandado por Carlos Delgado Chalbaud, se hizo evidente para todos que el proyecto de AD y de los militares no era el mismo.

La coyuntura es de gran importancia. Detengámonos a examinar las cuatro versiones que dio Betancourt a lo largo de su vida sobre el 18 de octubre de 1945. La primera de ellas fue dada el 30 de octubre de 1945, apenas doce días después de los acontecimientos, y fue un discurso radiado, inmerso en el crepitar de los cambios. La segunda tuvo lugar en el Palacio Federal Legislativo, ante la Asamblea Nacional Constituyente reunida el 20 de enero de 1947; se trata de un dilatado discurso en el que el presidente Betancourt repasa su obra de gobierno y contribuye con apuntes para la historia de la fecha en cuestión. La tercera es la ofrecida en el libro *Venezuela, política y petróleo*, publicado en 1956 y escrito en el exilio, en condiciones de extrañamiento, pero sin las urgencias de las tareas políticas diarias. La cuarta y última está recogida en una extensa entrevista que sostuvo Betancourt con el equipo de redacción de la revista *Resumen*, publicada el 26 de octubre de 1975, cuando el expresidente estaba en la etapa de repliegue y dispuesto a escribir unas memorias que no alcanzó a concluir; murió el 28 de septiembre de 1981.

La primera versión. *Discurso radiado por el Sr. Rómulo Betancourt, Presidente de la Junta Revolucionaria de Gobierno el día 30 de octubre de 1945*. Lo primero que hace el autor del discurso es colocar sobre la mesa un argumento de legitimidad: enumera los países que para la fecha han reconocido, reanudando relaciones, a la Junta Revolucionaria de Gobierno presidida por él. Luego, alude a la derrota del fascismo en Europa y a cómo «las cuatro libertades rooseveltianas» se hacen realidad. Los tres párrafos iniciales están dedicados al ámbito internacional. Después, alcanza el plano nacional y señala la unión entre el pueblo y el Ejército como la llave que dio al traste con la situación anterior. Más adelante, en el discurso, el pueblo se articula en Acción Democrática («El partido del pueblo») y, el Ejército, en la Unión Militar Patriótica (los conjurados que dieron el golpe militar), para dar una primera explicación de las causas y procederes. Dice:

> El país sabe cuántas fueron las proposiciones conciliatorias que se formularon al gobierno de Medina Angarita, depuesto por el Ejército y Pueblo, unidos el 18 de octubre, para que se realizara una consulta electoral idónea a la ciudadanía. El régimen, imbuido de orgullo demoníaco y resuelto a mantener a todo trance una situación que le permitía a sus más destacados personeros enriquecerse ilícitamente y traficar con el patrimonio colectivo, desoyó los llamados de la opinión democrática. Y el país se vio al borde de una guerra civil, prolongada y cruenta, entre las dos facciones personalistas, animadas por idénticos objetivos antinacionales, y jefaturadas, respectivamente, por los generales Medina Angarita y López Contreras [...] El procedimiento extremo a que se apelara fue provocado por quienes se negaron obstinadamente a abrir los cauces del sufragio libre, para que por ellos discurriera el vehemente anhelo de los venezolanos de ejercitar su soberanía eligiendo directamente a sus gobernantes.

Lo primero que llama la atención es el argumento central que dio pie a la conjura. Me refiero a la negativa del gobierno de convocar a unas elecciones universales, directas y secretas. Este argumento, por cierto, siempre será invocado por Betancourt en lo sucesivo. Aquí, además, se hace saber que al gobierno de Medina se le formularon «proposiciones conciliatorias» en tal sentido, pero, según Betancourt, ese gobierno estaba «imbuido de orgullo demoníaco» y no podía aceptar la proposición, dado que sus más destacados personeros estaban enriqueciéndose ilícitamente y traficando con el patrimonio colectivo. Como vemos, emerge una primera contradicción, ya que si el gobierno está integrado por estos facinerosos, ¿cómo fue que se le hicieron «proposiciones conciliatorias»? Es extraño que una conjura que apela a la autoridad moral busque conciliar con los que se han enriquecido ilícitamente. Esta primera contradicción es evidente.

La otra causa que se esgrime para haber dado el golpe militar es la de que «el país se vio al borde de una guerra civil» entre las dos facciones enfrentadas, lopecistas y medinistas. ¿Será cierto? ¿Realmente el país estaba al borde de una guerra civil? No contamos con pruebas que avalen esto. Pareciera, más bien, que se trata de una exageración retórica de Betancourt, exageración que busca legitimar el golpe como un factor de disuasión de la «guerra civil» pero la verdad es que no abundan indicios sobre la preparación de esa guerra. No contamos con testimonios que señalen una conjura de tal magnitud por parte de los sectores militares afectos al expresidente López que estuviesen dispuestos a enfrentar en armas al sector fiel al presidente Medina. De no ser así, ¿cómo puede pensarse en una guerra civil? Es por esto que me inclino a pensar que se trata de un recurso retórico para acentuar la gravedad de la circunstancia. Concluye el párrafo citado, como vemos, abonando la tesis según la cual los provocadores del golpe fueron los personeros del gobierno de Medina, al impedir la manifestación de la voluntad popular mediante el voto: *leitmotiv* de mayor solidez de toda la argumentación.

Sobre esto último, es justo señalar que la solicitud de reforma constitucional que articule las elecciones universales, directas y secretas es prédica constante de Betancourt y su partido desde antes, incluso, de fundarse Acción democrática, en 1941. Como puede comprenderse fácilmente, el partido de masas que se proponía consolidar Betancourt no era posible con un régimen de elecciones de segundo grado, en el que la selección del presidente de la República tenía lugar en el seno del Congreso Nacional, por parte de unos diputados electos en sus circunscripciones, pero provenientes de las canteras del gomecismo, del lopecismo o del medinismo.

En párrafos posteriores del mismo discurso, Betancourt enfatiza el argumento electoral que, visto a la distancia, es más un tema político que moral, mientras el asunto del «peculado» era la columna vertebral moral de la «revolución» en marcha, motivos ambos que provocaron el alzamiento del «Pueblo» y el «Ejército» en contra del gobierno de Medina. De nuevo, así como la exageración de la guerra civil es clara, esta también lo es: el pueblo no estaba conspirando contra el gobierno de Medina, Acción Democrática sí se había sumado a una conspiración militar en marcha y representaba, ciertamente, una fuerza política de un sector de la vida nacional organizada; la conspiración orquestada por la Unión Militar Patriótica, integrada por un número de oficiales significativo, se reunía con tal fin desde hacía meses, según consta en testimonios de los conjurados recogidos por la periodista Ana Mercedes Pérez en su libro *La verdad inédita*.

Ya en esta primera alocución radiada, Betancourt anuncia la conformación de tribunales *ad hoc* para juzgar a los peculadores de los gobiernos de Medina, López y Gómez, materializándose así la sanción moral que invocaba en su línea argumental. Anuncia que en *Gaceta Oficial* quedará eliminado por decreto el «Capítulo vii y la partida 909 del Capítulo xx del Presupuesto de Relaciones Interiores» a los que califica de «desaguaderos ocultos por donde corrían hacia el patrimonio particular de los amigos y usufructuarios del régimen muchos millones de bolívares» (Betancourt, 1989: 177). Se refiere, evidentemente, a la partida del MRI (Ministerio de Relaciones Interiores) destinada para asuntos de Estado, al margen de los órganos contralores de la República.

También, en fecha tan temprana como esta, Betancourt anuncia que ninguno de los integrantes de la Junta Revolucionaria de Gobierno podrá aspirar a la Presidencia de la República una vez se convoquen los comicios, después de redactada y sancionada la nueva Constitución Nacional. Esta decisión, evidentemente, granjeó autoridad a los integrantes de la Junta Revolucionaria de Gobierno, ya que los apartaba de toda sospecha de aspiración personal. En las líneas que siguen, Betancourt esboza brevemente las líneas de acción del gobierno que preside, y ya no ahonda más en el asunto que nos concierne.

Hasta aquí lo esgrimido por Betancourt acerca de las causas que condujeron a la alianza entre AD y la UMP para derrocar con una acción militar al gobierno de Medina Angarita.

Segunda versión. *Mensaje que el Sr. Rómulo Betancourt, Presidente de la Junta Revolucionaria de Gobierno, presenta a la Asamblea Nacional Constituyente de 1947.* El mensaje que vamos a examinar fue leído el 20 de enero de 1947, quince meses después de los hechos de octubre de 1945, y cuando el gobierno de la Junta Revolucionaria de Gobierno llevaba el mismo tiempo en el poder. De tal modo que el mensaje comienza con una suerte de rendición de cuentas de lo hecho por la Junta y luego se detiene en el examen de lo ocurrido el 18 de octubre de 1945. Revisemos lo que afirma.

En primer lugar, aclara que con la muerte del general Gómez el 17 de diciembre de 1935 no desaparecieron las características principales de la dictadura. Dice Betancourt: «El personalismo autocrático, la inmoralidad administrativa y el escamoteo a la Nación de su derecho inmanente e irrenunciable a darse sus propios gobernantes, continuaron campeando por sus fueros». En el párrafo siguiente refuerza esta tesis y señala que la supervivencia de la dictadura, en lo esencial, impidió que Venezuela se desarrollara económica y socialmente, ya que «No era el supremo interés nacional, sino mezquinos señuelos personalistas, lo normativo de la conducta de los gobernantes». Ante este cuadro, Betancourt afirma que, por debajo de la superficie, la Nación venezolana era incompatible con él y que por ello hizo eclosión, penetrando este sentimiento adverso en los cuarteles. De allí que se creara el conjunto de conjurados reunido en la Unión Patriótica Militar (UPM). Más adelante, explica la naturaleza de este grupo y el origen de sus vínculos con Acción Democrática. Dice:

> No querían la sustitución de un autócrata por un régimen militarista. Los animaba un sincero y desinteresado empeño de civilidad. Y por eso buscaron contacto con el partido Acción Democrática, única fuerza políticamente organizada que a diario libraba lucha sin desmayos y sin pausas contra cuanto significaba, en lo político y en lo administrativo, vergüenza para la República.

Luego, el autor condesciende con una confesión de gran peso que, quizás, no haya sido advertida suficientemente. Reconoce que Acción Democrática tiene vocación de poder, que ha nacido para alcanzarlo, y que la seriedad de la propuesta de la UPM no podía dejarla de lado, sobre todo si aseguraban, como en efecto lo hacían, que tenían el control de las «palancas decisivas de comando de las fuerzas armadas de tierra, mar y aire». De tal modo que a la argumentación moral que esgrimió, casi exclusivamente, el 30 de octubre de 1945 se suma ahora, el 20 de enero de 1947, el reconocimiento de que junto a esta, la ambición de poder era un ingrediente sustancial.

No obstante lo anterior, asegura Betancourt que intentaron una candidatura de consenso, distinta a la de Biaggini que, a todas luces, fue la que desató la crisis, conjurada antes con la candidatura de Escalante, que había dejado en suspenso la conspiración de la UPM. Señala Betancourt que se hicieron las diligencias necesarias para alcanzar una candidatura de consenso, pero que el gobierno de Medina Angarita desestimó el esfuerzo. Se refiere, aunque no lo dice explícitamente, a la conversación que sostuvo Rómulo Gallegos con el presidente Medina, donde se asomó el nombre de Oscar Augusto Machado como probable candidato de consenso para ejercer una presidencia provisional que tendría el encargo de convocar «a elecciones directas para la escogencia de un jefe del Estado en el curso de un año de Gobierno». Por cierto, no tenemos cómo saber si el nombre de Machado se estaba presentando con su consentimiento o era una proposición que no se había consultado con el candidato. En cualquier caso, como veremos de seguidas, según Betancourt el resultado negativo de la proposición de Gallegos a Medina fue lo que activó el golpe militar, ya que con posterioridad a esta negativa se articuló una persecución en contra de los conjurados. Sigamos sus palabras:

> Apenas se iniciaba el debate público en torno de esa proposición transaccional, ridiculizada y escarnecida desde el primer momento por la prensa oficiosa del régimen, cuando el gobierno de Medina Angarita comenzó a detener a oficiales comprometidos en el movimiento. La insurgencia del 18 de octubre fue la respuesta de la Unión Patriótica Militar a una ofensiva represiva desatada contra

sus miembros y encaminada a ahogar las ansias que animaban a los auténticos personeros del Ejército Nacional de servir lealmente a Venezuela y a la institución armada. Resulta así aquel Gobierno no solo el responsable mediato de la Revolución de Octubre, por su impermeabilidad ante los reclamos y anhelos populares, sino también la causa determinante de su estallido.

Hasta aquí la relación de las causas que condujeron al golpe militar del 18 de octubre de 1945 por parte de Betancourt en el mensaje del 20 de enero de 1947. Como vemos, las explicaciones de esta oportunidad son menos retóricas y, probablemente, más cercanas a la verdad, en la medida en que se detienen en aspectos más precisos. Ya no se alude a la unión entre «pueblo» y «Ejército» que se invocó antes con un tono glorioso, ni se hace mención a la gesta independentista, sino que se reconoce que Acción Democrática nació con vocación de poder y no podía dejar pasar la oportunidad que ofrecía la UPM. Esta sinceridad se agradece y, a su vez, viene a matizar el argumento moral que se invocó de manera preponderante en la primera versión. Tampoco se alude ahora al peligro de una guerra civil. Esto se olvidó por el camino, con lo que pareciera revelarse, en el olvido, que se trataba de un recurso retórico.

Consecuente con la primera versión, en esta segunda se vuelve a invocar la negativa del gobierno de Medina a convocar elecciones universales, directas y secretas, así como a esgrimir en su contra el hecho de que se estaba derrocando a un gobierno corrupto, en la tradición gomecista que no se había roto con López y tampoco con Medina. Además de la novedad del reconocimiento de Acción Democrática como un ente con vocación de poder, ya señalado, se invoca por primera vez el argumento según el cual el golpe se dio en razón de que los conjurados de la UPM estaban siendo perseguidos, lo que conduce a Betancourt a afirmar que el responsable del golpe fue el gobierno de Medina. Esta línea argumental es difícil de seguir, ya que podría llegarse por su conducto a aceptar que si el gobierno no hubiese perseguido a los conjurados el golpe no se habría dado y la verdad es que antes se ha colocado sobre la mesa la negativa a la reforma constitucional para establecer elecciones universales, directas y secretas como la piedra angular de las causas, la causa de todas ellas. Cualquiera podría preguntarse, ante este argumento de Betancourt: ¿en qué quedamos? ¿Se da el golpe porque el gobierno se opone a la instauración de un sistema electoral democrático o porque los conjurados fueron descubiertos y perseguidos?

En verdad, el argumento es débil, y lo cierto es que la piedra angular es anterior a la persecución. El eje de todo lo demás está en la candidatura de Biaggini, sobre la que no hay consenso, como sí lo había en torno a Escalante. ¿Por qué Medina Angarita se negó a buscar un candidato de consenso después de que Escalante salió de juego y Biaggini no alcanzó respaldo? Esta pregunta es muy probable que jamás pueda responderse, pero sin duda es neurálgica.

Tercera versión. *Versión interpretativa de los hechos dada por Rómulo Betancourt en su libro* Venezuela, política y petróleo, *publicado en 1956*. El punto final al libro lo colocó su autor en diciembre de 1955, en el exilio, en Puerto Rico. Habían pasado diez años de los hechos del 18 de octubre de 1945, de modo que la versión de las causas y la explicación de los hechos podían ser más reposadas y sin la urgencia de quien daba razones y ejercía el poder al mismo tiempo.

El primer cambio notable es el del tratamiento que le da Betancourt a los conjurados de la UPM. Habían dejado de ser compañeros de ruta para tornarse en enemigos jurados. El golpe militar del 24 de noviembre de 1948, perpetrado por los otrora compañeros de aventura, era una herida profunda en el corazón. Quizás por esto, Betancourt se arriesga a decir algo que no había afirmado antes y que, en muchos sentidos, cambia la versión sobre las causas de los hechos. Dice, refiriéndose a los integrantes de la UPM reunidos con AD en casa del doctor Edmundo Fernández:

> Pero unos y otros nos produjeron la impresión muy clara de que estaban dispuestos a ir a la acción violenta, con o sin nosotros, porque además de los factores de orden general que influían sobre su decisión, este encontraba fuertes asideros en la forma como se comportaba el régimen frente a las Fuerzas Armadas.

Este factor, la determinación de la UPM de ir al golpe, no se había esgrimido antes. Llama la atención ya que, si fuese de tal magnitud la determinación de ir al golpe, ¿por qué la candidatura de Escalante los desactivó y la de Biaggini los volvió a energizar? ¿Qué les prometía Escalante, en términos militares, que llegó a desactivarlos? No lo sabemos, pero pareciera que la intermediación de Betancourt había hecho efecto, ya que está claro que este y Leoni viajaron a Washington a parlamentar con Escalante con el conocimiento de la UPM y el resultado que trajeron fue satisfactorio para AD, ya que el embajador Escalante se comprometía a alcanzar lo que ellos buscaban: reforma constitucional que permitiera elecciones directas, universales y secretas. Pero, ¿y para los militares qué prometió Escalante? ¿Acaso se daban por satisfechos con lo prometido a Betancourt y Leoni? No creemos que haya sido así, que les haya bastado. Lo que ocurre, eso sí, es que, al pactar AD con Escalante, los conjurados de la UMP quedaban al descubierto y se les hacía muy difícil ir al golpe solos, sin el socio que había hallado otro camino.

Es por lo anterior por lo que, en el momento en que el gobierno propone la candidatura de Biaggini, con quien no había pacto secreto por parte de AD, los conjurados han debido pisar el acelerador, sabiendo que sus socios en la conjura no tenían acuerdo con el nuevo candidato. No obstante, Rómulo Gallegos afirmó, en discurso pronunciado el 13 de septiembre de 1949 en México, citado por Betancourt en *Venezuela, política y petróleo*, que al presidente Medina él personalmente había ido a ofrecerle una salida negociada, sobre la base de un candidato de consenso, pero que Medina había desechado totalmente la propuesta.

Sobre esto último va a insistir enfáticamente Betancourt en esta versión de 1956, a diferencia de las anteriores, en las que esta preocupación era notablemente menor. La razón es clara: en la medida en que los esfuerzos por llegar a una salida consensual se hacen evidentes, pues la participación de AD en el golpe militar es más llevada por la circunstancias que por iniciativa propia. Por otra parte, esta tendencia argumental no debe extrañarnos, ya que puede haber mucho de cierto en ello. Lo que ocurre es que hasta 1956 no había sido esa la tendencia voceada y no podía serla. Recordemos que las dos versiones anteriores se daban con los socios de la UPM sentados en el auditorio.

En el subcapítulo «Vísperas insurreccionales» del libro que examinamos, Betancourt alcanza un tono conclusivo y afirma:

> Estaban cerradas todas las vías de evolución sin saltos. No quedaba para la Venezuela democrática sino una salida: el hecho de fuerza. Y había que apresurarse a trajinar el azaroso camino, porque el general López Contreras también aceleraba sus propios planes golpistas. El país supo a qué atenerse, a ese respecto, cuando le escuchó pronunciarse, en discurso del día 14 de octubre, contra «la amenaza de retroceso institucional que se cernía sobre la Patria»; y añadir, sibilinamente, amenazadoramente, que en su casa tenía el uniforme de general en Jefe, «y no colgado de una percha».

Seguramente, pensaba Betancourt en López Contreras cuando en su primera versión aludió a la guerra civil, pero entonces no pronunció su nombre. Ahora sí es más específico e incluso refiere a la intervención del general el 14 de octubre. Este párrafo coloca a AD y a la UPM en una suerte de carrera en contra de López Contreras, en cuanto a quién da primero el golpe. Esta causa es nueva y se comprende que desde el poder, en 1945 y 1947, hubiera sido una imprudencia ventilarla públicamente como lo hace, en 1956, Betancourt.

Veamos, por último, una explicación que da el autor sobre los acontecimientos de la víspera. Dice:

> El Presidente Medina, conocedor de nombres y detalles del plan conspirativo por una delación de última hora, había ordenado en la madrugada de ese día, medidas de emergencia: detenciones de oficiales, acuartelamiento general, preparación de las tropas para combatir. Pero ya era tarde: la insurrección estaba en marcha.

Como vemos, es distinta esta explicación de los hechos a la anterior, en la que Betancourt le atribuía a la reacción del gobierno de Medina la precipitación de los conjurados. Según esta versión, la decisión de proceder con la insurrección miliar estaba tomada, y no fueron las medidas persecutorias de los conjurados por parte del gobierno las que precipitaron los hechos. Evidentemente, en las versiones anteriores, Betancourt no podía confesar que la UPM estaba decidida a proceder con o sin Acción Democrática.

En este mismo orden de ideas, al Betancourt poder deslindarse de sus socios de la UPM en sus versiones públicas, los acontecimientos cobran otros matices. Es por ello que arroja nuevas luces sobre los hechos como, por ejemplo, la interpretación que ofrece de las relaciones que se tenían en el seno de la conjura. Dice:

> Fue culminación de un proceso revolucionario que en la calle, con la participación directa y activa del pueblo, venía canalizando a lo largo de más de una década el comando político de AD. Teníamos de ello nítida conciencia, y por eso nunca admitimos, ni públicamente ni en el conciliábulo conspirativo con oficiales del Ejército, la posibilidad de que nosotros llegáramos a ser simple comparsa civil de un régimen militar.

Como vemos, quedaron en el olvido los elogios a la UPM que se le prodigaron en las dos versiones anteriores. Pasó a considerarlos una amenaza en potencia del «régimen militar», del que ellos jamás serían «simple comparsa civil». El párrafo desnuda las tensiones que se han debido vivir en el conciliábulo entre civiles y militares. Queda en claro la voluntad de poder de AD, y su negativa a ser «pariente pobre que entra por la puerta del servicio doméstico», como afirmó el propio Betancourt en el discurso que dio en el Nuevo Circo el 17 de octubre de 1945, haciendo alusión a lo que sobrevendría al amanecer del día siguiente.

Sin la menor duda, en *Venezuela, política y petróleo* respira la versión menos intervenida por la circunstancia histórica. Recordemos que Betancourt está en el exilio, y sus socios de la UPM son sus enemigos políticos jurados y causantes de su exilio. En la última versión que cotejaremos, la de 1975, han pasado veinte años más. Veámosla. *Entrevista concedida por Rómulo Betancourt a la revista Resumen, publicada en el n.º 103 del 26 de octubre de 1975 y recogida en las* Obras Selectas *publicadas por Seix Barral.*

Por primera vez de manera privilegiada, de acuerdo con las fuentes consultadas, Betancourt va a comprender el 18 de octubre de 1945 dentro de un contexto internacional. Quiero decir, colocando el énfasis en el entorno geopolítico, como si este hecho nacional, al que no deja de calificar como «revolución», hubiese estado directamente conectado con un clima político internacional. Digo de manera privilegiada porque, en verdad, en su primera alocución del 30 de octubre de 1945 alude a «las cuatro verdades rooseveltianas», pero evidentemente no concentra su argumentación en hechos externos sino en los nacionales. La novedad de esta última línea causal argumental es que invierte la importancia de lo interno y lo externo, pasando esto último a tener la mayor significación.

Ante la pregunta siguiente: «¿Cuáles fueron los antecedentes y el proceso que condujo al acuerdo de Acción Democrática y la Junta Patriótica Militar que desembocó en la Revolución de Octubre?» (Betancourt, 1979: 301) (Nótese que se equivoca el nombre de la UMP –Unión Militar Patriótica– y se le denomina Junta Patriótica Militar). Betancourt responde: «La Revolución fue la resultante de algo más que un acuerdo de carácter conspirativo entre un grupo determinante de oficiales subalternos de las cuatro armas y del único partido –Acción Democrática– con amplia audiencia nacional que para entonces existía. Fue producto de la coincidencia de factores nacionales e internacionales. El enfrentamiento armado de magnitud planetaria –la segunda guerra mundial– entre totalitarismos y democracias estaba en trance de terminar, con el triunfo de las últimas. Y en los oídos de los pueblos de todas las razas y nacionalidades repercutían las palabras admonitorias de Franklin Delano Roosevelt: «Esta guerra se ha hecho para poner fin al totalitarismo hasta en el último rincón del planeta».

La frase «Fue producto de la coincidencia de factores nacionales e internacionales» puede conducir a preguntarse acerca de un acuerdo entre esos factores. Por ejemplo, no sería extraño que alguien se preguntara si el factor internacional era Gran Bretaña, dados sus intereses petroleros en Venezuela, o los Estados Unidos, por idéntica razón. Investigaciones recientes apuntan hacia otra diana. La profesora Margarita López Maya en su libro *EE.UU. en Venezuela: 1945-1948*

(Revelaciones de los archivos estadounidenses) llega a conclusiones distintas, pulsando fuentes documentales directas. Afirma:

> Como parece quedar claro a partir de este seguimiento, tanto el embajador como el Departamento de Estado fueron sorprendidos como la población venezolana por la «revolución de octubre». No solo no tuvieron indicios de que esta revuelta se estaba gestando, sino que tampoco en los primeros momentos estuvieron provistos de canales especiales de información que les permitieran conocer de manera más directa el desarrollo de los eventos, ni las decisiones que se estaban tomando.

Por su parte, el exprofesor de la Universidad de los Andes, Jorge Valero, en su tesis de maestría en el Instituto de Estudios Latinoamericanos de la Universidad de Londres, intitulada *¿Cómo llegó Acción Democrática al poder en 1945?*, llega a la siguiente conclusión:

> A la luz de la documentación e interpretación que fundamentan este libro, las potencias del mundo occidental entonces dominantes, Estados Unidos y Gran Bretaña, tuvieron una participación irrelevante en la realización de aquel evento golpista, a partir del cual se inició un nuevo ciclo en la historia contemporánea de Venezuela.

Dadas las convincentes conclusiones a las que llegan López Maya y Valero, debemos orientarnos hacia otro derrotero. Betancourt no estaba deslizando la hipótesis de un acuerdo entre estos «factores internacionales y nacionales» previo al golpe del 18 de octubre de 1945, sino que estaba pensando en una coincidencia sobre la base de lo que suele llamarse «los signos de los tiempos».

En la misma respuesta, más adelante, Betancourt hace la relación pormenorizada de los derrocamientos de dictaduras militares que tuvieron lugar en aquel entonces, bajo el clima de victoria de las democracias occidentales sobre el totalitarismo nazi. (Por cierto, se le olvida que el otro vencedor de la contienda fue el totalitarismo de la Unión de Repúblicas Socialistas Soviéticas, URSS, comandada por Stalin). Y, además, recuerda, como siempre lo hizo, que la negativa del gobierno de Medina Angarita a reformar la Constitución Nacional para permitir elecciones directas fue la piedra angular de las causas que condujeron a los hechos del 18 de octubre de 1945.

No cabe duda de que, a la distancia, Betancourt está tratando de interpretar el panorama mundial y este, ciertamente, es el de una guerra que está llegando a su fin con la derrota del fascismo, del totalitarismo nazi y la victoria de las fuerzas aliadas, encabezadas por Roosevelt, Stalin y Churchill. De los tres, como vimos, el énfasis betancourtiano está colocado en Roosevelt, no en Stalin ni en Churchill.

Ante el surgimiento de este argumento aparece una pregunta evidente: ¿por qué esta línea causal no surgió antes en su discurso con tal énfasis? Las dos primeras veces se presentan las causas en medio del fragor de los acontecimientos (1945 y 1947) y difícilmente hubiese podido privilegiar una lectura geopolítica cuando los hechos estaban en pleno desarrollo; la tercera surge, en el exilio en 1956, en medio de un ajuste de cuentas con sus antiguos socios, quienes se han tornado en sus perseguidores más feroces y la urgencia por descalificarlos es perentoria. Fue solo en la cuarta cuando el tiempo le permitió pasearse por una causa histórica universal y continental, una coincidencia de los tiempos. Esto, evidentemente, no habría podido surgir antes, cuando el paso de los años no había preparado el terreno de la reflexión histórica.

Al poner el énfasis en el contexto internacional, los hechos locales se minimizan. Así, se coloca el acento en fuerzas supranacionales de las que los protagonistas locales son mera expresión. Por una parte se invoca la humildad de ser instrumento de fuerzas mayores, pero por la otra se liman las asperezas que toda acción local deja en la piel de los afectados. Es posible que algo de este sentimiento haya influido en la última interpretación de Betancourt.

Las causas que Betancourt va esgrimiendo en estos cuatro momentos podemos ordenarlas en morales y políticas. Veamos, primero las morales y luego las políticas, para comprender mejor los cambios que se van produciendo.

La primera causa moral que se invoca es la del peculado (hoy en día se le conoce como la corrupción administrativa). El 30 de octubre de 1945 Betancourt señala que quienes han gobernado el país durante la dictadura de Gómez y los gobiernos de López Contreras y Medina Angarita han incurrido en prácticas ilegales y han confundido su patrimonio con el del Estado; en consecuencia, no pueden continuar gobernando. Esta invocación se repite en 1947 y se la acompaña de un elogio notable de la condición moral de los militares integrantes de la UPM: verdaderos patriotas que supieron interpretar su tiempo histórico. Ya en 1956, la solvencia moral de los antiguos socios dejó de ser tal y se acuñan revelaciones morales inéditas. Antes, se dijo que la UPM buscó a AD para perpetrar el golpe, dada su preeminencia socio-política; ahora se reconoce que si AD no se sumaba la UPM habría dado el golpe sola. La confesión es de gran magnitud, ya que si la UPM hubiese procedido sin AD, como se confiesa, pues seguramente para AD el cambio no habría sido una «revolución» sino un «golpe de Estado». Esto, naturalmente, pone en entredicho la tesis betancourtiana recurrente acerca del carácter revolucionario de los hechos. Hasta aquí las causas morales, ya que en la cuarta y última no surgen de manera señalada.

Es evidente que las causas morales que tuvieron peso protagónico en la primera alocución van dejando el paso a las políticas hasta prácticamente desaparecer. En cambio, como veremos de inmediato, las causas políticas van cobrando peso a tal punto que superan la esfera nacional para alcanzar la internacional, ya corporizadas como causas históricas universales.

Las causas políticas invocadas en la primera justificación son las siguientes: la negativa del gobierno de Medina Angarita a reformar la Constitución Nacional para permitir elecciones universales, directas y secretas y, también, el estar al borde de una guerra civil, dadas las facciones dentro del seno de las Fuerzas Armadas. En la segunda alocución se reitera la primera causa esgrimida: la constitucional electoral; se añade que se hicieron todos los esfuerzos por alcanzar una candidatura de consenso, pero el gobierno de Medina no escuchó las voces conciliatorias, a tal punto que, al verse los conjurados ubicados por delación, se precipitó la acción civil-militar. En esta oportunidad, añade Betancourt que AD tenía vocación de poder y no se abstuvo ante la oferta real de la UPM de alcanzar el mando conjuntamente, dadas las condiciones militares favorables que aseguraban los militares tener.

En 1956, surge un nuevo elemento político: la guerra civil temida antes, se confiesa ahora que se trataba de una conspiración que venía en marcha comandada por el expresidente López Contreras. Esta conspiración, cierta o falsa, se dice que precipitó los hechos de los conjurados de la UPM y AD. El factor López Contreras no había surgido antes de manera explícita; había sido aludido como «guerra civil» y tampoco se le había dado tanta preeminencia como ahora. En esta oportunidad, como en las dos anteriores, se esgrime la negativa a la reforma constitucional por parte del gobierno de Medina Angarita como causa política central.

Finalmente, en 1975, los hechos son analizados por Betancourt en su vertiente política internacional, pero no olvida señalar la única recurrencia causal a lo largo de las cuatro versiones: la electoral-constitucional. Quedan en el olvido las causas morales y se despeja el panorama para las políticas.

En resumen: ¿a cuáles conclusiones podemos llegar? La única causa recurrente esgrimida en las cuatro oportunidades fue política: la negativa del gobierno de Medina Angarita a reformar la Constitución Nacional para convocar a elecciones universales, directas y secretas. Esta conclusión nos lleva a preguntarnos lo siguiente: ¿ha debido ser la única causa esgrimida dados su peso y la comprobación de su recurrencia? Sí. Su magnitud era tal que ella sola justificaba el golpe. Dicho de otro modo: unos demócratas fuerzan una salida militar para darle cuerpo jurídico institucional a una democracia. ¿Este era el proyecto de la UPM? No, evidentemente. Los hechos así lo demuestran. En el seno de los conjurados estaban en marcha dos proyectos políticos. Uno, muy claro, el de AD; y otro, menos estructurado, más personalista: el de la UPM. Se debe señalar un matiz ambiguo entre los oficiales conjurados: Carlos Delgado Chalbaud, que estuvo con ambos golpes, el del 18 de octubre de 1945 y el del 24 de noviembre de 1948, pero por motivos levemente diferentes a sus compañeros militares y a sus compañeros de AD. Fue una pieza extraña en estos acontecimientos. Veamos ahora, brevemente, el primer gobierno de Betancourt.

JUNTA REVOLUCIONARIA DE GOBIERNO, PRESIDIDA POR RÓMULO BETANCOURT (1945-1948)

Después de la redacción del Acta Constitutiva de la Junta Revolucionaria de Gobierno y de su firma, el 19 de octubre, el gobierno provisional dirigió un comunicado escrito a la nación. En este texto quedó claro que el propósito principal del gobierno sería convocar unas elecciones universales, directas y secretas, previa redacción de una nueva constitución. Luego, en el primer decreto de la junta, en *Gaceta Oficial* del 23 de octubre, esta se compromete a dictar un decreto-ley para convocar a elecciones de una Asamblea Nacional Constituyente. Después, el presidente de la junta, Rómulo Betancourt, nombra su Gabinete Ejecutivo.

El Decreto número 9 es particularmente significativo, ya que los miembros de la junta se inhabilitan para presentarse como candidatos en las próximas elecciones. Este decreto le dio mucha fuerza moral a la junta, ya que quedaban libres de toda sospecha de estar actuando en provecho de sus propias intenciones presidenciales. Luego, en el Decreto 52 del 17 de noviembre, se crea un Comisión Preparatoria de los Estatutos Electorales, que permitirá elegir a los diputados a una Asamblea Nacional Constituyente. Además, se le asigna a la Comisión la tarea de redactar un proyecto de Constitución Nacional para ser presentado a la asamblea por elegir. Como presidente de esta comisión se designó a Andrés Eloy Blanco.

En el Decreto número 64 se crea el Jurado de Responsabilidad Civil y Administrativa, ente que tuvo la tarea de juzgar los casos sustanciados en contra de funcionarios de los gobiernos anteriores. Con este jurado se implementó una persecución política en contra de altos funcionarios del gobierno de Medina, de López y de Gómez. A muchos de ellos les fueron congeladas las cuentas bancarias y confiscadas las casas, mientras sobrevivían en el exilio. Este capítulo de la llamada «Revolución de octubre» es visto, con razón, como una expresión retaliativa. Formó parte de la justificación histórica que la junta quiso darle a su carácter «revolucionario». Dicho de otro modo, una de las causas principales que justificaban el golpe civil militar fue la de sustituir a un conjunto de gobiernos corruptos, de modo que perseguir judicialmente a quienes ellos creían que habían incurrido en esas prácticas era lo más lógico. Años después, muchos de los integrantes de la junta se arrepintieron de estos excesos, sobre todo de los cometidos en contra de personas de probada honorabilidad.

Entre los primeros decretos, el gobierno legisló en torno a dos temas que le eran fundamentales: la educación y el movimiento sindical. En cuanto a lo primero, era evidente que se buscaba su democratización y masificación; y en cuanto a lo segundo, pues nada más elocuente que el nombramiento de Raúl Leoni como ministro del Trabajo, quien se asignó la tarea de constituir desde ese despacho centenares de sindicatos y trece federaciones sindicales durante los tres años en los que AD detentó el poder. Estas dos áreas, Educación y Trabajo, junto con la de Petróleo e Industria, fueron las más sensibles al nuevo proyecto político que se instrumentaba, proyecto que le asignaba tareas al Estado que antes no atendía o no tenía entre sus prioridades. Si bien el papel del Estado creció durante los gobiernos de López y Medina, el protagonismo se propuso asignárselo la Junta Revolucionaria de Gobierno.

ASAMBLEA CONSTITUYENTE (1946)

El 28 de marzo de 1946 fue publicado en *Gaceta Oficial* el Estatuto Electoral para la Elección de los Representantes a la Asamblea Nacional Constituyente, y los comicios tuvieron lugar el 27 de octubre. Fueron los primeros que se dieron con sufragio universal: votaron hombres y mujeres mayores de dieciocho años. Acción Democrática obtuvo el 78,43 % de los votos, COPEI el 13,22 %, URD el 4,26 %, y el PCV el 3,62 %.

Así como AD se constituyó en 1941 y el Partido Comunista de Venezuela (PCV) fue legalizado en 1945, con la reforma constitucional durante el gobierno de Medina Angarita, COPEI y URD eran agrupaciones recientes. COPEI (Comité de Organización Política Electoral Independiente) se creó el 13 de enero de 1946, agrupando a quienes cerraron filas en la UNE, entonces estudiantes de colegios católicos, encabezados por Rafael Caldera, mientras URD (Unión Republicana Democrática) se funda el 17 de febrero de 1946, capitaneada en un principio por otros, y muy pronto por Jóvito Villalba. Estos fueron los partidos concurrentes a la convocatoria de elecciones de la Asamblea Nacional Constituyente que se instaló el 17 de diciembre de 1946, con Andrés Eloy Blanco en la presidencia. Una vez en funciones, investida de la soberanía popular, la Asamblea procedió a ratificar a la Junta Revolucionaria de Gobierno.

CONSTITUCIÓN NACIONAL DE 1947

La Asamblea designó una comisión redactora de la nueva carta magna, que tomara como base los trabajos preliminares de la anterior comisión. Esta nueva comisión estuvo integrada por Gustavo Machado, Juan Bautista Fuenmayor, Lorenzo Fernández, Panchita Soublette Saluzzo, Mercedes Carvajal de Arocha, Luis Augusto Dubuc, entre otros, y comenzó a trabajar el 30 de enero de 1947. La carta magna se sancionó el 5 de julio de 1947, quedando derogada la Constitución Nacional de 1936, que había sido modificada en 1945. Los debates para la redacción de la nueva Constitución duraron seis meses, y se transmitieron por radio, con el beneplácito de la población.

Esta Constitución consagra el principio político que venía desarrollándose, el de mayor actuación del Estado en los asuntos públicos. En el fondo, la carta magna le atribuyó mayores responsabilidades al Estado en su tarea de constructor de un Estado de Bienestar. Consagró las elecciones universales, directas y secretas y eliminó las indirectas para todo cargo de elección popular. Así, incorporó a la mujer a la vida política en igualdad de condiciones. Mantuvo el período presidencial de cinco años, sin reelección. Luego veremos cómo, sobre la base del nuevo cuerpo constitucional, se convoca a elecciones presidenciales y parlamentarias.

CREACIÓN DE LA CORPORACIÓN VENEZOLANA DE FOMENTO (CVF)

La búsqueda de mayores posibilidades de desarrollo económico para Venezuela fue norte de la junta desde el comienzo de su mandato.

En diciembre de 1945 firmó el llamado Decreto del 50 y 50 que, en otras palabras, pechaba a las compañías petroleras, logrando que por su actividad durante ese año pagaran una mayor cantidad de impuesto sobre la renta. El espíritu de este decreto se mantuvo y el Estado buscó pechar cada vez más a las empresas.

Por otra parte, el 29 de mayo de 1946 se creó la Corporación Venezolana de Fomento (CVF), que sustituía a la Junta de Fomento de la Producción Nacional, creada por Medina Angarita en 1944. La CVF vino a instrumentar en Venezuela lo que después la CEPAL (Comisión Económica para América Latina de la ONU) denominó «industrialización por sustitución de importaciones». En otras palabras, Venezuela requería diversificar su economía, que ya para entonces era mayoritariamente petrolera, y para hacerlo la CVF establecería los mecanismos de otorgamiento de créditos a empresarios privados que quisieran desarrollar la «agricultura, cría, industria y minería» en el país, mientras el Estado se reservaba «la promoción de empresas de utilidad pública, cuyo volumen o características no sean posibles o halagadoras para el inversionista particular».

Esta política de industrialización por sustitución de importaciones tuvo vigencia en Venezuela, con distintos grados de intensidad, hasta 1989, cuando todo el esquema arancelario y de subsidios, protector de la industria nacional, se levantó en aras del libre mercado. Es de señalar que Venezuela creó la CVF antes de que la CEPAL diseñara esta política para América Latina. Y esto ocurrió sobre la base del proyecto de la Junta Revolucionaria de otorgarle mayores asignaciones al Estado y, muy particularmente, a la tarea de promover el desarrollo económico general a través de un sistema crediticio y de unas barreras arancelarias para los productos importados.

LAS ELECCIONES DE 1947

Los comicios tuvieron lugar el 14 de diciembre de 1947 y en ellos resultó electo el maestro Rómulo Gallegos, candidato de AD, con el 74,47% de los votos. En segundo lugar llegó Rafael Caldera con 22,40% y en tercer lugar Gustavo Machado con 3,12% de los sufragios. Era la primera vez en toda nuestra historia republicana que tenían lugar unas elecciones universales para elegir presidente de la República. No fueron las primeras elecciones directas, ya que ellas tuvieron lugar en abril de 1860, cuando se eligió a Manuel Felipe de Tovar.

Con la elección de Gallegos, el maestro de muchos integrantes de la Generación del 28, los miembros de la Junta Revolucionaria de Gobierno cumplían el decreto que ellos mismos habían redactado y que les impedía presentarse como candidatos en esta contienda. Además, en el mismo acto se eligieron diputados y senadores del Congreso Nacional, así como concejales y diputados de las Asambleas Legislativas estadales. Por primera vez en muchos años, el presidente de la República gozaba de una legitimidad absoluta: lo había elegido el apoyo mayoritario del pueblo. No obstante, fue derrocado por un golpe militar el 24 de noviembre de 1948. Entonces, Betancourt iniciaba su más largo exilio, del que regresó después de los sucesos del 23 de enero de 1958, una vez derrocada la dictadura de Marcos Pérez Jiménez.

PACTO DE PUNTOFIJO, OCTUBRE DE 1958

Durante los primeros días de enero de 1958, cuando las posibilidades de caída de la dictadura perezjimenista se vislumbraban probables, se reunieron en Nueva York Rómulo Betancourt, Jóvito Villaba y Rafael Caldera con el objeto de dialogar en torno a los errores del pasado y las posibilidades de no cometerlos en el futuro. Era evidente que si los partidos políticos representados por ellos no se ponían de acuerdo en torno a un programa mínimo, la supervivencia de cualquier ensayo democrático estaría comprometida por el factor militar. Los alzamientos de Castro León y Moncada Vidal vinieron a confirmar los fundados temores que los líderes civiles albergaban desde el exilio en Nueva York. Además de la amenaza militar latente, Betancourt había aprendido de los errores que trajo gobernar sectariamente, como lo hizo AD en el llamado trienio 1945-1948, y les proponía a los líderes de los otros partidos políticos diseñar un programa de gobierno común e integrar un gobierno de coalición de las tres fuerzas políticas.

Con miras al logro de este objetivo comenzaron las reuniones, ya en Caracas, entre miembros de las direcciones políticas de AD, COPEI y URD. Primero se pulsó la posibilidad de presentarse con un candidato único, pero muy pronto se vio que esto no era posible, e incluso muchos pensaban que era inconveniente para el futuro desarrollo de un sistema de partidos políticos. Como las reuniones tenían lugar en la casa de Caldera, en Sabana Grande, los periodistas comenzaron a llamar al pacto que se configuraba aludiéndolo con el nombre de la quinta de la familia Caldera: Puntofijo, pero no como la ciudad falconiana, sino corrido, evocando la estabilidad familiar.

El 31 de octubre de 1958 se firmó el Pacto de Puntofijo. En la base del documento asentaron sus firmas Rómulo Betancourt, Raúl Leoni y Gonzalo Barrios por AD; Jóvito Villalba, Ignacio Luis Arcaya y Manuel López Rivas por URD; Rafael Caldera, Pedro del Corral y Lorenzo Fernández por COPEI. Se comprometieron a respetar el resultado electoral fuese el que fuese y a gobernar en conjunto, sobre la base del programa mínimo común suscrito y sin desmedro de las singularidades de cada uno de los partidos firmantes. El pacto apuntaba hacia la creación de una democracia representativa, con un sistema de partidos políticos estable y una especificidad profesional del rol de las Fuerzas Armadas en la sociedad.

La discusión sobre la no participación del Partido Comunista de Venezuela (PCV) en el Pacto de Puntofijo es compleja y disímil. Algunos comunistas afirman que no fueron incluidos, que no fueron invitados, mientras las fuerzas integrantes del pacto señalan que era difícil que un partido político integrante de la llamada órbita soviética formara parte de un acuerdo para instaurar una democracia representativa, sobre todo si en la URSS, y en todos los países aliados, regía un sistema de partido único, sin libertad de prensa y sin libertades políticas y económicas. Es muy probable que las dos líneas argumentales sean ciertas, y de allí que el resultado final haya sido la exclusión de la izquierda prosoviética del acuerdo político. Esto, por otra parte, lo dijo expresamente durante la campaña electoral el candidato Betancourt, señalando que no gobernaría en alianza con los comunistas.

ELECCIONES DE 1958

A lo largo del año fueron definiéndose las candidaturas presidenciales. AD se presentó con Rómulo Betancourt; COPEI con Rafael Caldera, y URD y el PCV con Wolfgang Larrazábal. Betancourt obtuvo el 49,18% de los votos, Larrazábal el 34,59% y Caldera el 16,19%. AD obtenía el 49,45% de los votos, URD el 26,75%, COPEI el 15,20% y el PCV el 6,23%, manteniéndose con muy pequeñas variaciones la relación entre los votos partidistas y los votos presidenciales.

El mes de enero lo emplea el presidente electo para organizar su gabinete bajo el difícil esquema del pacto, lo que supuso una repartición equitativa entre los tres partidos firmantes de las carteras ministeriales. Además, le tocó recibir la visita de Fidel Castro, que había entrado triunfante en La Habana, después de la huida del dictador Fulgencio Batista el 1 de enero. Vino en los días en que Venezuela celebraba el primer aniversario del 23 de enero de 1958, cuando el dictador venezolano alzó vuelo. La visita de Castro y la exclusión del PCV del Pacto de Puntofijo van a fijarle un camino a la izquierda en el futuro inmediato: la lucha armada que emprendió Castro en Cuba pasó a ser su inspiración, pero esto lo veremos en el próximo capítulo.

PRESIDENCIA DE LA REPÚBLICA DE RÓMULO BETANCOURT (1959-1964)

Rómulo Betancourt Bello asume la Presidencia de la República el 13 de febrero de 1959, habiendo sido electo en diciembre para gobernar durante el quinquenio 1959-1964. Antes de su asunción, el Congreso Nacional, presidido por Raúl Leoni, crea, el 28 de enero, la Comisión Especial encargada de redactar el proyecto de Constitución Nacional, que sería sometido a consideración de las cámaras legislativas.

El gobierno de Betancourt se caracteriza por haber sobrevivido a los intentos de derrocarlo, tanto por parte de la derecha como de la izquierda, como veremos a lo largo de estas líneas. La estructuración del Gabinete Ejecutivo, de acuerdo con los firmantes del Pacto de Puntofijo, expresaba claramente el énfasis que AD colocaba en determinados aspectos de la vida nacional. El Ministerio de Relaciones Interiores lo desempeñaba Luis Augusto Dubuc, mientras otro integrante de AD, Juan Pablo Pérez Alfonzo, encabezaba el Ministerio de Minas e Hidrocarburos: ámbito neurálgico para el proyecto político de Betancourt. Por otra parte, la Secretaría de la Presidencia de la República la ejercía un hombre con amigos en todos los sectores: Ramón J. Velásquez, a quien Betancourt había escogido para tender puentes entre el sector de la vida nacional que lo enfrentaba y el gobierno que presidía.

Este primer año de 1959 fue de reacomodos en diversos sectores de la vida nacional. Los empresarios, los obreros, los estudiantes, los militares y los partidos políticos iniciaban la aventura de una vida común. En particular, los partidos políticos vivían horas complejas. El PCV procesaba la exclusión del Pacto de Puntofijo y su actuación en la vida democrática. En AD la pugna interna por posiciones políticas enfrentadas estaba en pleno ascenso. La primera división de AD va a concretarse en 1960, cuando en julio un sector principal de la juventud se separa del partido y funda el MIR (Movimiento de Izquierda Revolucionaria), con Domingo Alberto Rangel, Simón Sáez Mérida, Jorge Dáger, Moisés Moleiro, Gumersindo Rodríguez, Héctor Pérez Marcano y Américo Martín, entre otros, al frente de la nueva agrupación. Contemporáneamente con este proceso de división, el general Castro Léon, en alianza con Moncada Vidal, intentan de nuevo alcanzar el poder por la vía de las armas. Esta vez se proponen tomar el cuartel de San Cristóbal, penetrando en Venezuela desde territorio colombiano, pero el intento fracasó.

El 24 de junio, el presidente Betancourt es víctima de un atentado en la avenida Los Próceres, cuando una bomba estalla muy cerca del vehículo que lo transportaba. Entonces falleció el jefe de la Casa Militar, el coronel Armas Pérez, mientras Betancourt sufrió quemaduras en las manos y la pérdida sensible de parte de la audición. El gobierno se esforzó por conseguir pruebas que apuntaran hacia el autor intelectual del atentado: el dictador dominicano Rafael Leónidas Trujillo, y lo acusó formalmente, instando a la OEA para que se pronunciara sobre el hecho.

En agosto de este año de grandes convulsiones, en la reunión de la OEA en San José de Costa Rica, el canciller, Ignacio Luis Arcaya, integrante de URD, se niega a firmar la Declaración de San José en la que se señalaba indirectamente a Cuba por el sostenimiento de relaciones con la Unión Soviética. Marcos Falcón Briceño firma en nombre de Venezuela y Arcaya regresa intempestivamente. El primero es nombrado canciller en sustitución del segundo. El 17 de noviembre de 1960 URD abandona el gobierno y se deshace la composición tripartita del Pacto de Puntofijo. En sentido estricto, hasta esta fecha tuvo vigencia el pacto de tres. Quedaban gobernando AD y COPEI, aunque URD no pasó en su totalidad a una oposición beligerante.

FUNDACIÓN DE LA OPEP (1960)

La política petrolera del gobierno se había expresado en abril, cuando se creó la Corporación Venezolana de Petróleo (CVP), mientras se avanzaba en las conversaciones que concluyeron con la creación de la OPEP (Organización de Países Exportadores de Petróleo). En el origen de la creación de esta organización está la necesidad de concertar políticas entre los países exportadores, de manera de controlar cada vez más la industria petrolera, entonces en manos de empresas extranjeras en los países árabes y en Venezuela. El 14 de septiembre se crea la OPEP en Bagdad (Irak). El presidente de la delegación venezolana es el ministro de Minas e Hidrocarburos, Juan Pablo Pérez Alfonzo. Iniciaba su trayectoria una organización de importancia planetaria en la que Venezuela no solo ha sido protagonista sino factor principal de su creación. Hasta el día de hoy, el control de los precios del petróleo de un porcentaje determinante de la producción mundial lo detenta esta organización. En el momento de creación de la OPEP, los precios del crudo estaban en niveles bajos, y el gobierno de Venezuela se vio en la necesidad de decretar un control de cambios y la reducción de los sueldos de los funcionarios públicos. Estas medidas, por su parte, reforzaban la política de industrialización por sustitución de importaciones que acogió con renovado entusiasmo el gobierno de Betancourt, ya que durante el primero (1945-1948) también se intentó un proceso de industrialización del país.

CONSTITUCIÓN NACIONAL DE 1961

El 23 de enero de 1961 se promulga la nueva Constitución Nacional. Recoge muchas de las disposiciones y el espíritu de la de 1947. Proclama una democracia representativa, con períodos presidenciales quinquenales, por elección directa, universal y secreta, sin reelección inmediata, pero fijando esta posibilidad para diez años después del abandono del cargo. Esta disposición fue nefasta para la democracia venezolana, ya que los expresidentes no pasaban a retiro, sino que empezaban su campaña para el regreso al poder, impidiendo el relevo generacional y la renovación de la dirigencia de los partidos políticos. Por otra parte, la Constitución Nacional de 1961 será la de más larga duración de nuestra historia, siendo suplantada por la de 1999, después de 38 años de vigencia.

Las sublevaciones no cesan y el 20 de febrero el coronel Edito Ramírez se levanta con los suyos en la Academia Militar e intenta tomar el Palacio de Miraflores, cosa que no alcanzó a materializar. El 25 de junio se alza un conjunto de oficiales en Barcelona, pero a las pocas horas las fuerzas militares institucionales dominan la situación. Este hecho se denominó el «Barcelonazo». Por otra parte, el congreso del PCV decide enfrentar al gobierno por el camino de las armas, rechazando el rumbo electoral. Entonces comienzan a prepararse para la clandestinidad y la lucha armada. En julio el presidente Betancourt inaugura la nueva Ciudad Guayana, urbe compuesta por Puerto Ordaz y San Félix, diseñada con asistencia del MIT (Massachussets Institute of Technology), bajo modernas concepciones urbanísticas.

En otro orden de hechos, las tensiones con Cuba llegan a tal límite que Venezuela rompe relaciones con la isla en noviembre. Esto se hizo en ejercicio de la llamada «Doctrina Betancourt», según la cual Venezuela no reconocía gobiernos que no hubiesen sido producto de elecciones democráticas, buscando con ello aislar a los gobiernos de facto, como el de Trujillo, y ahora el de Castro. Esta doctrina, muy en boga y discutida en su tiempo, fue modificada por Venezuela con la llegada al gobierno de Rafael Caldera en 1969, ya que si bien tenía fundamentos, dado el alto número de dictaduras militares en el continente para la época, la que podía quedar aislada era Venezuela, y no al contrario, como se pretendía. A su vez, otro proceso de división se gesta en AD y se manifiesta en diciembre, cuando se escinde de nuevo el partido, y los disidentes crean AD-oposición con Raúl Ramos Giménez a la cabeza.

Las evidencias de la participación de militantes del PCV y el MIR en la lucha armada conducen a que el gobierno prohíba las actividades de ambos partidos en el país. Dos nuevos hechos de fuerza van a tener lugar en mayo y junio. El primero es el llamado «Carupanazo», cuando la Infantería de Marina y la Guardia Nacional acantonados en la ciudad oriental se sublevan, pero el gobierno sofoca la insurrección. Luego el 2 de junio se alza la Base Naval de Puerto Cabello, siendo esta conjura de mayores proporciones que la de Carúpano, lo que trajo como consecuencia que el enfrentamiento produjera cerca de 400 muertos y setecientos heridos.

La violencia no cesa y 1963 se inicia con el asalto al Museo de Bellas Artes y el secuestro de obras de la Exposición Francesa. En febrero, las FALN (Fuerzas Armadas de Liberación Nacional) secuestran el buque *Anzoátegui* y se lo llevan a Brasil. En septiembre ocurre el asalto al tren de El Encanto, hecho que produjo una estremecedora impresión en la opinión pública, ya que no respetaron vidas de civiles. El gobierno, en consecuencia, arreció la represión en contra de los diputados del MIR y el PCV y los entregó a las órdenes de los tribunales militares. La izquierda, ante el proceso eleccionario que tendría lugar el 1 de diciembre, llama a la abstención y decide intensificar el enfrentamiento armado en contra del orden establecido.

El proceso de extradición en contra de Pérez Jiménez se materializa en agosto, cuando el exdictador es hecho preso por orden de un tribunal norteamericano en la Florida (USA), y es luego traído a Venezuela a cumplir condena por delitos de peculado, en la penitenciaría de San Juan de Los Morros. Fue sentenciado en 1968 a cuatro años de cárcel por los delitos que se le imputaban, pero ya para entonces había cumplido más de la condena, de modo que fue liberado y se mudó a España, donde vivió hasta la fecha de su muerte en el año 2001.

ELECCIONES DE 1963

De cara a las elecciones de diciembre de 1963, la candidatura de Raúl Leoni se impuso fácilmente dentro de AD, gracias al apoyo del Buró Sindical del partido, por más que el propio Betancourt asomó otras candidaturas. Caldera concurría respaldado por su partido COPEI, Villalba con URD, y la figura extrapartidos de Arturo Úslar Pietri encabezaba un conjunto significativo de sectores empresariales, independientes de la política, y de lectores y televidentes, fruto de su intensa actividad intelectual. El conjunto electoral en 1963 se dividió en seis partes. Leoni ganó las elecciones con el 32,80% de los votos, de manera tal que AD redujo su caudal electoral en cerca de 16%, ya que Betancourt alcanzó 48,80% en 1958. Caldera obtuvo el 20,19%, Villalba el 17,50%, Úslar Pietri el 16,08%, Larrazábal el 9,43% y Ramos Giménez el 2,29%. Esta composición se reflejó en el Congreso Nacional, donde Leoni tuvo que buscar coaliciones para poder gobernar con eficacia, como veremos en el próximo capítulo.

Es evidente que el gobierno de Betancourt enfrentó voluntades opuestas a la instauración del sistema democrático. Un sector de los militares intentó regresar a la situación anterior de preeminencia del estamento castrense; la izquierda optó por la guerrilla como forma de enfrentar al gobierno, y los partidos políticos democráticos, gracias al Pacto de Puntofijo, lograron sostener el sistema que se intentaba instaurar y que era atacado por dos flancos distintos. La realidad demostró que los temores que condujeron a la firma del Pacto de Puntofijo no eran infundados. Sin la solidaridad de las fuerzas políticas actuantes y firmantes, el gobierno de Betancourt probablemente se habría venido abajo, en medio del zumbido de las balas.

Betancourt entregó el gobierno y se fue a vivir a Europa. Residió en Napolés y luego en Berna, donde pasó la mayor parte de su larga estadía. Regresó a Venezuela definitivamente en 1972. Dejó en claro, entonces, que nunca más volvería a aspirar a la Presidencia de la República. Sin embargo, el país atendió a sus palabras, casi oracularmente, entre su vuelta a la patria y su deceso en 1981. Veamos ahora aspectos significativos de su obra y su personalidad.

LA IMPORTANCIA DEL CONOCIMIENTO HISTÓRICO

Betancourt le atribuía una importancia epicéntrica al conocimiento de la historia en la formación de los líderes políticos. Él mismo aclaró que leyó íntegra la *Historia Contemporánea de Venezuela* (14 volúmenes) de Francisco González Guinán en la Biblioteca Nacional de San José de Costa Rica, durante su exilio centroamericano. En tal sentido, apunta Blas Bruni Celli en un luminoso ensayo sobre Betancourt:

> Ha sido su conocimiento de nuestra Historia política, conocimiento asimilado con una rara perspicacia y una especial penetración en lo que podríamos llamar la idiosincrasia del país, lo que ha dilatado y ampliado su mundo y su experiencia de estadista y por ello ha sobrepasado en siglos las vivencias de lo que pudieran ser solo las experiencias de una existencia individual. Porque, precisamente, esa es la importancia que como disciplina tiene la Historia y que por tal debe conocer todo político que estime seriamente sus tareas.

Evidentemente, no puede ser igual un político que abraza la vida de la *polis* con lecturas de historia, que otro que jamás ha tomado un libro entre sus manos o que, si lo ha hecho, lo lee desde un castillo de prejuicios ideológicos. Este mismo fervor por la historia venezolana llevó a Betancourt a navegar entre papeles durante toda su vida. Entre ellos citó en agosto de 1945, en su columna del diario *El País,* una carta del general Rafael Urdaneta al presidente de la República, José Antonio Páez, con fecha 18 de octubre de 1839, donde le ruega se aplique a su caso de indigente la ley de inválidos, de manera de poder sobrellevar la vejez con algún medio de subsistencia, ya que él no tiene ni con qué comer. Como vemos, el tema de la honradez administrativa, de la lucha denodada contra la corrupción, formó parte durante toda su vida de las obsesiones centrales de Betancourt. Y la carta del honradísimo general Urdaneta fue una pieza de tanta importancia para el guatireño como si se tratara de la oración de un creyente a su santo más venerado.

Este hiperdesarrollo del sentido histórico condujo a Betancourt a cavilar frecuentemente acerca de la permanencia de lo que hacía. Por eso llevaba un archivo detallado y le consagraba horas de sus últimos años a la redacción de su *Memorias*, que lamentablemente su muerte dejó en suspenso para siempre. De su obra pública, refiere el expresidente Velásquez, en esclarecedor ensayo, que consideraba que «el hecho político más importante del siglo XX venezolano lo constituye la organización del pueblo en partidos y en sindicatos, pues son las dos fuerzas indispensables para asegurar en el país el orden democrático». También, recuerda Velásquez que alguna vez afirmó que «ante la historia concedía prelación a su condición de fundador de un partido político que a la categoría de Presidente de la República». En verdad, solo un político con altísima conciencia histórica escribe una obra de la magnitud de *Venezuela, política y petróleo*, acaso el libro de comprensión del país más valioso que haya escrito expresidente alguno en todo nuestro devenir.

VENEZUELA, POLÍTICA Y PETRÓLEO

Confiesa Betancourt que la primera versión de su libro fundamental data de 1937-1939, pero entonces no pudo publicarse. Tampoco se animó a darlo a la imprenta entre los años de fundación de AD (1941) y los de su primer gobierno (1945-47), y los únicos originales que conservaba se perdieron en el saqueo que cometió una patrulla de soldados el 24 de noviembre de 1948 contra su casa caraqueña, cuando el golpe militar derrocó al primer presidente de la República electo mediante voto universal, directo y secreto.

La nueva redacción tuvo lugar en el exilio, entre las ciudades de Washington, La Habana, San José de Costa Rica y, finalmente, en San Juan de Puerto Rico. Allí lo concluyó, gracias a un amigo que le prestó una casa frente al mar. Estuvo trabajando día y noche durante meses, acompañado por los dos escoltas que le había asignado el gobernador de la isla, Luis Muñoz Marín, y un perro fiel que seguía impertérrito el sonido de las teclas de la máquina de escribir. Y si bien el prólogo lo firma en diciembre de 1955, lo cierto es que lo concluyó en abril de 1956, ya que en el último capítulo hay alusiones a hechos ocurridos en este mes primaveral y, además, así lo confirma su epistolario con Ricardo Montilla, en el que le rogaba que urgiera al legendario editor del Fondo de Cultura Económica de México, el argentino Alejandro

Orfila Reynal, acerca de la urgencia de su publicación, y le advertía que fueran «levantando el linotipo», mientras él concluía las últimas veinte páginas.

Es obvio que *Venezuela, política y petróleo* es uno de los ensayos de historia política más importantes que ha escrito un primer magistrado entre nosotros acerca de etapas del desarrollo nacional que le tocó vivir. Este libro, ya un clásico del ensayo político venezolano, se centra en el eje de la vida nacional: el petróleo; y su estructura es afín a la de un trabajo historiográfico, aunque la perspectiva de polemista del autor lo aleja de la distancia propia del historiador. Habla un protagonista decidido a defender su versión de los hechos, pero no apela a su sola palabra para defender sus puntos de vista, sino que acude a fuentes documentales valiosísimas y, además, abunda en opiniones contundentes. Tomaré dos ejemplos de los cuantiosos que arroja el libro para explicar lo que afirmo. Uno, de orden documental, y otro fundado en la opinión, ambos reveladores del tesoro que encierran estas páginas para quien quiera detenerse en la historia política venezolana.

Recuerda Betancourt que el 13 de abril de 1947 la Junta Revolucionaria de Gobierno publicó un «memorándum confidencial» del que se habían hecho gracias a los servicios de inteligencia, en el que el expresidente López Contreras desde Nueva York le solicitaba al ministro de la Defensa del gobierno, Carlos Delgado Chalbaud, que presionara con la fuerza del Ejército a la Asamblea Nacional Constituyente para que lo nombrara a él (a Delgado Chalbaud) presidente de la República. Para ello invocaba un argumento regionalista, obviamente antidemocrático. Decía López: «De este modo, la hegemonía andina, preponderante en la República por cinco lustros, no podría considerarse desplazada de los asuntos públicos». Luego señalaba que, de no lograrse la aceptación de Delgado Chalbaud como presidente de la República, «habría que recurrir a la imposición». ¿Este documento citado por Betancourt invalida lo que antes había hecho López Contreras por la apertura del país hacia formas democráticas? No, pero tampoco puede decirse lo contrario: que López Contreras es el creador de la democracia en Venezuela. Tampoco puede afirmarse lo mismo de Medina Angarita. Ambas tesis ruedan en boca de historiadores tendenciosos con mucha frecuencia.

El otro ejemplo es revelador de la crisis que Acción Democrática vivirá treinta años después. Me refiero a la nada democrática posición que tenía Betancourt acerca del federalismo o la descentralización. Afirma el autor: «La Constitución de 1947 pautó, como norma constitucional implícita, el principio del *centralismo político*, ya que no se concibe cómo pueda planificar nacionalmente el Poder Ejecutivo si los gobernantes regionales no son de la libre elección y remoción del Jefe de Estado». Y luego apunta como una debilidad del constituyente de 1947 que no se hubiese llegado a implantar la Cámara única, y que se hubiese adoptado el sistema bicameral. Finalmente, solo admite como expresión de descentralización del poder a los concejos municipales, pero «financiados y estimulados con activo interés por los gobiernos central y estadales». En la mente de Betancourt no estaba que la democracia representativa diera el paso hacia la descentralización política y administrativa. Curiosa contradicción de un demócrata ¿no?

UN EPISTOLÓGRAFO FERAZ

Dificulto que algún otro líder político en toda nuestra historia republicana haya escrito más cartas que Rómulo Betancourt. De los 73 años que estuvo entre nosotros el guatireño, nacido el 22 de febrero de 1908, casi veinte fueron vividos en el exilio. Se dice fácil, pero está muy lejos de serlo, sobre todo si consideramos que muy pocos venezolanos sentían mayor necesidad que él de estar en su país, batallando. De los tres exilios de Betancourt (1928-1936, 1939-1940, 1948-1958), el tercero fue el más largo y, en muchos sentidos, el más agitado: ya no se trataba del muchacho que conspiraba desde Barranquilla, ni del desterrado en Chile, sino del expresidente de la República y líder y fundador de un partido político de singular importancia para nuestra vida civil.

La actividad en los años del tercer exilio es incesante, asombrosa: dicta conferencias, viaja, ofrece declaraciones, escribe *Venezuela, política y petróleo* y, también, recibe los golpes más duros para su universo afectivo. Mueren Valmore Rodríguez, Andrés Eloy Blanco, Leonardo Ruiz Pineda y Alberto Carnevali, de quien Betancourt afirma en carta a Reneé Hartmann el 22 de mayo de 1953: «Y por eso te aseguro que cuanto pierden Venezuela y el Partido con su muerte se me desdibuja ante la idea de que he perdido a mi mejor amigo. Una amistad de dieciséis años sin que nada turbio la empañara ni por un momento».

Nunca será suficiente la necesidad que los venezolanos tenemos de recordar que en las venas de nuestras desgracias el autoritarismo militar, la personalización del poder, la confusión entre lo público y lo propio son expresiones que no hemos terminado de superar, y que el ensayo democrático pasa por reconocer el tirano que todos llevamos por dentro, y que en cualquier momento, como en el poema magistral de Rafael Cadenas, decide gobernarnos. Quienes creyeron que los fantasmas del autoritarismo habían sido eliminados para siempre, pues que abran el periódico cualquier día de estos de la Venezuela triste y lean lo que pasa. Allí están, copando todos los espacios, interviniendo el Poder Judicial, haciendo de la pluralidad en la Asamblea Nacional un saludo a la bandera, persiguiendo a los periodistas, utilizando los mecanismos judiciales para hostigar a los disidentes. No, señores, esos fantasmas no estaban exorcizados, y cuantas veces les dejemos las puertas abiertas volverán a imponer sus condiciones, a insultar, a violar los derechos humanos, a denigrar la venezolanidad.

CODA

Betancourt murió en Nueva York el 28 de septiembre de 1981 de un derrame cerebral. Las persecuciones políticas, los exilios, las precariedades económicas, el atentado de Los Próceres, donde casi pierde la vida, le minaron la salud. De allí que haya muerto a los 73 años, y no a una edad más avanzada, como era de esperarse para el promedio de vida en el año en que murió.

Es probable que Betancourt contara con el párrafo cervantino que voy a citar, para concluir estas líneas, como una pieza fundamental de su norte vital, ya que consta que leyó *El Quijote* siendo adolescente e interiorizó su bosque ético para siempre, pasando así a formar parte de la urdimbre de su personalidad. Alonso Quijano le dice a Sancho en un momento particularmente reflexivo, en el capítulo LVIII:

La libertad, Sancho, es uno de los más preciosos dones que a los hombres dieron los cielos; con ella no pueden igualarse los tesoros que encierra la tierra ni el mar encubre; por la libertad así como por la honra se puede y debe aventurar la vida, y, por el contrario, el cautiverio es el mayor mal que puede venir a los hombres.

BIBLIOGRAFÍA

Arráiz Lucca, Rafael. *Arturo Úslar Pietri: ajuste de cuentas*. Caracas, Los Libros de *El Nacional*, 2007, 3.ra edición.

Betancourt, Rómulo. *El 18 de octubre de 1945. Génesis y realizaciones de una revolución democrática*. Barcelona, Editorial Seix Barral, 1979.

_____. *Discurso radiado por el Sr Rómulo Betancourt, Presidente de la Junta Revolucionaria de Gobierno, el día 30 de octubre de 1945*. Caracas, Colección Pensamiento Político Venezolano Siglo xx, Congreso de la República, tomo 51, 1989.

_____. *Mensaje que el Sr Rómulo Betancourt, Presidente de la Junta Revolucionaria de Gobierno, Presenta a la Asamblea Nacional Constituyente de 1947*. Caracas, Colección Pensamiento Político Venezolano Siglo xx, Congreso de la República, tomo 51, 1989.

_____. *Venezuela, política y petróleo*. Caracas, Monte Ávila Editores Latinoamericana, 2001.

Caballero, Manuel. *Rómulo Betancourt: político de nación*. Caracas, Editorial Alfadil-Fondo de Cultura Económica, 2004.

Carrera Damas, Germán. *Rómulo histórico*. Caracas, Editorial Alfa, 2013.

Castro Leiva, Luis. *Ese octubre nuestro de todos los días*. Caracas, Fundación Celarg, 1996.

Irwin, Domingo. *Relaciones civiles-militares en el siglo XX*. Caracas, El Centauro Ediciones, 2000.

Irwin, Domingo y otros. *Militares y sociedad en Venezuela*. Caracas, ucab-upel, 2003.

IRWIN, Domingo y Frederique Lange. *Militares y poder en Venezuela*. Caracas, UCAB-UPEL, 2005.

LÓPEZ MAYA, Margarita. *EE.UU. en Venezuela: 1945-1948 (Revelaciones de los archivos estadounidenses)* Caracas, UCV- CDCH, 1996.

PEÑA, Alfredo. *Conversaciones con Luis Beltrán Prieto*. Caracas, Editorial Ateneo de Caracas, 1978.

PÉREZ, Ana Mercedes. *La verdad inédita*. Caracas, Editorial Artes Gráficas, 1947.

REMMER, Karen. *Military rule in Latin America*. USA, Westview Press, Boulder, Colorado, 1991.

RODRÍGUEZ, Valmore. *Bayonetas sobre Venezuela*. México, Edición de Autor, 1950.

SOSA ABASCAL, Arturo. *Rómulo Betancourt y el Partido del Pueblo (1937-1941)*. Caracas, UCAB, 2001.

SUÁREZ FIGUEROA, Naudy. *El joven Rómulo Betancourt. De la Semana del Estudiante al Plan de Barranquilla (1928-1931)*. Caracas, Fundación Rómulo Betancourt, Serie Cuadernos de Ideas Políticas, 2008.

_____. *Programas políticos venezolanos de la primera mitad del siglo XX*. Caracas, UCAB, 1977.

TRINKUNAS, Harold A. *Crafting civilian control of the military in Venezuela*. USA, The University of North Carolina Press, 2005.

VALERO, Jorge. *¿Cómo llegó Acción Democrática al poder en 1945?* Caracas, Fondo Editorial Tropykos, 1993.

VARIOS AUTORES. *Pensamiento político del siglo XX*. Caracas, Ediciones del Congreso Nacional, 1985.

VARIOS AUTORES. *Diccionario de Historia de Venezuela*. Caracas, Fundación Polar, 1997.

YORIS-VILLASANA, Corina. *18 de octubre de 1945. Legitimidad y ruptura del hilo Constitucional*. Caracas, Academia Nacional de la Historia, 2004.

RAFAEL CALDERA: UN CATÓLICO EN AGUAS TURBULENTAS

La vida de Rafael Caldera Rodríguez (1916-2009) está signada por «su portentosa voluntad en búsqueda del poder», afirman algunos; mientras otros señalan que «lo guio una férrea voluntad de servicio». En verdad, ambas afirmaciones no se contradicen, se complementan y trazan el perfil de un político a tiempo completo, con una devoción por su trabajo que no conoció paréntesis. Toda la vida del yaracuyano estuvo consagrada a la búsqueda de alcanzar las responsabilidades de ejercer gobierno. Él sentía que ese era su destino.

Nacido en San Felipe (estado Yaracuy) el 24 de enero de 1916, fue entregado a sus tíos en adopción sin perder sus apellidos. Tomás Liscano y María Eva Rodríguez Rivero de Liscano lo educaron en sustitución de sus padres, Rafael Caldera Izaguirre y Rosa Sofía Rodríguez Rivero de Caldera. El origen de esta situación es la muerte de la madre, quien fallece muy joven dejando tres hijos huérfanos (Rosa Elena, Rafael y Lola) y un viudo. El padre acepta la idea de entregar a Rafael Antonio a sus tíos Liscano Rodríguez, y así fue, mientras entrega a sus hijas al cuidado de otros tíos de las niñas. El niño Rafael se muda a Caracas con los Liscano a los siete años y comienza a ser educado por los jesuitas del colegio San Ignacio, de donde egresa bachiller con el pecho lleno de medallas, acostumbrado a ser el primero de la clase. Estos años sellaron para siempre su orientación ideológica: fue un católico en el mundo proceloso de la política.

Cuando egresa de la Universidad Central de Venezuela como abogado y doctor en Ciencias Políticas, *summa cum laude*, en 1939, ya abriga un proyecto de poder. En su casa de estudios es profesor de

Sociología Jurídica y Derecho del Trabajo entre 1943 y 1968; durante diez años también imparte estas asignaturas en la Universidad Católica Andrés Bello. De estos años iniciales son sus dos obras más celebradas: la biografía de *Andrés Bello* (1935) y su *Derecho del Trabajo* (1939). Después, a partir de la fundación de COPEI (Comité de Organización Política Electoral Independiente) en 1946, buena parte de su obra escrita estará vinculada con su actividad política en la democracia cristiana venezolana. Su socialcristianismo se hizo manifiesto en la UNE (Unión Nacional de Estudiantes), en 1936, y antes se había aquilatado en su viaje a Roma al Congreso Internacional de la Juventud Católica, en 1933, donde trabó amistad duradera con un joven cristiano chileno, Eduardo Frei Montalva, con quien tejió, por muchos años, una relación de alianza política de influencia continental articulada en la ODCA (Organización Demócrata Cristiana de América), de notable influencia en los procesos políticos de Centroamérica en la década de los años 80. Por otra parte, conviene recordar que la UNE vino a agrupar a los estudiantes católicos, entonces con inocultables rasgos derechistas, que se distinguían de la FEV (Federación de Estudiantes de Venezuela), organización constituida antes y con evidentes realizaciones, al margen del credo católico, como la legendaria Semana del Estudiante de 1928.

LOS LIBROS DEL HOMBRE DE ACCIÓN

Su tratado sobre *Derecho del Trabajo* fue libro de consulta obligada durante muchos años. Lo respaldaba su participación en la redacción de la Ley del Trabajo y la pertinencia de sus conocimientos sobre la materia, así como su esmero en la aprobación de la ley. Entre 1936 y 1938 fue subdirector de la Oficina Nacional del Trabajo, siendo esta su primera responsabilidad en la Administración Pública. Tómese en cuenta que sumaba 20 años cuando recibe la designación por parte del gobierno de Eleazar López Contreras.

Sus otras obras significativas son *Moldes para la fragua* (1962), *Especificidad de la Democracia Cristiana* (1972), *Bolívar siempre* (1986) y *Los causahabientes. De Carabobo a Puntofijo* (1999). Si bien es cierto que Caldera fue un académico de importancia en las áreas de Derecho del Trabajo y Sociología Jurídica, y que dejó una obra escrita de varios títulos, centenares de artículos y numerosos discursos de ocasión y presidenciales, lo cierto es que fue, sobre todo, un político de acción incesante. Bastan para demostrarlo las veces en que se presentó como candidato a la Presidencia de la República (1947, 1958, 1963, 1968, 1983, 1993), alcanzándola en dos oportunidades.

El título *Moldes para la fragua* alcanzó una tercera edición en 1980, ampliada por su autor. Se trata de un libro donde recoge muchas semblanzas biográficas que fueron emergiendo de su pluma con ocasión de determinadas efemérides, el deceso de algunos personajes históricos (López Contreras, Gallegos, Leoni) durante su primer mandato o el discurso de elogio del individuo de número al que sucedió Caldera en las dos Academias de las que formó parte: Ciencias Políticas y Sociales (Tomás Liscano) y de la Lengua (José Manuel Núñez Ponte). Entre todos estos textos, destaca el dedicado a su padre adoptivo, Liscano. *Especificidad de la Democracia Cristiana* es un esfuerzo doctrinario valioso, particularmente pensado para los cristianos en función política.

La obra *Bolívar siempre* tuve el honor de prologarla en su segunda edición (1994) a solicitud del entonces presidente de la República, Rafael Caldera, sorprendiéndome abiertamente con el honrosísimo encargo. Entonces afirmé: «No es este el libro de un historiador, es el libro de un hombre que ha tenido la experiencia solitaria de conducir un Estado. Esto le da una perspectiva particular en el juicio y singulariza radicalmente su visión de Bolívar». (Caldera, 1994: 12). Reitero lo dicho y agrego que no dejó de causarme estupor las veces en que Caldera ejerce la crítica al valorar los hechos bolivarianos. Más aún, en algunas oportunidades es tan crítico que se deslinda enfáticamente del mito y su infalibilidad. Así ocurre cuando advierte que la pretensión integracionista colombiana en la que se empeña Bolívar es una suerte de sueño platónico.

LA OBRA PARTIDISTA DEL ACADÉMICO

Su obra partidista incluye la fundación de COPEI, en 1946, y su decidida contribución a su debilitamiento, en 1993, cuando compitió a la Presidencia de la República respaldado por otra organización liderada por él mismo: Convergencia. Se puede decir sin errar que Caldera fundó un partido y fue factor decisivo de su destrucción al separarse de su propia organización y abrir tienda aparte con el mismo cometido: la Presidencia de la República. No obstante, es evidente que entre sus mayores logros políticos está la conversión de un grupo minúsculo de inspiración cristiana (UNE) en un partido de masas de grandes proporciones (COPEI), al punto tal que durante varias décadas fue el segundo, y a ratos el primero, de los partidos políticos del sistema democrático. Otro hito en su carrera política lo constituye su participación en el pacto de gobernabilidad que viabilizó a la democracia representativa, el de Puntofijo, en 1958, firmado con Acción Democrática (AD) y URD (Unión Republicana Democrática), protegiéndose del sector militar enemigo del proyecto democrático. Cofundador, pues, de la democracia de partidos y factor disolvente de uno de los partidos del sistema, cualquiera puede decir que una vida activa tan larga es proclive al florecimiento de no pocas contradicciones.

EL ORADOR EN LA CONSTITUYENTE

Cuando comienza el ensayo democrático, a partir del golpe civil-militar del 18 de octubre de 1945, el joven dirigente Caldera le acepta al presidente de la Junta Revolucionaria de Gobierno, Rómulo Betancourt, la Procuraduría General de la Nación, siendo su primer destino público de importancia en el Poder Ejecutivo. Muy pronto lo abandona para fundar su partido, como vimos antes, y para presentarse a las elecciones de diputados que integrarían la Asamblea Nacional Constituyente de 1947. Entonces, los resultados ya señalaron a COPEI como una fuerza en crecimiento (Acción Democrática 1 099 601 votos, 78,43 %, 137 diputados; Copei 185 347 votos, 13,22 %, 19 diputados; URD 59 827 votos, 4,26 %, 2 diputados; PCV 50 387 votos, 3,62 %, 2 diputados).

El papel que jugó Caldera en los debates de la Asamblea Constituyente fue principal, continuando entonces una carrera parlamentaria que sería larga y fructífera y que se había iniciado en 1941, cuando fue electo diputado por el estado Yaracuy para el período que culminaría en 1945. En la Asamblea Constituyente defendió la descentralización política de los estados y alcaldías, junto con Gustavo Machado (PCV) y en contra de la voluntad de AD, que se inclinaba por la centralización, después de haber abogado por ella en sus tesis históricas iniciales. En el Diario de Debates de la Asamblea Constituyente puede leerse un párrafo de clásica tipología calderista:

> Esta inconsecuencia es lo que no me explico: expresar como principio de un programa político, como lo hace Acción Democrática, que se defenderá el régimen federal (y tengo el texto del programa impreso en 1941), decir que se defiende la «efectividad del régimen federativo», aceptar la inclusión de toda la terminología y de todas las definiciones de principios conforme al régimen federal, y venir a establecer una institución que es neta y sencillamente centralista, es algo que verdaderamente no entiendo (Arráiz Lucca, 2011: 74).

También se expresó con fuerza en contra del papel de sesgo exclusivista del Estado en materia educativa, defendiendo tácitamente el trabajo de la Iglesia católica; con similar contundencia abogó contra la Ley de Patronato, de nuevo en defensa de los intereses de la Iglesia.

Su vida parlamentaria continúa con su elección de diputado en 1948; en 1952 no se presentó en protesta por el fraude electoral; en 1959-1964. En este período presidió la Comisión Bicameral redactora de la Constitución Nacional de 1961 y la Cámara de Diputados, entre 1959 y 1962. En el debate parlamentario y en la calle fue haciéndose un tribuno de grandes dotes, reconocidas por tirios y troyanos. Desde muy joven discurrió con una facilidad de palabra y una coherencia francamente notable. Los jesuitas no habían perdido el tiempo con sus clases de oratoria.

Sancionada la Constitución Nacional de 1947 se convoca a elecciones presidenciales y Caldera se presenta por primera vez. Ahora vemos cómo su fuerza electoral creció notablemente en relación con la elección anterior de Diputados, ocurrida pocos meses antes. El resultado de las elecciones del 14 de diciembre de 1947 fue favorable a Rómulo Gallegos, con 871 752 votos y el 74,47 % del electorado;

en segundo lugar llegó Caldera, con 262 204 votos y el 22,40% de los sufragios y, de tercero y último, Gustavo Machado, con 36 587 sufragios y el 3,12% de los votos.

Luego, cuando Carlos Delgado Chalbaud y Marcos Pérez Jiménez encabezan un golpe militar contra el presidente Rómulo Gallegos el 24 de noviembre de 1948, el diputado Caldera lo justifica. El 25 de noviembre, en su casa de Las Delicias de Sabana Grande, el doctor Caldera recibió al periodista de *El Heraldo* y afirmó:

> La delicada situación desarrollada a través de los últimos acontecimientos es indudable consecuencia del cúmulo de errores e injusticias cometidas por Acción Democrática en sus tres años de Gobierno. En todos los tonos de la lucha política, en nombre de la patria, hicimos a ese partido un llamado de reflexión. La respuesta fue para cada queja un nuevo atropello; y el Presidente no quiso o no supo asumir su responsabilidad histórica, prefiriendo subordinarla a conveniencias partidistas (Catalá, 1982:62).

Muchos años después, cuando Caldera hace el balance de su vida política en su libro *Los causahabientes*, afirma:

> La Revolución de Octubre, que sus voceros calificaban con lenguaje épico como «la Segunda Independencia» duró tres años y treinta y nueve días. Dejó marcas profundas; no se le puede negar avances considerables en la vida política y social del país, pero también muchas experiencias aleccionadoras, porque, debemos decirlo, las enseñanzas de lo ocurrido con la Revolución de Octubre y el Gobierno que la sucedió, fueron base y lección que sirvieron de fundamento, diez años después, al Pacto de Puntofijo (Caldera, 2008: 102).

En el período presidencial de Betancourt (1959-1964), desarrollado al principio bajo la impronta del Pacto de Puntofijo y luego con el esquema de «la guanábana», Caldera y COPEI siguieron creciendo. La administración de varios ministerios durante este gobierno contribuyó decididamente, así como el papel significativo de Caldera en el Congreso Nacional. Ya después, durante el gobierno de Raúl Leoni

(1964-1969), los demócratacristianos no forman gobierno, mientras el presidente guayanés prefiere la asociación con las fuerzas del uslarismo y URD. Esto fue una oportunidad para Caldera y COPEI: crecieron solos, sin el endoso de las realizaciones del gobierno, como ocurrió en el quinquenio anterior.

LA PRIMERA PRESIDENCIA (1969-1974)

Por primera vez en nuestra historia republicana del siglo XX el presidente en ejercicio (Raúl Leoni) le entregaba el mando a otro electo, de un partido distinto. El hecho fue un ejemplo paradigmático de democracia. Rafael Caldera sumaba entonces cincuenta y tres años y toda una trayectoria consagrada a la vida pública, en la que se contaban ya tres intentos por llegar a la primera magistratura por la vía electoral, de modo que en la cuarta oportunidad llegó la victoria.

El primer dato de significación del gobierno de Caldera es el de haber gobernado sin alianzas políticas. Adelantó un gobierno monopartidista, con los integrantes de COPEI y algunos independientes simpatizantes de su causa o de su persona. Entre estos, destacaron Ramón J. Velásquez en el Ministerio de Comunicaciones, Pedro Tinoco en el de Hacienda y Alfredo Tarre Murzi en el del Trabajo. Esta decisión de gobernar en soledad (sin alianzas partidistas) expresaba que la institucionalidad democrática había superado las amenazas militares tanto de la derecha como de la izquierda, lo que hacía innecesaria la continuación de las alianzas que sustituyeron al inicial Pacto de Puntofijo. Por otra parte, habiendo obtenido COPEI el 24,04 % de los votos en el Congreso, se hacía indispensable un acuerdo para la conformación de las directivas de la Cámara de Senadores y la de Diputados. Después de infinidad de negociaciones, COPEI logró la Presidencia del Congreso (José Antonio Pérez Díaz) en alianza con el MEP y FDP (Prieto y Larrazábal), quedando fuera del acuerdo AD, partido que conservaba la más alta votación para el parlamento: 25,57% de los sufragios. Recordemos que la apuesta fue atrevida por parte del gobierno de Caldera: no solo integraría un gobierno de copeyanos exclusivamente, sino que no tenía mayoría parlamentaria, lo que lo obligaba a entenderse con

Acción Democrática en el seno del Congreso Nacional, como señalaremos luego.

El cuadro político después de las elecciones se recompuso a la luz de los resultados de 1968. Las fuerzas políticas que en 1963 respaldaron a Úslar Pietri, Larrazábal y Villalba decrecieron notablemente, absorbiendo estos votos COPEI y la Cruzada Cívica Nacionalista de Pérez Jiménez, mientras AD también bajaba su votación, producto de su tercera división. El resultado electoral condujo a Rómulo Betancourt a afirmar a la salida de una reunión de su partido que: «En Venezuela solo hay dos partidos: AD y COPEI», con lo que el camino del bipartidismo comenzó a asfaltarse. De hecho, en marzo de 1970 se materializó un acuerdo entre ambos partidos para la composición de las Cámaras Legislativas. El acuerdo, además, suponía una colaboración entre ambos para la aprobación de determinados proyectos de leyes presentados al Congreso Nacional para su consideración. Como vemos, se colocaba un ladrillo más en la construcción de la casa del bipartidismo, que ya veremos cómo se expresará plenamente en los resultados electorales de 1973, cuando los candidatos de AD y COPEI obtengan el 85% de los votos.

LA POLÍTICA DE PACIFICACIÓN

La primera expresión de la política de pacificación del país que se proponía el gobierno fue la legalización del PCV, que venía funcionando bajo la denominación de UPA (Unión para Avanzar), y luego, ya en 1973, se legalizó el MIR. Ambas agrupaciones habían sido ilegalizadas en 1962, cuando la arremetida de la lucha armada guerrillera condujo a estas decisiones de la administración Betancourt. El objetivo que perseguía Caldera era conseguir que los guerrilleros se incorporaran a la vida democrática y pacífica, que abandonaran las armas. A cambio, el gobierno se comprometía a indultar a los imputados, concibiendo sus delitos como políticos y no civiles. La mayoría de los comandantes guerrilleros se acogió a la pacificación; otros tardaron en hacerlo, pero años después también se integraron a la lucha democrática. Esta política fue tan exitosa que produjo discusiones profundas en el seno de la izquierda y trajo como consecuencia, entre otros factores gestatorios, el nacimiento del MAS.

LA POLÍTICA INTERNACIONAL: CAMBIOS NOTABLES

Caldera dejó a atrás la Doctrina Betancourt y enarboló la tesis del pluralismo ideológico, lo que se tradujo en la reanudación de las relaciones con la Unión Soviética y se hicieron los primeros contactos para reanudar relaciones con Cuba, hecho que materializó Carlos Andrés Pérez en el gobierno siguiente (1974-1979). Además, se reanudaron relaciones comerciales con la Europa del Este. Como vemos, la política internacional estuvo en consonancia con la política interna de pacificación.

Tanto en el primero como en el segundo gobierno, Caldera colocará en Brasil el énfasis de su política con los vecinos, distanciándose sutilmente de Colombia. En cuanto a Guyana, el vecino incómodo, firma el Protocolo de Puerto España, lo que supuso un congelamiento del Acuerdo de Ginebra. No son cambios menores en esta área, como es evidente.

EL NACIMIENTO DEL MAS

La asunción de la pacificación por parte del gobierno de Caldera coincidió con la aparición de dos libros de Teodoro Petkoff que avivaron la discusión dentro del PCV (Partido Comunista de Venezuela). Me refiero a *Checoeslovaquia, el socialismo como problema* y *¿Socialismo para Venezuela?* El resultado fue la expulsión de Petkoff del partido y el proceso de deslinde que condujo a la creación del MAS (Movimiento al Socialismo) en enero de 1971. Desde entonces, este sector de la izquierda asumió la democracia como sistema político, e intentaron hacerlo compatible con las tesis económicas del socialismo. En el fondo, la verdad es que siempre fue difícil hacer el deslinde filosófico entre estas tesis y las de la socialdemocracia venezolana, que encarnaba en AD. En cualquier caso, el hecho fue sumamente importante porque incorporó a la izquierda, modernizándola, al sistema democrático. El PCV continuó su camino conservando sus filiaciones con la Unión Soviética, las mismas que para Petkoff y sus compañeros eran imposibles de mantener, dado su rechazo contundente de las prácticas estalinistas.

LA CRISIS UNIVERSITARIA

Junto con los cambios que se venían dando en diversas universidades del mundo (París, Berkeley, entre otras), en sintonía con las transformaciones sociales de la juventud (el amor libre, el hippismo, la música de los *Beatles*, el descubrimiento de Oriente, el consumo de marihuana), la universidad venezolana entró en un proceso de renovación interno que coincidió con la reforma a la Ley de Universidades que introdujo el gobierno. Buena parte del sector universitario consideró que la reforma resentía el principio de autonomía universitaria, consagrado en diciembre de 1958, cuando gobernaba interinamente la República el profesor Edgar Sanabria, y no acogió el llamado del Consejo Nacional de Universidades Provisorio que establecía la ley. En particular Jesús María Bianco, rector de la Universidad Central de Venezuela, fue destituido por el CNUP en razón de que se negaba a asistir a este organismo recién creado. Entonces estalló la crisis que se venía gestando, y el gobierno intervino la UCV, nombrando unas autoridades interinas en enero de 1971 (rector: Rafael-Clemente Arráiz; vicerrector académico: Oswaldo De Sola; secretario: Eduardo Vásquez), y cambiando al rector en marzo, por renuncia del profesor Arráiz, quien se negaba a mantener la universidad cerrada y se proponía convocar de inmediato a elecciones dentro del claustro, proyecto con el que el gobierno no estaba de acuerdo. Fue nombrado De Sola. Pasaron meses antes de que se normalizaran las actividades de la UCV, mientras las protestas estudiantiles se extendieron a otras universidades y a muchos liceos del país. El gobierno tuvo que lidiar con protestas universitarias de diversa índole, tanto estudiantiles como profesorales, como de empleados administrativos. No pocos estudiantes se fueron a estudiar a otros países, mientras no se tomaba la decisión de convocar a elecciones y retomar el ritmo institucional de la UCV. Paradójicamente, en estos años de crisis universitaria, el gobierno aprobó la creación de la Universidad Metropolitana (1970) e impulsó la Universidad Simón Bolívar (1967), fundada durante el gobierno de Leoni.

LA ENMIENDA CONSTITUCIONAL

La votación alcanzada por la Cruzada Cívica Nacionalista en las elecciones de 1968 era motivo de preocupación para las fuerzas democráticas. Primero la Corte Suprema de Justicia había declarado nula la elección de Pérez Jiménez como senador en 1968, y ahora AD y COPEI sumaban sus votos para aprobar la primera enmienda a la Constitución Nacional de 1961. Las encuestas señalaban que de presentarse Pérez Jiménez como candidato a la Presidencia de la República en 1973, la suma de sus votos sería considerable, por lo que la urgencia de la enmienda se hizo perentoria. En octubre de 1972 se presentó el texto de la enmienda al Congreso Nacional, y en julio de 1973, después de que Pérez Jiménez había sido lanzado como candidato presidencial en abril, el Consejo Supremo Electoral declaró en junio nula su candidatura, con fundamento en la enmienda que había llenado los requisitos legales en mayo, cuando ya las Asambleas Legislativas de los estados la habían aprobado.

Por otra parte, el cuadro electoral se atomizaba en cuanto al número de candidatos, ya que llegaba a doce, pero la polarización bipartidista comenzó a reflejarse como nunca antes había ocurrido entre nosotros. Puede decirse que el bipartidismo como fenómeno comenzó en estas elecciones de 1973, cuando entre el vencedor, Carlos Andrés Pérez (AD), y Lorenzo Fernández (COPEI) se llevaron el 85% de los votos, mientras Jesús Ángel Paz Galarraga (MEP) obtenía 5,07%, José Vicente Rangel (MAS) 4,26%, Jóvito Villalba (URD) 3,07% y de los otros candidatos, ninguno alcanzó más del 1% de los sufragios. Los enumero en orden de llegada: Miguel Ángel Burelli Rivas, Pedro Tinoco, Martín García Villasmil, Germán Borregales, Pedro Segnini La Cruz, Raimundo Verde Rojas y Alberto Solano.

Por lo menos en tres sentidos, este primer gobierno de Caldera fue de transición. El primero en cuanto al paso hacia el bipartidismo, que imperaría en Venezuela hasta las elecciones de 1993; y el segundo en cuanto a los precios del petróleo, que pasaron a finales de 1973 de un promedio de 3, 75 $ por barril a la astronómica cifra de 10,53 $ por barril, impulsados por la crisis del Medio Oriente (la guerra del Yom Kipur) y otros factores. Comenzaba el *boom* petrolero, que le tocaría administrarlo a Carlos Andrés Pérez. La tercera condición transicional de este gobierno estriba en que la deuda externa venezolana era insignificante comenzó a crecer durante el gobierno de Pérez, continuó creciendo durante el de Herrera Campíns y se detuvo cuando ya constituía un problema gravísimo para el país, en 1983. Esta paradoja no es fácil de comprender: cuando los ingresos petroleros venezolanos fueron más altos, surgió la deuda externa.

UN INTERREGNO DE 20 AÑOS

Al dejar la presidencia, Caldera se enfocó en varios ámbitos de realización: la Unión Interparlamentaria Mundial, de la que fue presidente, la vida partidista dentro de su organización en oposición al gobierno de Carlos Andrés Pérez (1974-1979) y el difícil acompañamiento del gobierno (1979-1984) de su compañero democratacristiano Luis Herrera Campíns, trance crudamente referido por Gustavo Tarre Briceño, entonces un copeyano fervoroso: «El gobierno de Luis Herrera Campíns no se caracterizó por su respeto al liderazgo de Caldera. La experiencia y la inteligencia del jefe del partido fueron poco requeridas por el Presidente de la República...» (Tarre Briceño, 1990: 43). Ya para entonces «armaba el rompecabezas» con miras a las elecciones presidenciales de 1983. Se presentó como candidato y perdió ante Jaime Lusinchi, sufriendo una disminución considerable de su liderazgo, a tal punto que para las elecciones de 1988 fue derrotado por Eduardo Fernández en los sufragios internos de su partido para escoger candidato. Entonces, dijo que «pasaba a la reserva». El declive era evidente.

De la reserva fue saliendo paulatinamente y halló una oportunidad de oro para terminar de colocarse en primera posición con motivo del intento de golpe de Estado el 4 de febrero de 1992. En su condición de senador vitalicio pidió la palabra en el Congreso Nacional y pronunció un discurso en el filo de la navaja entre condenar el intento y justificarlo. La población lo entendió como un espaldarazo a los golpistas y la consecuencia inmediata fue el ascenso de Caldera en las encuestas. Hasta el 3 de febrero su opción electoral venía creciendo sostenidamente en las encuestas, pero a partir del 5 de febrero comenzó su ascenso sostenido y enfático. Para los seguidores de Caldera el discurso fue una obra maestra del sentido de la oportunidad política; para sus detractores, una pieza ruin de oportunismo político. Una vez más, los actos de Caldera daban para interpretaciones extremas.

Lo cierto fue que Caldera se separó de su partido y se colocó al frente de un sentimiento nacional: la antipolítica. Exactamente lo contrario de lo que había encarnado durante toda su vida política anterior. Si alcanzar el poder era el norte, no había entonces otro camino para lograrlo que acompañar a la gente en la crítica acérrima a los partidos y colocarse al frente de la marcha. Causa hilaridad escuchar acusaciones de inflexibilidad contra Caldera; los hechos demuestran todo lo contrario. Fue dúctil, si de conseguir el respaldo de la mayoría se trataba.

LA SEGUNDA PRESIDENCIA (1994-1999)

Rafael Caldera alcanzaba la Presidencia de la República por segunda vez en medio de un cuadro electoral cuatripartito y con un elemento nuevo de significativa importancia: la abstención. Según la Comisión Nacional de Totalización del Consejo Nacional Electoral (CNE), la abstención a partir de 1958 se comportó de la siguiente manera: 1958: 6,58%; 1963: 7,79%; 1968: 3,27%; 1973: 3,48%; 1978: 12,45%; 1983: 12,25%; 1988: 18,08%; 1993: 39,84%.

Casi el cuarenta por ciento de los electores no concurrieron a votar en 1993. Esta cifra ya hizo de la abstención un actor político fundamental, sin duda indeseable para el sistema democrático, pero inevitable en los análisis. Como vemos, ya en 1988 el electorado dio su primera campanada, absteniéndose el 18,08% de los votantes, pero aún no llegaba a los niveles de 1993. Era evidente que el sistema político no gozaba del respaldo que tuvo hasta las elecciones de 1973, siempre y cuando consideremos la abstención como un índice de falta de respaldo del sistema. En todo caso, a la dificultad política que implicaba gobernar sin mayoría en el Congreso Nacional se sumaba la abstención, de modo que el respaldo popular con que contaba Caldera para comenzar a gobernar no era el mayor, evidentemente.

Por su parte, la crisis bancaria estalló antes de asumir la Presidencia de la República el yaracuyano, y tomó todo 1994 y parte de 1995 superarla. El Estado tuvo que respaldar a los ahorristas, que habían visto cómo los bancos salían de la cámara de compensación y su dinero se volatilizaba. Fueron intervenidos trece bancos y la crisis se convirtió en la más severa que había tenido lugar en el sistema financiero venezolano. El gobierno optó por respaldar a los ahorristas, lo que supuso una erogación de grandes proporciones que comprometió severamente el presupuesto nacional de 1994 y 1995. Los bancos que pasaron a manos del Estado muy rápidamente fueron vendidos a empresarios financieros globales o nacionales, y todo ello se hizo dentro del marco de la Ley de Emergencia Financiera, que el Congreso Nacional le autorizó al Ejecutivo para enfrentar la crisis. Este año, además, a partir de la reforma tributaria, se creó el SENIAT (Servicio Nacional Integrado de Atención Aduanera y Tributaria). Se buscaba incrementar la recaudación tributaria, para lo que era necesario modificar la conducta del venezolano en relación con los impuestos. El gobierno comprendía perfectamente que era imposible mantener un presupuesto nacional sano con los ingresos por petróleo que se tenían entonces, por lo que era indispensable recaudar más impuestos. Al cabo de pocos años, lo cierto es que el ingreso por tributos se tornó mayor que el petrolero, que no pasó de $ 15 por barril en promedio, durante el quinquenio 1994-1999.

Por otra parte, en AD expulsaron a Carlos Andrés Pérez en mayo de 1994, mientras el Tribunal Superior de Salvaguarda condenaba a Jaime Lusinchi en julio. Caldera, por su parte, implementó una política similar a la de pacificación que había adelantado en su primer gobierno y sobreseyó la causa que se seguía contra los cabecillas militares insurrectos de febrero y noviembre de 1992. Así salieron de la cárcel de Yare los «comacates», con diferentes proyectos políticos personales. Arias Cárdenas se incorporó al gobierno de Caldera en un cargo de importancia media, mientras Chávez inició su recorrido por

Venezuela llamando a no participar en los futuros procesos electorales. En las encuestas de entonces contaba con un respaldo ínfimo, que no pasaba del 2% de reconocimiento.

En diciembre de 1995 tuvieron lugar elecciones de gobernadores, alcaldes y concejales. En ellas se manifestó un aumento considerable de las gobernaciones y alcaldías que pasaron a manos de AD, se consolidó el poder del MAS en cuatro estados y el de COPEI en igual número. Se manifestó la fuerza de Convergencia en el estado natal de Caldera, donde Eduardo Lapi ganó las elecciones, mientras Henrique Salas Feo, hijo de Salas Römer, ganaba en Carabobo con un proyecto político propio, y Francisco Arias Cárdenas obtenía la gobernación del Zulia con el apoyo de La Causa R. Muchos de los gobernadores electos en 1989, que repitieron en 1992, no podían presentarse de nuevo porque la ley se lo impedía, pero en algunos casos partidarios suyos obtuvieron los votos necesarios.

LA APERTURA PETROLERA Y LA AGENDA VENEZUELA

La política de abrir la industria petrolera venezolana a empresas extranjeras que, en asociación con PDVSA, pudieran invertir para explotar la Faja Petrolífera del Orinoco y otros campos se basaba en la evidencia de no contar PDVSA con los medios para hacerlo, ya que los precios del crudo no se lo permitían. No adelantar esta política condenaba al país a no poder explotar unos recursos que estaban en el subsuelo. Se buscaba con esto incrementar la explotación petrolera venezolana, y se preveía alcanzar la cifra de casi 6 millones de barriles diarios para 2005. Se licitaron los campos en un acuerdo de participación, en la mayoría de los casos, a medias entre PDVSA y las concesionarias. En 1996 ingresó al Fisco Nacional una cantidad considerable por este concepto, y comenzó una nueva etapa en la industria petrolera nacional.

Pocos meses después de decidido el proceso de apertura petrolera se puso en movimiento la llamada Agenda Venezuela. De ella, el principal vocero y entusiasta fue el ministro de Cordiplan, Teodoro Petkoff, quien presentó el nuevo esquema el 15 de abril de 1996. El período iniciado en 1994, signado por un control de cambios en paralelo a la crisis del sistema financiero, cambiaba a la luz de un acuerdo con el FMI, acuerdo que brindaba confianza a los inversionistas y permitía comenzar a superar la difícil situación económica en que se encontraba el país. Sobre la base de esta agenda, la economía nacional mejoró considerablemente durante 1996 y parte de 1997. En los meses finales de este año los precios del petróleo comenzaron a bajar estrepitosamente hasta tocar el piso de los 9 dólares por barril. La crisis asiática causó estragos entonces. Como puede imaginarse, las consecuencias para una economía petrolera como la nuestra fueron severas y se reflejaron de inmediato en el cuadro electoral.

LAS ELECCIONES DE 1998: LA APOTEOSIS DE LA ANTIPOLÍTICA

En septiembre de 1997, justo antes de que comenzaran a bajar los precios del petróleo, la antipolítica tenía en la alcaldesa de Chacao, Irene Sáez, a una candidata que figuraba muy alto en las encuestas. Tan alto estaba el favor popular hacia ella que parecía imposible que perdiera las elecciones de 1998, ya que el apoyo rondaba el 70 % del electorado. A partir de la caída de los precios, se desplomó su candidatura, mientras subían las de dos adalides de la antipolítica: Hugo Chávez y Henrique Salas Römer.

El discurso en contra de los partidos políticos, que fue campaña permanente de algunos medios de comunicación, había tenido resultados. A ello contribuyó decididamente la misma conducta de los partidos políticos: no era un invento que muchos de sus dirigentes se habían distanciado de sus electores, que no estaban en sintonía con el pueblo. A Salas Römer lo respaldaba su gestión de gobernador en Carabobo, y a Chávez la oferta de convocar una Asamblea Nacional Constituyente y de encabezar una revolución. Lo acompañaban sectores de la izquierda y de la derecha militarista, algunos añorantes de la lejana dictadura de Pérez Jiménez, pero con el tiempo ha ido preponderando el sector socialista en su proyecto político. El descalabro de AD y COPEI en las elecciones fue abrumador, quedando el bipartidismo en el olvido; no así la polarización electoral, ya que la mayoría de los votos se dividieron entre Chávez (56,20%) y Salas Römer (39,97%). Comenzaba una nueva etapa para Venezuela. La crisis del sistema de partidos políticos era severa.

APRECIACIONES FINALES

Tanto en la construcción de la democracia basada en un sistema de partidos políticos como en su disolución, un personaje estuvo presente: Rafael Caldera. Cualquiera puede preguntarse quién es Caldera: ¿el que construye en sociedad con Betancourt la democracia liberal representativa, fundamentada sobre las instituciones partidistas, o el que se monta en la ola de la antipolítica y contribuye con la disolución del sistema de partidos? Los dos. No es un caso excepcional. Dilema semejante se plantea con Carlos Andrés Pérez: ¿quién es? ¿El artífice del Estado interventor, creador de centenares de empresas estatales o el privatizador de las compañías que fundó diez años antes? De nuevo, los dos. En ambos casos no podemos olvidar la casuística. En ambos casos la consecución del poder y el mantenimiento en sus manos fue materia prioritaria; incluso en el caso de que supusiese una contradicción con sus posturas pasadas.

Más allá de las contradicciones de una vida política dilatada, lo cierto es que el norte vital de Rafael Caldera fue el pensamiento católico y su especificidad política, si es que esto es posible de ubicar. Afirmamos esto porque la democracia cristiana se diferencia en algunos aspectos de la socialdemocracia, pero son pocos y, a veces, tan delgados que no falta quien piense que no constituye un cuerpo de ideas políticas específico. En verdad, creemos que no es lo mismo ser democratacristiano que socialdemócrata. El énfasis de los primeros está colocado en la búsqueda del bien común, la justicia social y la preeminencia de la persona humana, dibujando un perfil con matices específicos particulares. En el caso singular de Caldera, no obstante, se da otra singularidad: abandona al partido democratacristiano venezolano y, al fundar Convergencia para buscar la presidencia, en 1993, no hace énfasis en su carácter socialcristiano, dejando traslucir que se trataba más de un partido electoral que de una organización doctrinaria. Sin embargo, el líder Caldera no dejó por eso de ser un católico navegando en aguas de la política.

Por otra parte, no cabe la menor duda de que su aporte más importante a la historia política venezolana fue el de ser coconstructor de la democracia liberal representativa, fundando uno de los partidos pilares del sistema que, además, recogió el espíritu cristiano latente en el pueblo venezolano. Sus dos gobiernos no introdujeron cambios sustanciales en la vida nacional, pero no por ello se puede negar que la política de pacificación desarrollada durante su primer gobierno fue acertada y tampoco puede negarse que la política de apertura petrolera de su segundo gobierno fue la correcta. La primera fue implementada por su compañero más fiel desde las luchas estudiantiles en la UNE: Lorenzo Fernández, entonces ministro de Relaciones Interiores; la segunda por Luis Giusti, presidente de PDVSA. También, de su primer gobierno es necesario destacar su política internacional de dimensión latinoamericana, para la que contó con un canciller de lujo, un verdadero teórico de la democracia cristiana continental: Arístides Calvani. De aquel primer gobierno es justo señalar el papel dialogante de un sincero compañero de ruta, el entonces presidente del Congreso Nacional: José Antonio Pérez Díaz, un hombre clave dentro de COPEI para impedir que «la sangre llegara al río».

Al igual que el general José Antonio Páez, la última etapa de su vida política fue un esfuerzo por salvar lo construido antes, pero con éxitos menores, declinantes en comparación con los alcanzados previamente. Sus antecesores en el mando, profesantes del mismo credo católico con igual acento son, sin duda, José María Vargas (1835-1836), Juan Pablo Rojas Paúl (1888-1890) y, en menor medida, Eleazar López Contreras (1935-1941). De sus sucesores, Luis Herrera Campíns (1979-1984) fue el único católico practicante que ha gobernado en Venezuela.

Al comienzo de estas líneas apenas mencionamos un libro que quedará como una suerte de testamento político de Caldera. Nos referimos a *Los causahabientes. De Carabobo a Puntofijo*. Este texto es escrito justo al abandonar la Presidencia de la República, en 1999, cuando ha llegado la hora del recuento para un hombre que entonces contaba 83 años. El texto lo retrata claramente. Veamos por qué.

En el libro, Caldera va dejando por escrito algunas de sus impresiones. En muchos sentidos es la otra cara de la moneda de su socio histórico: Rómulo Betancourt. Si el guatireño es agresivo en sus ensayos, penetrante en sus análisis y caliente en sus juicios, Caldera está tomado por un ideal de serenidad. Uno es dionisíaco; el otro, apolíneo. Betancourt clava el puñal de sus ideas, Caldera no quiere herir a nadie. Si Betancourt dice que Gómez era «un ladrón detestable», Caldera afirma que «Gómez confundía su patrimonio personal con las arcas de la República». Si uno adora el disparo, el otro, el eufemismo. A lo largo de todo el libro, el ideal apolíneo de Caldera se manifiesta, quiere ser justo en sus juicios. Si admite que Guzmán Blanco deja al morir una fortuna que sobrepasaba sus posibilidades lícitas, no deja de señalar el conjunto de su obra modernizadora. Con Gómez es más duro, pero se ve en la necesidad de matizar sus juicios saludando a los descendientes de Gómez como sus amigos. Sobre el Pacto de Puntofijo es claro, muy claro al explicar los motivos que condujeron a firmarlo. Se proponían entonces modificar el curso de nuestra historia: lograr que los civiles pudiesen gobernar modernamente en un país cuya tradición autoritaria y militarista no había muerto.

Comedido y dominado por un ideal de serenidad, el carácter apolíneo de Caldera esplende en este libro final. Sobrevivió diez años a este texto, pero no se propuso escribir sus memorias, lamentablemente. Sin embargo, en el Discurso de Incorporación a la Academia Venezolana de la Lengua de su hijo, Rafael Tomás Caldera, quien sucedió a su padre en esta corporación, Caldera Pietri nos recuerda que escribió en sus últimos años las *Reflexiones de Tinajero*, la columna que mantuvo regularmente en *El Universal*.

En este discurso de Caldera Pietri, la tesis desarrollada es que su padre encarnó la figura del orador por encima de otras consideraciones. Afirma Caldera Pietri: «En el caso de Caldera sería preciso decir que era ante todo un Orador. Alguien en quien la palabra, la escritura incluso, surge de su vocación de servicio al país...» (Caldera, 2011: 5). Alguna vez le escuché decir por televisión a Caldera que él era, sobre todo, un luchador. Quizás la combinatoria de ambas sea lo que mejor lo define: un luchador político con enormes dotes oratorias. Además, fue dueño de una solvente formación académica y de una voluntad de trabajo sin vacaciones. Venezolano hasta la médula, hasta tal punto que jamás pasó más de unos meses fuera de Venezuela.

Por otra parte, su hoja de vida presenta unas contradicciones evidentes. Es obvio que incurrió en ellas al dejarse dominar por un norte excluyente: la búsqueda del poder. En este sentido, nadie exagera si afirma que fue una suerte de Cronos devorándose a sus hijos, aunque este Dios los devoraba al nacer y Caldera lo hacía cuando amenazaban su primacía. Es evidente que la sucesión en el mando, pasando él al retiro, no fue un estadio que sintiera pertenecerle. En esto se imponía el luchador, dejando de lado las tareas pedagógicas del orador, que con pertinencia señala su hijo. De esta tarea crónica fueron víctimas dos dirigentes políticos que crecieron a su sombra: Eduardo Fernández y Oswaldo Álvarez Paz.

Por último: ¿no fue principal para Caldera la creación de un partido democratacristiano, a diferencia de Betancourt, para quien sí lo fue la creación de Acción Democrática? Sí lo fue entre 1946 y 1968. En estos años se esmeró denodadamente en la creación de un movimiento juvenil vigoroso que llegó a tener presencia destacadísima en las universidades; se esmeró en la creación de un movimiento sindical de impronta cristiana; se empeñó en controlar electoralmente el movimiento magisterial y los colegios de profesionales y técnicos. Todos estos trabajos partidistas lo llevan a gobernar con COPEI a sus anchas, conociendo al dedillo a todos sus colaboradores. Luego, cuando pierde las elecciones ante Lusinchi, en 1983, en vez de crecer en él el arquetipo del orador, se irguió el del luchador y no supo aprovechar la oportunidad de pasar a retiro. Insistió en este error en las elecciones de 1988, cuando no apoyó a Eduardo Fernández, quien le había ganado en buena lid la escogencia del candidato presidencial de su partido. Al salir de votar en las elecciones de 1988 confesó haber «votado en blanco», con lo que la estocada que le infligía a su partido era letal, así como la manifestación de su desacuerdo por haber escogido a Fernández, en vez de a él, su fundador.

Ya después, el Caldera que se desarrolla es ajeno al constructor de una fuerza política partidista; es el orador que busca reunir en torno a sí una alianza que salve a la democracia representativa, que se viene a pique. Ha debido ser dolorosísimo para él apartarse de su obra de tantos años, el partido COPEI, pero: ¿cómo dudar que primó la búsqueda del poder, lo que él consideraba una tarea histórica y providencial asignada a su persona? En muchos sentidos Caldera fue un hombre extraño y enigmático que, como él mismo decía: «siempre nadaba contra la corriente». Tuvo mucho de Sísifo y de Tántalo. De Sísifo porque remontaba cuestas empinadas y exigentes para alcanzar el poder y, cuando llegaba a la cima con su piedra, al poco tiempo la piedra caía hasta abajo y se imponía la vuelta a emprender el ascenso. Y de Tántalo porque las dos veces que obtuvo el poder lo alcanzó en condiciones lejanas al ideal. Cuando al fin tuvo enfrente el instrumento que tanto había deseado para cumplir sus sueños, la Providencia se lo entregaba en condiciones precarias.

Hasta aquí estas breves páginas en revisión de la significación de Rafael Caldera para la vida civil venezolana. La tarea de escribir una biografía del personaje sería fascinante y exigente. No la descarto. Por ahora quedan en sus manos estas primeras líneas indagatorias en el perfil complejísimo de su obra y su personalidad.

BIBLIOGRAFÍA

ARRÁIZ LUCCA, Rafael. *Venezuela: 1830 a nuestros días. Breve historia política*. Caracas, Editorial Alfa, Biblioteca Rafael Arráiz Lucca, 2007.

_____. *El trienio adeco y las conquistas de la ciudadanía*. Caracas, Editorial Alfa, Biblioteca Rafael Arráiz Lucca, 2011.

BRICEÑO, Mercedes Pulido de. *Rafael Caldera (1916-2009)*. Caracas, Biblioteca Biográfica Venezolana, n.º 139. *El Nacional*-Fundación Bancaribe, 2011.

CABALLERO, Manuel. «La gran marcha del presidente Caldera». *Dramatis personae. Doce ensayos biográficos*. Caracas, Alfadil Ediciones. Biblioteca Manuel Caballero, 2004.

CALDERA, Rafael. *Andrés Bello*. Caracas, Monte Ávila Editores, Colección El Dorado, 1992.

_____. *Bolívar siempre*. Caracas, Monte Ávila Editores, Colección El Dorado, prólogo Rafael Arráiz Lucca, 1994.

_____. *Especificidad de La Democracia Cristiana*. Caracas, Editorial Dimensiones, 1987.

_____. *Moldes para la fragua*. Caracas, Editorial Arte, 1980.

_____. *Los causahabientes: de Carabobo a Puntofijo*. Caracas, Editorial Los Libros Marcados, 2008.

_____. *Reflexiones de la Rábida*. Barcelona (España), Editorial Seix Barral, 1976.

_____. *Ideario. La Democracia Cristiana en América Latina*. Barcelona (España), ediciones Ariel, 1970.

_____. *Dos discursos. 27 de febrero 1989 y 4 de febrero 1992*. Caracas, Edición de autor, 1992.

CALDERA, Rafael Tomás. «El orador en la República». Discurso de Incorporación como Individuo de Número de la Academia Venezolana de la Lengua. Caracas, 2011.

CARTAY RAMÍREZ, Gehard. *Caldera y Betancourt. Constructores de la Democracia*. Caracas, Ediciones Centauro, 1987.

CATALÁ, José Agustín. *El golpe militar de 1948 y su secuela trágica*. Caracas, Ediciones El Centauro, 1991.

_____. *El golpe contra el presidente Gallegos*. Caracas, Ediciones Centauro, 1982.

EGAÑA, Fernando. «El quinquenio de la pacificación». *El Nuevo País*, enero 2008.

_____. «El quinquenio de las dificultades». *El Nuevo País*, enero 2008.

_____. «El viejo en Miraflores». *Revista Zeta*, enero 2010.

SUÁREZ FIGUEROA, Naudy. *Copei: en el principio fue la U.N.E.* Caracas, editorial Arte, s/f.

TARRE BRICEÑO, Gustavo. *Carta abierta a los copeyanos*. Caracas, Ediciones Centauro, 1990.

CARLOS ANDRÉS PÉREZ: UN LÍDER, DOS GOBIERNOS

Los dos gobiernos de Carlos Andrés Pérez se enmarcan dentro del período del bipartidismo y, curiosamente, marcan el comienzo y el final de los veinte años de esta etapa. Electoralmente se inicia con los sufragios de 1973, cuando el espacio se dividió en dos grandes toletes: AD y COPEI, con las candidaturas de Pérez y Lorenzo Fernández. Concluye con las elecciones de 1993, cuando el espacio electoral se dividió en cuatro partes de similar tamaño y el fenómeno bipartidista encarnado por la socialdemocracia y la democracia cristiana pasó al olvido. Veamos los dos gobiernos de Pérez (radicalmente distintos) como expresión de este período histórico.

LOS AÑOS DEL BIPARTIDISMO (1973-1993)

Este período, que abarca veinte años de la vida nacional, estuvo signado por la conformación natural de un sistema donde predominaron dos partidos políticos y una alternancia en el poder. Funcionó la tendencia a la polarización, por la llamada «economía del voto», y desaparecieron los llamados «fenómenos electorales». Este cuadro tuvo lugar dentro de un entorno contradictorio, signado por las variaciones de los precios del petróleo: muy altos entre 1973 y 1982, y bajos entre 1983 y 1993, manifestándose en la segunda etapa la irrupción de una realidad económica dramática. La crisis de la deuda externa, la devaluación del signo monetario, la inflación, la fuga de capitales, el control de cambios comenzaron a ser situaciones comunes, antes desconocidas para los venezolanos. Además, de la agenda pública se adueñó el tema de la corrupción, convirtiéndose en el asunto de mayor importancia para el debate político. Estos veinte años, a su vez, son los de apogeo del bipartidismo, los de la gestación de la crisis del sistema de partidos políticos, los del futuro surgimiento de la «antipolítica», del militarismo mesiánico y los del rechazo a las instituciones partidistas.

LA PRIMERA PRESIDENCIA (1974-1979)

Carlos Andrés Pérez ganó las elecciones de 1973 con el 48,70 % de los votos. También AD recuperó notablemente su caudal electoral, pasando de 25,57 % en 1968 a 44,44 % de los sufragios en 1973. Este ascenso trajo como consecuencia que Pérez pudiera comenzar un gobierno el 12 de marzo de 1974 con gran apoyo popular, con definitivo respaldo en el Congreso Nacional y con el impulso que traía de la campaña electoral, que se articuló sobre la base de un lema oportuno: «Democracia con energía». Esta consigna respondía a estudios de mercado electoral que indicaban que los votantes le reclamaban a la democracia su incapacidad para tomar decisiones, mientras añoraban la dictadura militar, que las tomaba en exceso. Puede afirmarse que la campaña electoral de 1973 fue la primera que utilizó métodos modernos de mercadeo político y que logró convertir a un candidato al que se asociaba con la represión, dada su participación como viceministro de Relaciones Interiores durante el quinquenio 1959-1964, en un hombre abierto a las grandes mayorías.

Pérez solicitó al Congreso Nacional en los primeros meses de 1974 «poderes extraordinarios» para gobernar por decretos-leyes en materia económica y financiera durante un año, y el parlamento le concedió la «Ley Orgánica que autoriza al Presidente de la República para dictar medidas extraordinarias en materia económica y financiera». Esta concesión no solo convertía al gobierno de Pérez en uno de los más poderosos de nuestra historia hasta aquella fecha, sino que despertó muchas críticas de juristas que consideraban que el Poder Legislativo había claudicado sus atribuciones en el Poder Ejecutivo. En todo caso, el gobierno comenzó a hacer uso de estos poderes y a administrar el alza inusitada de los precios del petróleo y aunque Pérez manifestó que iba a «administrar la riqueza con criterio de escasez», la verdad es que no fue eso lo que se vivió en Venezuela.

LA NACIONALIZACIÓN DEL HIERRO (1975) Y LA DEL PETRÓLEO (1976)

El 1 de enero de 1975 se nacionalizó la industria de la explotación del mineral de hierro con un acto en Puerto Ordaz. Concluía un proceso que se había iniciado en mayo de 1974, mediante el cual las concesiones que detentaban las empresas extranjeras expiraron el 31 de diciembre de ese año. En paralelo, el gobierno fue adelantando la nacionalización de la industria petrolera, la cual, dadas sus dimensiones, presentaba mayores desafíos para el Estado. Se adelantó exitosamente, y el 1 de enero de 1976 la industria petrolera pasó a manos de la República. Para tal fin se creó la empresa Petróleos de Venezuela (PDVSA), como empresa *holding* de las operadoras que sustituían a las compañías extranjeras.

Buena parte del año 1975 la agenda pública estuvo tomada por la discusión en el Congreso Nacional del proyecto de Ley de Nacionalización Petrolera. En particular, se discutía el artículo 5, que le permitía al Estado adelantar asociaciones estratégicas puntuales con empresas extranjeras en determinado aspecto de la industria petrolera. Los críticos del proyecto de ley consideraron que esto le abría una posibilidad tan grande a las empresas extranjeras que desvirtuaba la nacionalización misma. De allí que comenzaron a llamarla «nacionalización chucuta» para señalar su insuficiencia. En el debate intervinieron muchos oradores; incluso ofrecieron discursos los expresidentes Betancourt y Caldera, y el primero leyó un texto que ha quedado como una suerte de resumen de lo que Venezuela hizo con su principal industria desde 1936 y hasta el año de 1975. Finalmente, con los votos de AD, la ley se aprobó y la industria petrolera pasó a ser gerenciada por venezolanos.

EL ESTADO EMPRESARIO

El crecimiento de los precios del petróleo venezolano en los mercados internacionales había sido constante. El precio promedio de 1973 fue de 3,71 $ por barril; en 1974 pasó a 10,53 $ y siguió ascendiendo hasta 12,04 $ en 1978. De tal modo que una economía que venía funcionando con precios estables de alrededor de 2,50 $ por barril desde 1950, comenzó a experimentar una abundancia de recursos económicos que el gobierno intentó sembrar de alguna manera. Se crearon muchas instituciones en el área cultural (Biblioteca Ayacucho, Sistema Nacional de Orquestas Infantiles y Juveniles, Museo de Arte Contemporáneo de Caracas, Galería de Arte Nacional, Fundarte, Rajatabla), se dio inicio al Plan de Becas Gran Mariscal de Ayacucho, para que estudiantes venezolanos cursaran estudios en universidades del exterior y, también, el Estado comenzó a desempeñar tareas de empresario.

Durante el primer gobierno de Betancourt se creó la Corporación Venezolana de Fomento (CVF) para que el Estado ejerciera labores de fomento de la industria privada nacional, y ahora no solo se mantenía y se incrementaba el sistema crediticio del Estado para con los empresarios nacionales, sino que el mismo Estado creaba empresas públicas, en particular en áreas consideradas estratégicas o de las llamadas «industrias pesadas». Todo esto se adelantaba dentro del marco de una política pública continental, la de industrialización por sustitución de importaciones diseñada por la CEPAL y, en el caso específico venezolano, dentro del V Plan de la Nación, diseñado por Cordiplan, y conocido como el plan de «La Gran Venezuela».

El modelo económico establecido en Venezuela, fundado en el proyecto de sustituir importaciones por producción nacional, se apoyaba en políticas arancelarias que tendían a gravar al producto importado, en defensa del nacional, y todo ello dentro de un sistema de control de precios fijados por el gobierno. Este modelo, que venía funcionando desde finales de la década de los años cuarenta, se vio repotenciado por el incremento de los precios del petróleo, cuando no solo hubo recursos para prestarlos a empresarios privados, sino que el Estado mismo se dedicó a la creación de empresas. Con tales niveles de ingresos en el fisco nacional, y gozando todas estas empresas estatales de autonomía administrativa, muchas de ellas pidieron préstamos para su crecimiento y los obtenían con facilidad por parte de la banca internacional, ya que el respaldo de Venezuela era suficiente por sus ingresos petroleros. Ya para finales del gobierno de Pérez, algunos economistas señalaron que el nivel de la deuda pública era muy alto, pero la crisis se presentó luego, en 1983.

EL TEMA DE LA CORRUPCIÓN EN LA AGENDA PÚBLICA

Como se desprende de lo dicho, podemos observar cómo los recursos que el Estado recibía se tradujeron en su propio crecimiento, pasando a desempeñar tareas que antes no había desarrollado, con lo que el tamaño del Estado, y su presencia en la vida pública, se hicieron cada día más grandes. Además, como era de esperarse, al circular tal cantidad de recursos en la economía nacional, pues la tentación de la corrupción se hizo presente, y este tema fue tomando espacio en la agenda pública. No solo por parte de los partidos de oposición al gobierno, sino por uno de los precandidatos presidenciales del partido de gobierno: Luis Piñerúa Ordaz. Esto, por sí solo, habla de la dimensión a la que había llegado el problema y señala, además, otro asunto. Me refiero al hecho según el cual Pérez gobernó en permanente comunicación con su partido, pero en AD muchos se resentían, porque los funcionarios más destacados del gobierno no formaban parte de sus filas. Era el caso de Gumersindo Rodríguez, jefe de Cordiplan y redactor del V Plan de la Nación junto con el economista y músico José Antonio Abreu, entonces funcionario de Cordiplan; el de Carmelo Lauría, expresidente del Banco de Venezuela, quien se desempeñó primero como Ministro de Fomento y luego como ministro de Estado para las Industrias Básicas; el de Diego Arria, gobernador del Distrito Federal y presidente del Centro Simón Bolívar, todos ellos ajenos a AD e, incluso, en el caso de Rodríguez, expulsado del partido cuando la escisión del MIR. Quizás estas diferencias contribuyeron con la decisión de Piñerúa Ordaz de criticar desde AD la corrupción en el gobierno: caso extraño para la Venezuela de entonces, pero explicable desde esta perspectiva.

EL CUADRO ELECTORAL

No obstante esta campaña acerca de la corrupción administrativa, para la que se contaba con indicios fundamentados, la popularidad de Pérez no bajó sustancialmente durante su mandato. Por el contrario, su carisma fue creciendo y acercándose a niveles de aceptación casi legendarios. En cuanto al cuadro electoral que se avecinaba, el candidato que había escogido AD, Luis Piñerúa Ordaz, no formaba parte de los allegados a Pérez y, como vimos, buscaba desmarcarse del gobierno criticando la corrupción administrativa. Lo mismo hacía el candidato de COPEI, Luis Herrera Campíns, con quien las encuestas señalaban que polarizaba Piñerúa. Al final, Herrera obtuvo una diferencia pequeña, ganando las elecciones con el 46,64 % de los votos, mientras Piñerúa Ordaz obtenía el 43,41 %, alcanzando entre ambos el 90 % de los votos, 5 % más que en la escena bipartidista de la elección anterior. Quien parecía destinado a ser un fenómeno lectoral, Diego Arria, que dada su popularidad se había separado del gobierno y buscaba la presidencia, obtuvo el 1,68 % de los sufragios, por debajo de José Vicente Rangel y el MAS, que alcanzó el 5,17 %, presentando un ínfimo crecimiento en relación con la elección anterior.

Concluía el primer gobierno de Pérez y, la verdad es que su permanente viajar por el mundo, acudiendo a foros internacionales, lo erigió como un líder latinoamericano importante, sobre todo del conjunto que geopolíticamente se identificaba como el tercer mundo. Pérez contribuyó decididamente con procesos democráticos en diversos países y buscó entonar una voz propia en los escenarios internacionales, una voz que, en el contexto de la Guerra Fría, representaba a los no alineados: ni con un polo ni con el otro. Su visibilidad internacional se hizo clara en estos cinco años de gobierno, sobre todo desde la tribuna de la Internacional Socialista, a la que pertenecía su partido, y de la que luego llegó a ser vicepresidente. Una vez abandonado el cargo, a los analistas políticos les quedó claro que era muy probable que Pérez aspirara de nuevo diez años después, como lo pautaba la Constitución Nacional de 1961. Así fue.

No cabe duda de que el país cambió en muchos órdenes durante su primer mandato. Quizás el más señalado con el paso del tiempo sea el del tamaño del Estado y las esferas de influencia de la acción estatal, siempre dentro de la órbita de asignarle mayor protagonismo dentro de la vida nacional, no solo como actor político sino como factor económico principal. También, hay que decirlo, el país se aceleró: pasó de un ritmo presupuestario sosegado a otro, prácticamente vertiginoso, y las consecuencias de este impulso, dado por los precios del petróleo y la personalidad de Pérez, todavía se discute si fueron convenientes o no. En cualquier caso, a la luz de los hechos posteriores, todo el proyecto de endeudamiento público fue desastroso para la economía del país, pero hay que señalar que cuando se cuenta con altos ingresos, son pocos los que piensan en qué ocurrirá cuando no se disponga de ellos. En cuanto al trasfondo político de su gobierno, salvo que no escogió a los más conspicuos dirigentes de su partido para todos los cargos de significación, cumplió con las líneas trazadas por AD desde su fundación, y le tocó cumplir uno de los mayores sueños de su partido: la nacionalización de la industria petrolera.

También, el mandato de Pérez marcó el distanciamiento de su mentor político: Rómulo Betancourt, quien consideró probables las hipótesis de corrupción del gobierno del tachirense y se empeñó, dentro de su partido, en una cruzada de saneamiento administrativo, encabezada por el candidato presidencial que Betancourt había respaldado internamente: Piñerúa Ordaz. Este distanciamiento entre Pérez y Betancourt trajo hondas consecuencias dentro del partido. Además del tema de la corrupción administrativa, es cierto que Betancourt no se sentía cercano al equipo gubernamental que Pérez había escogido para la tarea, pero Pérez ya tenía fuerza propia como para imponer su voluntad. La tensa situación dentro de AD entre Betancourt y Pérez se prolongó después del gobierno durante dos años más, hasta que la muerte le salió al paso al fundador del partido, en 1981.

LA SEGUNDA PRESIDENCIA (1989-1993)

Las elecciones de 1988 arrojaron un resultado polarizado todavía mayor que el de los anteriores comicios. Carlos Andrés Pérez (AD), que se le sobreimpuso a su partido como líder nacional, obtuvo el 52,88%

de los votos, mientras Eduardo Fernández (COPEI) alcanzó el 40,39% de los sufragios. Petkoff (MAS), como tercera opción obtuvo apenas el 2,71%. El esquema bipartidista estaba en su apogeo, presentándose dos fenómenos a señalar: el voto cruzado y la economía del voto. El partido de Petkoff (MAS) obtuvo el 10,14% de los votos para el Parlamento, mientras su candidato, la cifra señalada, lo que indica que muchos de los votos del MAS para el Congreso Nacional migraron hacia una de las dos opciones de triunfo en las presidenciales, por razones de economía del voto o, dicho de otro modo, de búsqueda de hacer efectivo el voto, más que simbólico o doctrinario.

Es necesario señalar que el elector no identificó plenamente al candidato Pérez con el gobierno de Jaime Lusinchi (AD), ya que Pérez tenía vida política propia, dado que su liderazgo no dependía de su partido y, en verdad, si AD no lo hubiera apoyado, sus posibilidades de triunfo eran muy altas. Ya vimos cómo en su primer gobierno Pérez privilegió a independientes en su Gabinete ejecutivo, y ahora se esperaba lo mismo. Además, en el imaginario colectivo se asociaba a Pérez con la abundancia, «las vacas gordas», de su primera administración, y fueron innumerables los votos que obtuvo fundados en este recuerdo de abundancia, que brillaba en tiempos de escasez. En muchos sentidos, este fue el recuerdo que invocó Pérez durante su campaña, muy distinto al que tuvo que implementar al no más llegar al gobierno: una política severa de ajustes macroeconómicos no anunciados antes, que veremos luego.

La segunda presidencia de Carlos Andrés Pérez comenzó con un acto de toma de posesión en el Teatro Teresa Carreño el 2 de febrero de 1989, y no en el Capitolio Federal, como había sido costumbre. Así ocurrió porque el número de invitados internacionales sobrepasaba la capacidad del viejo Capitolio. Esto, además, señalaba que las relaciones internacionales de Pérez, lejos de disminuir desde que concluyó su primer mandato, habían crecido notablemente. Sin embargo, mucho se dijo entonces que la fiesta de asunción del cargo por parte de Pérez contrastaba con la situación del país, que sobrevivía con dificultad con los precios del petróleo deprimidos.

CAMBIO DEL MODELO ECONÓMICO

El 16 de febrero el gobierno, en alocución pública, estableció las coordenadas del nuevo modelo económico que imperaría en el país, sustituyendo el que contaba con años de vigencia, el de industrialización por sustitución de importaciones. Para quienes no habían leído el plan de gobierno presentado por Pérez en la campaña, es decir la inmensa mayoría de los venezolanos, el llamado «paquete económico» fue una sorpresa. Sobre todo para aquellos que votaron por Pérez creyendo que «por arte de magia» volverían las «vacas gordas» de su primer mandato.

El cambio en el modelo económico era sustancial. Si antes las tasas de interés las fijaba el Banco Central de Venezuela, ahora serían liberadas para que las determinara el mercado. Si antes el Estado era el gran empresario, constructor y comerciante diverso, ahora se privatizarían todas aquellas empresas de servicios públicos que pudieran estar en manos privadas prestando un servicio más eficiente. Si antes se subsidiaba la gasolina, ahora se incrementaría su precio, con miras a llegar a un precio internacional. Si antes el Estado subsidiaba la industria privada, cubriendo los márgenes que por diversas razones esta no podía alcanzar, ahora se eliminarían los subsidios. Si antes se protegía la industria nacional fijando aranceles muy altos a los productos importados, ahora se eliminarían los aranceles y se abrirían totalmente los mercados. Con ello se obligaba a las empresas venezolanas a competir en igualdad de condiciones con las foráneas que quisieran establecerse aquí o traer sus productos desde afuera.

El conjunto de medidas económicas diseñaba el cuadro de una economía liberal ortodoxa, en perfecta conjunción con las medidas que el Fondo Monetario Internacional (FMI) solicitaba de los países que acudían ante sus taquillas para solicitar un préstamo, y esa era la situación de Venezuela, ya que durante el gobierno anterior se habían agotado las reservas internacionales y, para poder intentar un modelo de economía de mercado, era necesario disponer de un número más elevado de reservas, que permitieran el libre juego de la economía. No obstante, la lógica de estos planteamientos, lo cierto es que Pérez había afirmado durante su campaña que no acudiría ante el FMI, mientras el diseño del paquete económico indicaba todo lo contrario, cosa que decepcionó muy rápidamente a los electores que habían oído sus discursos de campaña pero no habían leído el programa de gobierno.

En el fondo, lo que buscaba el cambio de modelo económico era una revolución en el papel del Estado en la dinámica económica, pasando la iniciativa a la esfera privada, dado que los precios del petróleo habían bajado notablemente y era imposible que el Estado cumpliera con su rol paternalista cuando no disponía de los recursos para ello. Una vez más, Venezuela se veía obligada a cambiar de rumbo en razón de la dinámica de los precios del petróleo. Además, la modificación se inscribía dentro de un cambio general en el planeta, ya que ese mismo año el socialismo real desaparecía, con la caída del Muro de Berlín, y la convicción de que el socialismo era incapaz de generar riqueza era generalizada y prácticamente unánime. De tal modo que muchos países del mundo pasaron a desmontar sus sistemas estatistas. Venezuela no fue la excepción.

EL ESTALLIDO SOCIAL DE 1989: EL «CARACAZO»

La medida que tocó más sensiblemente el bolsillo de la gente fue el aumento del precio de la gasolina, que incidió de inmediato en el costo del pasaje del transporte colectivo. En Guarenas-Guatire se produjeron las primeras protestas en la mañana del 27 de febrero, pero muy pronto se extendieron a toda Caracas y a otras ciudades del país. Ya en la tarde los saqueos de comercios habían comenzado y la televisión retransmitía las escenas de vandalismo y violencia. En la noche, la situación ya era de emergencia nacional, por lo que el gobierno les solicitó a las Fuerzas Armadas que restablecieran el orden. Luego se suspendieron las garantías constitucionales, se declaró el toque de queda y el Ejército y la Guardia Nacional reprimieron duramente a los saqueadores, con un resultado lamentable de centenares de muertos, muchos de ellos inocentes, que no participaban de los actos vandálicos.

Nunca antes se había vivido en el país una situación como esta, que además comprometía los planes de un gobierno que estaba comenzando. Mucho se ha especulado acerca de si se trató de un estallido espontáneo o de algo inducido a partir de un plan. Algunos militantes de la izquierda radical de aquellos años se han atribuido el origen del estallido, pero los hechos indican que la espontaneidad también estuvo presente. Quizás, como suele suceder, fue una combinación de espontaneidad con mínima planificación. En cualquier caso, el resultado fue el mismo: una gran revuelta social, que colocó al gobierno en una posición muy difícil para implementar un nuevo modelo económico para cuya realización se necesitaban grandes sacrificios de la población.

Pocas semanas después de estos hechos, comenzaron a surgir denuncias graves de corrupción en relación con la administración anterior y RECADI, así como con el manejo de la partida secreta para fines distintos a los establecidos. Fue el caso de la compra de una cuadrilla de vehículos rústicos para ser entregados a AD con fines electorales. El 20 de noviembre, un tribunal dictó un auto de detención al expresidente Lusinchi por el caso sustanciado en RECADI. El caso, a todas luces, incrementaba las diferencias entre un sector de AD cercano a Lusinchi y otro próximo a Pérez. Además, profundizaba aún más en la conciencia colectiva la idea de que la corrupción era un cáncer incontrolable.

LA DESCENTRALIZACIÓN POLÍTICA Y ADMINISTRATIVA

El 3 de diciembre de 1989 tuvieron lugar las elecciones directas de gobernadores, alcaldes y concejales. Se daba entonces el paso democrático más importante desde los tiempos de la firma del Pacto de Puntofijo, ya que la elección directa de las autoridades locales era lo mínimo a lo que podía aspirarse en un sistema democrático. A partir de esta fecha, el cuadro político venezolano comenzó a cambiar. AD obtuvo el 39,37% de los votos en la elección de gobernadores; COPEI el 32,85%; el MAS el 17,69% y la Causa R el 2,62%, con lo que quedaba claro que había liderazgos regionales que el elector reconocía. En Aragua comenzó a gobernar Carlos Tablante (MAS); en Bolívar, Andrés Velásquez (La Causa R); en Carabobo, Henrique Salas Römer (Copei e independientes); en el Zulia, Oswaldo Álvarez Paz (COPEI); en la Alcaldía de Caracas, Claudio Fermín (AD), casi todos ellos, en el futuro, candidatos presidenciales. Se trasladaba el liderazgo de las cúpulas de los partidos políticos al desempeño administrativo en las gobernaciones. Este cambio fue un golpe mortal para los organismos centrales de los partidos políticos, ya que la fuente del poder se trasladó de estas cúpulas a los electores y los líderes comenzaron a rendirles cuentas a sus bases. Este paso, que no se ha valorado suficientemente, suponía un cambio de conducta y de estrategia de los partidos políticos establecidos, pero esto no se dio en la magnitud requerida, y seguramente fue una de las causas que trajo como consecuencia la decadencia del sistema bipartidista.

Por otra parte, la inflación en 1989, año de severos ajustes económicos, alcanzó la cifra de 80,7%, mientras las reservas internacionales subían. En 1990, los resultados electorales trajeron una crisis en AD, ya que muchas gobernaciones y alcaldías pasaron a manos de COPEI, el MAS y la Causa R, cosa que arreció el pleito interno entre los seguidores de Pérez y su programa económico liberal en concordancia con las pautas dictadas para el logro de una economía ortodoxa, por parte del FMI y el Banco Mundial, y el sector adverso que se resistía a los cambios.

Para el año 1990 comenzaron a verse los primeros resultados, al crecer la economía en 5,3%, bajar la inflación a 40,7% y ascender las reservas internacionales a 11 700 000 millones de dólares. Además, el Ministro de Cordiplan, Miguel Rodríguez, anunció una reducción de la deuda externa del 20%, con una disminución de 50% en el pago de intereses. Al año siguiente, la economía creció en 9,2% y se inició el proceso de privatizaciones de empresas del Estado que prestaban servicios públicos. Fue el caso de CANTV y VIASA, las cuales, al ser compradas por consorcios extranjeros en asociación con empresas venezolanas, trajeron un ingreso extraordinario al fisco nacional.

A la par de este proceso económico, otro, político, venía avanzando. No solo las relaciones entre AD y el gobierno eran sumamente débiles, sino que los ajustes económicos fueron notablemente severos para los estamentos sociales más pobres, que se sintieron desasistidos, creándose allí un vacío político. Además, un conjunto de venezolanos, presididos por Arturo Úslar Pietri y a quienes la prensa llamaba «los Notables» pedía reformas en la conformación de la Corte Suprema de Justicia, se quejaba del cuadro de la corrupción administrativa y enfrentaba las políticas del gobierno. Este grupo, junto con el desprestigio creciente de los partidos políticos, fue horadando la base de sustentación del gobierno de Pérez y, sin proponérselo, fue animando a un conjunto de conjurados militares que venían conspirando desde hacía años dentro de las Fuerzas Armadas, a intentar un golpe de Estado. En diciembre de 1991, Úslar Pietri declaró, en entrevista a *El Nacional*, que no le extrañaba que ello ocurriera.

LAS INTENTONAS MILITARES DE 1992

La noche del 3 de febrero, cuando el presidente Pérez regresaba de Davos, en Suiza, fue el día escogido por los conjurados para la insurrección militar. Comandada por tenientes coroneles e integrada por mayores, capitanes, tenientes y tropa, se alzaron en los cuarteles de Maracay, Maracaibo y Valencia. Al teniente coronel Hugo Chávez, a quien le correspondía tomar el Palacio de Miraflores después de haber tomado el cuartel de La Planicie, no le fue posible hacerlo. Fue entonces cuando, por televisión, en la mañana del 4 de febrero, llamó a sus compañeros de armas a entregarse, señalando que «por ahora» no se habían logrado los objetivos. Se entregaron Francisco Arias Cárdenas, Jesús Urdaneta Hernández, Joel Acosta Chirinos, Jesús Miguel Ortiz, todos ellos integrantes del comando de conjurados. El intento había fracasado, pero el país asistía atónito a un hecho que pensaba había quedado en el pasado: el golpe de Estado. También había observado con estupor y hasta con admiración a un hombre que se hacía responsable por su fracaso, cosa infrecuente en la vida pública venezolana de entonces.

Una vez sofocada la rebelión, se reúne el Congreso Nacional para debatir sobre los hechos en la mañana del 4 de febrero y pide la palabra el senador vitalicio Rafael Caldera. Entonces condenó el intento de llegar al poder por las armas, pero justificó comprensivamente los motivos que llevaron a los insurrectos a ello. A partir de entonces, la candidatura de Caldera para las elecciones de 1993 tomó cuerpo, y muchos dicen que esa mañana ganó las elecciones. En verdad, con olfato político, supo interpretar el sentir de la gente, que rechazaba el golpe, pero que quería un cambio de rumbo, y él se ofreció para encarnarlo.

En entrevista sostenida con el profesor Agustín Blanco Muñoz, publicada en 1998 (*Habla el comandante*), Hugo Chávez señala que comenzaron a conspirar en serio cuando juraron ante el Samán de Güere, el 17 de diciembre de 1982. De modo que les tomó diez años ir ascendiendo dentro de las Fuerzas Armadas hasta tener mando de tropa y poder ejecutar una acción armada. La existencia de estos conjurados se la advirtió la DIM (Dirección de Inteligencia Militar) al presidente Pérez, pero este la desestimó. Incluso en alguna oportunidad les quitaron mando de tropa ante los indicios, pero, al tiempo, el ministro de la Defensa de entonces, el general Fernando Ochoa Antich, no halló nuevos indicios conspirativos y les devolvió el mando de tropa. No puede decirse, entonces, que la intentona los tomó completamente por sorpresa.

Si el gobierno de Pérez tenía problemas, ahora tenía más, a tal punto que el presidente se propuso atemperar la política de ajustes, con base en lo escuchado en el Congreso Nacional y el apoyo de la calle manifestado a los golpistas. Se creó un Consejo Consultivo, integrado por ilustres venezolanos, presidido por Ramón J. Velásquez e integrado por Pedro Pablo Aguilar, Ruth de Krivoy, Domingo Maza Zavala, José Melich Orsini, Pedro Palma, Pedro Rincón Gutiérrez y Julio Sosa Rodríguez. Este Consejo hizo sus recomendaciones muy pronto, y muchas de sus propuestas iban a contracorriente de lo que venía haciendo el gobierno. A la vez, Pérez cambió su gabinete, de manera de satisfacer los reclamos e integrar a diversos sectores en la conducción del Estado, buscando con ello un mayor piso político para su debilitado gobierno. Entonces, militantes de COPEI integraron el gobierno por algunos meses.

Por su parte, otro grupo de conjurados militares organizó su revuelta, que se expresó el 27 de noviembre de 1992, pero esta vez involucraba especialmente a la Aviación, con lo que los caraqueños tuvimos el triste espectáculo de un bombardeo sobre lugares estratégicos de la capital y, de nuevo, el fracaso de los golpistas, esta vez comandados por el general Francisco Visconti Osorio y el contralmirante Hernán Grúber Odremán. Cinco días después tuvieron lugar las elecciones de gobernadores, alcaldes y concejales. AD bajó su votación porcentual (37,81 %), COPEI subió (34,35 %), el MAS bajó (12,48 %) y la Causa R duplicó su votación (4,73 %), incluso ganó la Alcaldía de Caracas con Aristóbulo Istúriz, quien desplazó a Claudio Fermín. Entonces repetían los gobernadores Velásquez, Tablante, Salas Römer, Álvarez Paz, entre otros. Paradójicamente, en 1992 la economía venezolana creció cerca del 10 %, pero los beneficios de ese crecimiento no se sentían plenamente en los estamentos más débiles de la sociedad.

LA SEPARACIÓN DEL CARGO

El 11 de enero de 1993 el periodista y excandidato presidencial José Vicente Rangel denuncia ante la Fiscalía General de la República el mal uso de la partida secreta, por un monto cercano a los 250 millones de bolívares, y solicita ante el fiscal un antejuicio de mérito contra el presidente Pérez. El fiscal general, Ramón Escovar Salom, el 11 de marzo interpone ante la Corte Suprema de Justicia, cuya composición había cambiado, gracias a las presiones del grupo de «los Notables», la acusación contra Carlos Andrés Pérez, el ministro de Relaciones Interiores cuando sucedió el hecho, Alejandro Izaguirre, y el ministro de la Secretaría de la Presidencia de la República del mismo momento: Reinaldo Figueredo Planchart. Se les acusa de peculado y malversación de fondos al hacer uso de la partida secreta.

El 20 de mayo de 1993 se conoció la ponencia solicitada por la Corte Suprema de Justicia al presidente del máximo cuerpo colegiado del Poder Judicial, el magistrado Gonzalo Rodríguez Corro. Entonces se declaró con lugar la solicitud de antejuicio de mérito. Al día siguiente se reunió el Congreso Nacional y autorizó el juicio, separándose a Carlos Andrés Pérez de la Presidencia de la República. A partir de entonces, en razón de que la soberanía reside en el Poder Legislativo, el presidente del Senado, Octavio Lepage, asumió la Presidencia de la República. Sin embargo, el Congreso Nacional nombró, el 5 de junio de 1993, al senador Ramón J. Velásquez presidente de la República, para que culminara el período constitucional 1989-1994. Gobernaría entre esta fecha, 5 de junio, y el 2 de febrero de 1994. Ocho meses exactos.

Es evidente que la segunda presidencia de Pérez fue intensa en cambios políticos (la descentralización) y económicos (el paso de una economía con fuerte presencia del Estado a otra de libre mercado), además de lo imprevisto para la mayoría: la insurgencia de una conjura militar. A esto se suma que nunca antes un presidente en ejercicio había sido separado del cargo con fundamento en el Estado de Derecho, aunque no podemos dejar de señalar que respetadísimos juristas afirman que se cometió un abuso de derecho, tanto en la solicitud de antejuicio de mérito como en la sentencia. Como vemos, la estructura política del país cambió, la democracia de partidos políticos entró en crisis y el bipartidismo desapareció. A todo esto se suma la insurgencia de nuevos actores políticos: los jóvenes militares insurrectos, que con el tiempo llegarían al poder por la vía pacífica, después de haberlo buscado por las armas.

CONCLUSIONES

No es fácil explicar la personalidad histórica de un tachirense nacido el 27 de octubre de 1922 en la hacienda «La Argentina», muy cerca de Rubio, en el estado Táchira. Como vimos en las líneas anteriores, este hombre singular encabezó en una sola vida dos procesos políticos diametralmente opuestos y con apenas diez años de diferencia entre uno y otro.

Durante su primer gobierno, adelantó la nacionalización de la industria petrolera y creó centenares de empresas del Estado dedicadas a las tareas más diversas, fortaleciendo el Estado hasta el paroxismo como principal actor económico de la nación. Diez años después, desmontó la trama empresarial estatal, adelantando un agresivo programa de privatizaciones y fue factor principal de la agenda descentralizadora del país. Durante su primer gobierno, el Estado se endeudó hasta alcanzar cifras enormes; y durante el segundo, batalló con la banca internacional para fijar una estrategia de pago favorable. ¿A cuál de los dos Pérez juzgará la historia? ¿Al que desarrolló una agenda política clásica del socialismo democrático, entre 1974 y 1979, o al que puso en práctica un programa liberal, con algunos ribetes keynesianos, a partir de 1989?

Pues este hombre carismático, que encarnó durante décadas una suerte de mito popular, da para todos los gustos. Los socialistas democráticos admiran su primera obra de gobierno; los liberales, la segunda. Y Pérez: ¿de cuál de las dos se sentiría satisfecho? ¿De ambas o de ninguna?

A las contradicciones que señalo se suman otras de orden personal no menos interesantes. Durante el segundo gobierno de Betancourt, siendo viceministro de Relaciones Interiores, Pérez fue factor principal en la lucha contra la guerrilla izquierdista, así como pieza clave en la lucha a cuartel que libró Betancourt contra los conspiradores militares de derecha y de izquierda, en asociación con tiranos caribeños de ambas manos. Durante varios años lidió con informes de inteligencia y los procesó con éxito y, extrañamente, casi treinta años después, cuando la inteligencia militar de su segundo gobierno le advirtió de las intenciones de una secta de conjurados militares, no les dio importancia, hasta que lo sorprendió la intentona del 4 de febrero de 1992 y cayó en cuenta de que había debido ponerles cuidado a los informes de los generales Peñaloza y Fuenmayor. Antes, puso en marcha el programa de reformas económicas, que no era otro que una reforma a fondo del sistema político, y él, el político por excelencia, extrañamente no se valió de sus artes para implementarlo y el país comenzó a arderle por los cuatro costados.

En una visita a Caracas, siendo ya expresidente del gobierno español, Felipe González dijo que:

> ... el gobierno de Pérez contribuyó decisivamente al paso de la pobreza a la riqueza que impera en la España democrática de hoy. La historia juzgará su obra desde esa perspectiva, lo que de entrada le garantiza uno de los asientos de primera fila. Socialismo y democracia no están reñidos con la economía de mercado.

Este fue uno de los puntos que expresó González, así como es indudable que para distribuir mejor la riqueza hay que generarla primero. Este homenaje de González a Pérez no puede pasarse por alto y, curiosamente, se refiere al primer gobierno de Pérez y no al segundo, cuando lo que hizo González en España se parece más a lo hecho por Pérez en su segunda administración que en la primera. Otra paradoja.

Más allá de las contradicciones, hay tres aspectos que reconocen tirios y troyanos: que Pérez fue un líder como no ha habido otro en Venezuela y su liderazgo alcanzó cotas legendarias de identificación con el pueblo; que fue el último gran político de la Venezuela democrática y civil y, sin la menor duda, un demócrata absoluto, convencido y practicante. Basta recordar que aceptó ser separado de la Presidencia de la República cuando las faltas que se le imputaban no eran tales, sino ejecutorias perfectamente legales. No obstante, aceptó el fallo político de la Corte Suprema de Justicia y se retiró.

Con el paso del tiempo, vistos los desmanes autoritarios del militarismo izquierdista y premoderno, el talante democrático del presidente Pérez crecerá hasta hacerse modélico. Suele suceder que figuras históricas se alzan después de fallecidas, gracias al contraste con los disparates de quienes les sucedieron. Este es el caso.

BIBLIOGRAFÍA

ARRÁIZ LUCCA, Rafael. *Venezuela: 1830 a nuestros días. Breve Historia Política*. Caracas, Editorial Alfa, Biblioteca Rafael Arráiz Lucca, 2007.

ARTEAGA SÁNCHEZ, Alberto. *La aparente justicia en el juicio al presidente Carlos Andrés Pérez, razones para una defensa*. Caracas, ediciones Centauro, 1994.

BLANCO MUÑOZ, Agustín. *Yo sigo acusando, habla CAP*. Caracas, Fundación Cátedra Pío Tamayo, 2010.

CATALÁ, José Agustín. *El juicio político al expresidente Carlos Andrés Pérez, verdades y mentiras del juicio oral*. Caracas, Ediciones Centauro, 1995.

HERNÁNDEZ, Ramón y Roberto Giusti. *Carlos Andrés Pérez: memorias proscritas*. Caracas, Los Libros de *El Nacional*, 2006.

NARANCO, Rafael del. *CAP, el hombre de La Ahumada*. Caracas, Editorial 43-43, 2011.

PEÑA, Alfredo. *Conversaciones con Carlos Andrés Pérez*. Caracas, Editorial del Ateneo de Caracas, 1979.

RIVERO, Mirtha. *La rebelión de los náufragos*. Caracas, Editorial Alfa, 2010.

www.ingramcontent.com/pod-product-compliance
Lightning Source LLC
Chambersburg PA
CBHW020737160426
43192CB00006B/219